U0826710

高等学校劳动与社会保障专业核心课程系列教材

Gaodeng Xuexiao Laodong yu Shehui Baozhang Zhuanye Hexin Kecheng Xilie Jiaocai

编审委员会名单

高等学校劳动与社会保障专业核心课程系列教材

工伤保险

孙树菡 主编

Work-related Injury Insurance

中国劳动社会保障出版社

图书在版编目(CIP)数据

工伤保险/孙树菡主编. —北京：中国劳动社会保障出版社，2007
高等学校劳动与社会保障专业核心课程系列教材
ISBN 978-7-5045-6208-1

Ⅰ. 工… Ⅱ. 孙… Ⅲ. 工伤事故-劳动保险-中国-高等学校-教材
Ⅳ. F842.61

中国版本图书馆 CIP 数据核字(2007)第 098873 号

中国劳动社会保障出版社出版发行
(北京市惠新东街 1 号 邮政编码：100029)
出 版 人：张梦欣
*
北京人卫印刷厂印刷装订 新华书店经销
787 毫米×1092 毫米 16 开本 17.5 印张 2 插页 302 千字
2007 年 8 月第 1 版 2007 年 8 月第 1 次印刷
定价：25.00 元
读者服务部电话：010－64929211
发行部电话：010－64927085
出版社网址：http://www.class.com.cn

总　序

劳动与社会保障专业，是在劳动人事专业的基础上，因中国社会保障制度变革的促进而逐步成长起来的一个新专业。随着我国社会保障制度的确立和社会保障事业的发展，各级劳动保障行政机关、事业单位、研究机构以及经营单位，对劳动和社会保障专业人才的需求不断增加，据不完全统计，目前全国已经有 80 余所高校开设了劳动与社会保障专业。为满足迅速发展起来的劳动与社会保障专业教学需要，有关部门及高校组织编写了一系列教材，为这一专业的教学、人才培养、学科发展作出了贡献。但应该看到，由于劳动与社会保障专业设立时间不长，我国劳动和社会保障事业发展变化较大，教材编写人员水平参差不齐等原因，劳动与社会保障专业教材建设从总体上讲还相当薄弱，存在体系不健全、内容陈旧、大量交叉重复等问题。这些问题不解决，不仅影响教学活动的顺利进行，而且影响这一专业的健康发展。

鉴于以上背景，基于对劳动和社会保障专业及这一专业人才培养高度负责的精神，中国劳动学会劳动科学教育分会、中国人民大学劳动人事学院联合中国劳动社会保障出版社，在全国劳动和社会保障领域著名专家学者的支持和共同努力下，发起“高等学校劳动与社会保障专业核心课程系列教材”建设工程，并于 2002 年年底正式启动。

该系列教材在编写伊始，即确定了六条编写原则：

1. 根据劳动与社会保障专业人才的培养目标及其对知识体系的要求，确立完整的课程体系与教材体系，充分满足该专业的学历教学和专业人员知识培训的需要。

2. 以服务于全国所有开设劳动与社会保障专业的院校为目标，动员国内一流的专家学者编写本专业的核心课程教材。

3. 理论与实践相结合。每种教材既系统地阐述该专业课程的基本原理、基本知识，又与各国尤其是中国的劳动和社会保障实践紧密结合。

4. 立足现实，反映前沿，力求创新。在教材建设中，既反映已经成熟或公认的理论与学术思想，又能够反映具有代表性的劳动和社会保障领域的最新理论、最新技术和方法，在理论体系、结构框架、体例格式和写作风格上有自己的特色。

5. 避免教材与教材之间的过多重复。作为一套完整的专业教材体系，虽然教材之间内容有所重复难以完全避免，但各门课程的设置又必然具有自己的核心内容和知识要点。因此，教材与教材之间强调相互配合，重点突出，避免以往教材之间内容大量重复的现象。

6. 立足高起点、权威性。在中国人民大学劳动人事学院以往出版的劳动人事、劳动经济、社会保障系列教材和中国劳动社会保障出版社出版的有关教材，以及其他高校零散出版的相关教材基础上，立足高起点、权威性来建设“高等学校劳动与社会保障专业核心课程系列教材”。为确保这一目标的实现，专门成立了由内地和香港在劳动与社会保障专业领域治学严谨的知名专家组成的编审委员会，召集人为曾湘泉教授（劳动领域）、郑功成教授（社会保障领域），老一代著名专家赵履宽教授、陈良瑾教授分别担任劳动领域与社会保障领域的首席编审专家，一批著名专家学者担任教材编审委员会委员（见名单）。为使对各门课程所涉领域素有研究的专家承担教材建设的任务，在确立核心课程教材目录的基础上，编审委员会采取招标或邀标的方式，确定合适的主编与主审人选，并实行主编负责制。

经过各位教材编写者的辛勤努力，包括《劳动经济学》《劳动关系学》《职业生涯规划》《社会保障学》《社会保险》《劳动法与社会保障法学》在内的首批六种教材已经在2005年出版，它作为代表我国劳动与社会保障学科领域最新、最权威研究水准的教科书，不仅适用于高等学校劳动与社会保障专业的教学需要，同时也适用于经济、管理、人口及社会学专业的师生选用，一出版就受到了众多高校的欢迎。2007年推出的《社会保险精算》（列入教育部普通高等教育“十一五”国家级规划教材项目）、《社会救助与社会福利》《工伤保险》等第二批教材，使这一套凝聚着国内众多一流劳动与社会保障专家学者心血的教科书基本形成了体系，它将能够更好地满足开设劳动与社会保障专业的高校师生的需要。

在本套教材陆续分批出版之际，我们期望着，这套教材能够以科学且丰富的内容、相互配合却又较少交叉重复的体系以及创新的结构体例，满足各高等院校不断发展的劳动与社会保障专业的需要。同时，我们也期望着，各位劳动与社会保障专业同仁能够提供有益的批评意见，以使我们进一步修订、完善该系列教材。

我们衷心祝愿我国的劳动与社会保障专业能够真正获得健康、长足的发展，在劳动与社会保障专业领域深造的众多学子能够在本系列教材的引导下茁壮成长起来。

高等学校劳动与社会保障专业
核心课程系列教材编审委员会
2007.5

主编简介

孙树菡，北京市人。现任中国人民大学劳动人事学院教授并兼任中国社会保险学会理事等。

长期从事社会保障、职业安全卫生、工伤保险、医疗保险、工效学、人口经济学等相关领域的教学与研究工作。迄今出版有《工伤保险》《医疗保险》《劳动安全卫生》《工伤保险管理手册》《职业安全与卫生》《劳动者职业伤害法律保障》《劳动生理与劳动保护》《社会保险学》《员工安全卫生管理》等著作或教科书；译著有《劳动经济学》《养老保险经济学》等；并在国内外报纸杂志上发表论文百余篇。

内容提要

本书共计十二章，第一章详细介绍了工伤保险的内涵与外延，并从理论上论述了工伤保险的基本原理，使读者对这一制度有一个概括性的了解；第二、第三章介绍了中外工伤保险制度的发展历程，使读者能够清晰地把握其发展脉络，有助于今后的学习；工伤保险在许多国家早期的劳动立法中都有所规定。继 1883 年颁布《德国劳工疾病保险立法》之后，德国又率先于 1884 年颁布了《劳工伤害保险法》，英、法等国则是以工伤保险法开始其社会保险立法的。本书的第四章对工伤保险法律制度做了较为全面的介绍；工伤保险是根据“职业风险”原则建立的，具有预防、补偿、康复和保障几大功能，本书的第五章和第七章分别是风险管理和事故预防机制，这是从其“预防性”的角度展开的；第九章对“康复”加以详细介绍，包括早期的康复以及现代康复的概念、功能、技术与管理；本书的第六章、第八章、第十章、第十一章则是对工伤保险制度的解释，包括工伤保险基金筹集与管理、劳动能力鉴定、工伤保险监督管理以及争议；第十二章则针对我国具体情况即流动就业人员的工伤保险进行讨论。

本书既从宏观和总体的角度为读者提供工伤保险制度的相关理论和知识，也从制度设计的具体层面为读者提供具有可操作性的实务知识。

前言

“工伤”，是人类共同关注的问题，它不仅危及劳动者的健康、安全，甚至是宝贵的生命。工业革命在给人类带来高效率以及丰富的物质生活的同时，也带来了更大的“产业灾害”——工伤与职业病。现代化的大生产、新工艺、新材料、新能源、新技术的应用，使得劳动风险性也随之增加。工伤保险，亦称之为工业伤害保险、职业伤害保障，是指劳动者在生产经营活动中或在规定的某些特殊情况下所遭受的意外伤害、职业病，以及因这两种情况造成的死亡、劳动者暂时或永久丧失劳动能力时，劳动者及其遗属能够从国家、社会得到必要的物质补偿的一种制度安排。随着社会的发展，工伤保险的职能也在不断扩展，功能不断完善。现代意义上的工伤保险除上述内容外，还包括以下功能：通过安全预防促进企业安全生产，减少事故发生；通过康复工作，使受伤害者尽快恢复劳动能力，促进受伤害者与社会的整合。工伤预防、工伤救治与补偿、工伤康复，已形成工伤保险的三大支柱。

作者写作本书的初衷是想通过本书，将自己的科研项目成果以及长期从事职业安全卫生与工伤保险的教学与实际工作的经验介绍给读者，同时尽可能详细地为大家介绍国外相关制度安排。为此，本书从工伤保险的立法、历史、范围、待遇、劳动能力鉴定、基金管理、监督、争议处理、安全生产、职业病预防、工伤康复等方面，全方位、多角度地对工伤保险做了较为详尽的论述与比较。

中国的工伤保险制度最初建于20世纪50年代，在建国初期以及社会主义现代化建设阶段发挥了保护劳动者、稳定社会安定、促进生产发展的重要作用。20世纪80年代开始，随着我国的经济体制改革步伐的加快，一部分企业伤亡事故率及职业病发生率出现上升趋势，职业安全形势严峻，事故多发与法律滞后以及制度的落后，直接影响着社会的稳定和经济的持续发展，影响着现代企业制度的建立、改革与完善。因此，在建立社会主义市场经济体制的过程中，我国加快了工伤保险制度的改革。20世纪90年代在各地试点改革的基础上，工伤保险制度进行了全面变革。跨入21世纪，在经济全球一体化的趋势下，随着我国经济和社会发展进程的加快，职业伤害保障已越来越受到政府和全国人民的重视。

在我国，伴随着工业化、城镇化进程而产生的“农民工”正逐步成为产业工人的主体。他们在劳动保护、职业安全方面的问题也越来越突出，引起全社会的广泛关注。我国每年各类工伤事故死亡接近 14 万人，而且主要集中在矿山开采、建筑施工、危险化学品生产以及机械制造等高危企业。在这些事故中死亡的相当大的部分是农民工。由于他们就业中的地域流动性和职业岗位变动性，使得他们的工伤保险待遇可能会受到影响。针对其流动性大的客观情况，应采用相应的管理方式确保其享有工伤保险。本书专门讨论了这一影响我国构建和谐社会的重大问题。

本书在写作过程中参考了大量的国内外文献资料、国内外有关专家学者的论著及相关书籍，并参考了国家相关法律法规，从中受益匪浅。本书具有较强的理论性、实践性和可操作性，同时还附有国内外报道的针对性较强的案例，希望这些鲜活的材料能够给读者以更多的启迪。

本书不仅可供社会保障专业学生及各级社会保险机构工作人员学习，而且也适合高等院校经济类、管理类及人口与社会学类专业师生作为教材，同时还适合所有对社会保障特别是对工伤保险有兴趣的人士阅读。

本书由我及周惠文老师共同拟订大纲。我本人撰写第一、二、三、六、七、八章，周惠文、余飞跃撰写第四章，唐丹撰写第九章，周惠文、刘辉撰写第五、十、十一、十二章，在各章作者完成初稿后，由我集中进行统稿、修订并定稿，其中对一些章节进行了较大的修补。

欢迎高校师生及广大读者提出批评意见，以期不断修订完善。

孙树菡

2007 年 1 月于北京

目 录

第一章

工伤保险绪论

■ **学习要点**

通过本章的学习，掌握工伤保险的内涵与外延，对工伤保险的相关知识有一个初步的了解。

■ **关键概念**

工伤事故　职业病　工伤保险　人身意外伤害保险

第一节　工伤保险的概念

一、工伤事故和职业病的概念

“工伤”一词比较规范的说法是在1921年国际劳工大会上通过的公约中提及的，即“由于工作直接或间接引起的事故为工伤”。当时它不包括职业病，随着时间的推移以及不可忽视的职业病的存在，各国又逐步把职业病纳入了“工伤”的范畴。工伤事故和职业病都是劳动者在生产劳动过程中可能面临的职业风险。这无论在资本原始积累时期，还是在现代工业社会都同样存在。

据国际劳工组织保守估算，全球每年发生2.5亿起工伤事故，1.6亿工人患职业性疾病。① 国际劳工组织（ILO）职业安全卫生计划处负责人Jukka Takala博士也指出，全世界每年发生工伤死亡人数为110万人，超过道路年平均死亡人数（99.9万人）、由于战争造成的死亡人数（50.2万人）、暴力死亡人数（56.3万人）和艾滋病死亡人数（31.2万人）。在110万工伤死亡人数中，有接近1/4的人是由于工作在暴露危险物质的工作场所引发的使人丧失劳动能力的职业病而死亡，诸如癌症、心血管病、呼吸疾病和神经系统紊乱等。他警告说，到2020年，预计与工作有关的患职业疾病的人数将增加1倍。全世界每天有3 000名工人在生产过程中丧生，每分钟死亡2人；仅仅受石棉危害，全世界每年就有超过10万名的工人丧生②。因而，在世界上大多数国家中，工伤保险制度比其他社会保险制度建立得更早，适用范围更广。

（一）工伤

工伤亦称职业伤害，指劳动者在生产劳动过程中所发生的或与之相关的人身伤害，包括事故伤残和职业病以及因这两种情况所造成的死亡。一些国家规定，上下班途中发生的交通事故所造成的伤亡和出差中的伤亡因与工作相关，也属于工伤。

“工伤”，各国的概念不尽相同。第13次国际劳动统计会议所使用的定义

① 国际劳工局局长胡安·索马维亚在“2002中国国际安全生产论坛暨中国国际安全生产及职业健康展览会”上的发言。

② 国际劳工组织（ILO）职业安全卫生计划处负责人Jukka Takala博士在国际劳工组织（ILO）第十五届世界职业安全健康大会上的发言。

是：雇佣事故指由雇佣引起或在雇佣过程中发生的事故（工业事故和上下班事故）。雇佣伤害指由雇佣事故导致的所有伤害和所有职业病。

美国国家标准 ANSIZ 16.1《记录与测定工作伤害经历的方法》中，将“工作伤害”定义为“任何由工作引起并在工作过程中发生的（人受到的）伤害或职业病，即由工作活动或工作环境导致的伤害或职业病”。

我国国家标准 GB 6441—86《企业职工伤亡事故分类》中将“伤亡事故”定义为“企业职工在生产劳动过程中，发生的人身伤害、急性中毒”。

1964 年第 48 届国际劳工大会通过的《工伤事故和职业病津贴建议书》（第 121 号）对工业事故做出如下定义：

1. 工作时间内，在工作场所及其附近，或工人劳动所在的任何场所发生的事故，不论其原因如何，均作为职业事故。

2. 在工作时间前后合理的时限内因交通、清洁、准备、保养、储存、紧固或捆扎工具和工作服等而发生的事故。

3. 在工作场所与下列处所之间的直接路线上发生的事故：

（1）雇员的主要或次要住所。

（2）雇员日常用餐的处所。

（3）雇员经常领取报酬的处所。

许多国家在法律中规定的职业事故定义是“工作时或工作本身所产生的事故”。

（二）职业病

职业病是由于在生产过程、生产活动或职业中接触有害物质或固有的危害所造成的疾病。一般来说，损害职工健康的疾病可以区分为：与工作相关的疾病，即由职业引起的疾病；由于工作环境或工作条件而使发病率增高的疾病；以及与工作无关的疾病。从广义上讲，职业病是指劳动者在从事生产劳动及其他职业活动中，因接触职业性有害因素而引起的所有疾病。但在立法意义上，职业病具有一定的范围，根据每个国家的生产力发展水平、经济状况、医疗水平等综合因素，以及社会保险制度而有所不同。工伤保险范围内的职业病，指的是上述划分的第一条，国外也有称之为“需赔偿的疾病”。这是需要国家相关机构立法确定的。我国《职业病范围和职业病患者处理办法的规定》（87 卫防字第 60 号）中规定，职业病的定义为“职业病系指劳动者在生产劳动及其他职业活动中，接触职业性有害因素引起的疾病”。

二、工伤保险的定义

工伤保险是指劳动者在生产经营活动中或在规定的某些特殊情况下所遭

受意外伤害、职业病，以及因这两种情况造成死亡、劳动者暂时或永久丧失劳动能力时，劳动者及其遗属能够从国家、社会得到的必要的物质补偿。随着社会的发展，工伤保险的职能也在不断地扩展，功能不断地完善。现代意义上的工伤保险除上述内容外，还包括下述功能：通过安全预防促进企业安全生产，减少事故发生；通过康复工作，使受伤害者尽快恢复劳动能力，促进受伤害者与社会的整合。工伤预防、工伤救治与补偿、工伤康复，已形成工伤保险的三大支柱。

1964 年在第 48 届国际劳工大会上通过的《工伤事故和职业病津贴公约》(第 121 号）及《工伤事故和职业病津贴建议书》均指出，实施工伤保险的目的，是为受雇人员发生不测事故时，提供医疗护理、现金津贴，进行职业康复；为残废者安排适当职业；采取措施防止工伤事故和职业病。

在我国，2003 年 4 月 16 日国务院颁布，2004 年 1 月 1 日起施行的《工伤保险条例》中指出，工伤保险的实施目的是“为了保障因工作遭受事故伤害或者患职业病的职工获得医疗救治和经济补偿，促进工伤预防和职业康复，分散用人单位的工伤风险”。

三、工伤保险是社会保险的重要组成部分

由于职业伤害（工伤）已构成了各国的劳动问题和社会问题，因而引起了各国政府的重视，各国政府不断加强在安全生产、文明生产、预防事故发生和提供工伤补偿等方面的立法工作，完善工伤保险制度。

工伤保险与医疗保险、生育保险、养老保险及失业保险等共同构成了社会保险体系。

▶第二节　工伤保险的原则、性质和特点

职业伤害的危险性是伴随着劳动而产生的。但是，工业化以前的社会，劳动者几乎全靠体力与手工从事经济活动，生产节奏缓慢，因工负伤、中毒、致残、致死的可能性很小，也很难发生群死群伤的重大特大事故。进入工业社会，情况就完全不同了。矿山的开发和利用，大机器的使用，冶炼化工、石油、建筑、交通等行业的发展，特别是生产过程中的机械化、自动化、连续化、大型化，一方面大大提高了劳动效率，劳动者为企业、为社会创造了巨大的财富；另一方面，也增加了劳动者自身的职业危险性。劳动者用自己的智慧和双手制造的机器不时无情地夺去他们的肢体、器官乃至生命。工伤

保险制度就是为了帮助劳动者抵御这种风险而建立起来的：不仅要对已受到伤害的劳动者给予经济补偿，还要给予他们康复性治疗，帮助其尽快重返工作岗位，并协助企业搞好安全生产，减少事故的发生。工伤保险除了具有社会保险的基本原则与性质外，还具有其独特性。

一、工伤保险的原则

大多数国家在实行工伤保险制度时，普遍遵循的主要原则可大致归纳如下（可参阅本书第四章第二节）。

（一）与社会保险其他项目相同的原则

1. 风险分担、互助互济原则

风险分担、互助互济原则这是社会保险制度的基本原则。通过法律强制征收保险费，建立工伤保险基金，采取互助互济的方法，分担风险；在待遇分配上，国家责成社会保险机构对费用实行再分配。这种基金的分配使用，包括人员、地区、行业间的调剂，可缓解部分企业、行业因工伤事故或职业病所产生的负担，从而减少社会矛盾。

2. 集中管理原则

工伤保险是社会保险的一部分，无论从基金的管理、事故的调查，还是医疗鉴定、职业康复，都由专门、统一的非营利机构管理，这也是各国普遍遵循的原则。

（二）不同于社会保险其他项目的原则

1. 无过失补偿原则

无过失补偿原则亦称无责任补偿原则，这是基于“职业风险”理论的。大机器生产在带来生产力突飞猛进的同时，也带来了副产品——职业伤害，这已成为不可规避的社会现象。而在工伤事故的处理方面（主要指责任与赔偿方面），发达市场经济国家大体经历过这样几个阶段：第一阶段，强调受伤害工人个人负责，雇主无须赔偿；第二阶段，强调雇主有过失才赔偿；第三阶段，实行“补偿不究过失”的原则。这里包含了两个含义：发生了伤害事故后，即使过失不在雇主，雇主亦应对受伤害雇员给予医疗和一定的经济补偿，给死难者以安葬，并使其遗属的基本生活得到保障，即雇主责任原则。这是基于：安全生产设施和职业伤害补偿应是机械化大生产的成本构成因素之一；提供安全生产教育和设施是雇主应尽的责任；建立共担风险的工伤保险社会统筹基金是雇主的义务；对于已经发生的职业伤害事实，即使雇主没有任何过失和直接责任，也应当承担善后处理和经济赔偿责任。在现代社会中，雇主经济补偿责任表现为由雇主缴纳工伤保险费，使得风险可由社会共担。即使过失责任在受伤害者本人，他亦应受到补偿，因为这种伤害往往是不可逆的，将会给受伤害者本人及其家属带来经济上的损失和精神上的痛苦。

“补偿不究过失”原则即在劳动者负伤后，不管过失在谁，均可获得收入补偿，保障其基本生活。因为工人是社会生产活动的组成部分，是社会生产活动带来的危险因素的承受者。遭受职业伤害，使他们的劳动能力、经济收入、甚至生命受到损失，他们的生活面临危机，这些都无法准确定价。工伤保险待遇仅仅是对他们经济、健康和劳动能力损失的一定补偿。如果受害人违反了生产操作规程导致了受到工伤，绝不能用扣除伤病津贴的方法惩罚受害人。但这并不妨碍有关事故责任的行政追究，或受到纪律处罚，其目的是为防止类似事故重复发生，教育广大群众，降低事故率。

2. 个人不缴费原则

工伤保险费由企业或雇主缴纳，劳动者个人不缴费，这是工伤保险与养老、医疗等其他社会保险项目的区别之处。由于在生产中劳动者创造社会财富的同时，也付出了鲜血和生命，所以理应由雇主（或由企业）、社会保险机构负担补偿费用，这在各国已形成共识。在实行工伤保险制度的国家中，绝大多数国家是遵循这一原则的。

3. 保障与赔偿相结合的原则

社会保险制度的一项基本原则就是保障原则，即对受保人给予物质上的充分保证，当工资劳动者在暂时或永久丧失劳动能力时，或是虽有劳动能力而无工作的情况下，亦即丧失生活来源的情况下，通过立法，调剂社会力量，在一定程度上使这类劳动者能够继续拥有基本的生活水平，以保证劳动力扩大再生产和社会的稳定。工伤保险遵循这一原则。此外，工伤保险还遵循补偿（赔偿）的原则，这是工伤保险与其他社会保险的显著区别。劳动力是有价值的，在生产劳动过程中，劳动力受到损害，企业理应对这种损害给予赔偿，这是以价值补偿形式偿还受伤害者由于人身伤害损失引起的收入损失。

4. 补偿与预防、康复相结合的原则

工伤补偿、工伤预防与工伤康复三者是密切相联的。工伤预防是最基本的内容，任何生产活动都应以安全第一、预防为主，尽量减少事故的发生。各国公认“预防为主”是最有效、最符合成本效益原则的策略。

工伤事故发生后，应立即对受伤害者予以医治并给予经济补偿，使受伤害者能够得到及时的救治，同时使其（或家庭）生活得到一定的保障。工伤保险待遇是对职业伤害受害人的事后、被动、消极的部分补偿和基本生活的保障。一些国家的实践证明，搞好工伤预防，可以减少事故发生率和基金支付率。搞好工伤预防，既符合企业利益，又维护了职工的权益，还实现了基金的良性循环。

如何及时地对受伤害者进行医学康复及职业康复，使其尽可能恢复劳动能力，或是恢复部分劳动能力，能够具备从事某种职业的能力，能够自食其力，尽可能地减少或避免人力资源的浪费，是十分重要的。这已引起各国政府的重视。

5. 技术性原则

与其他社会保险项目相比，工伤保险在实施手段上还具有其独特的技术性原则，主要体现在以下几个方面：

(1) 区别因工和非因工的原则。工伤保险制度中，对于界定“因工”与“非因工”所致伤害有明确规定。职业伤害与工作环境、工作条件、工艺流程等有直接关系，因而医治、医疗康复、伤残补偿、死亡抚恤待遇等，均比其他社会保险的水平高。只要是“因工”受到伤害，待遇上不受年龄、性别、缴费期限的限制。比较而言，“因病”或“非因工”伤亡，以及与劳动者本人职业因素无关的事故补偿，许多国家规定的待遇比工伤待遇低得多。

(2) 一次性补偿与长期补偿相结合原则。对“因工”而部分或完全永久性丧失劳动能力的职工或是“因工”死亡的职工，受伤害职工或遗属在得到补偿时，工伤保险机构应一次性支付补偿金，作为保障受伤害者或遗属生活的补偿。此外，对受害者所供养的遗属，根据人数，要支付长期抚恤金，直到其失去供养条件为止。这种补偿原则，已为世界上越来越多的国家所接受。

(3) 确定伤残和职业病等级原则。工伤保险待遇是根据伤残和职业病等级而分类确定的。伤残和职业病等级的鉴定是一项政策性、专业性和技术性均很强的工作，因而，各国在制定工伤保险制度时，都制定了伤残和职业病等级，并通过专门的鉴定机构和人员，对受职业伤害职工的受伤害程度予以确定，区别不同伤残和职业病状况，以给予不同标准的待遇。

(4) 区别受伤害者直接经济损失与间接经济损失的原则。直接经济损失指劳动者发生工伤事故后，个人所遭受的经济损失。这种经济损失与他的直接经济收入即工资收入相关。直接经济收入直接影响到本人及其供养亲属的生活，也直接影响到劳动力的再生产，因此，必须给予及时的、较优厚的补偿。间接经济损失指受伤害者直接收入以外的其他经济收入的损失，包括兼职收入、业余劳动收入等。这部分收入并非人皆有之，而且是不固定的收入。因此，这一部分收入不应列入工伤保险的经济补偿范畴。

二、工伤保险的性质

工伤保险具有补偿与保障的性质，比起其他社会保险项目，工伤保险的特征较为明显：待遇最优厚、保险内容最全面、保险服务最周到，也最易于实现。

（一）工伤保险具有强制性

工伤事故具有突发性和不可预测性，多属于意外事故。同时“工伤”也具有不可逆性。工伤所造成的器官或生理功能的损伤，可能是暂时、部分地丧失劳动能力；也可能是虽经治疗休养，仍不能完全复原，以致身体或智力功能部分或全部丧失，造成残疾，这种残疾表现为永久性部分或永久性全部丧失劳动能力。

职业病虽列入因工伤残的范围，但它同一般伤残又有所区别。职业病具有迟发性，而且往往造成体内器官生理功能的损伤，且大多损伤属于不可逆性损伤。

由于工伤可能为个人带来终身痛苦，给家庭带来永久的不幸，因而，国家法律往往规定强制实施工伤保险，通过法律手段，保障工伤职工权益。

（二）工伤保险具有社会性（普遍性）

工伤保险是世界上历史最悠久、实施范围最广的社会保障制度。根据国际社会保障协会（ISSA）2000 年的统计资料，在全球近 200 个国家（地区）中，有 172 个国家（地区）建立了社会保障制度。其中，建立了工伤保险项目的有 164 个，其他的 30 多个国家（地区）也有与工伤事故方面相关的立法。政府通过法律，通过对社会经济生活的一定干预，在已发生职业风险与未发生职业风险群体之间进行收入再分配，切实达到保障劳动者基本生活水平的目的。

（三）工伤保险具有互济性

工伤保险通过统筹的基金来分散职业风险，以平衡企业之间、行业之间、地区之间因职业风险不同而承受的不同压力，在较大范围内分散风险，为劳动者和企业双方建立保护机制。

（四）工伤保险具有福利性

工伤保险基金属于劳动者所有，是保障劳动者安全健康的基础，专款专用，国家不征税，并由国家财政提供担保，由隶属于政府部门的非营利性事业单位经办，为受保人服务。

（五）工伤保险具有补偿性（赔偿性）

这是工伤保险不同于其他社会保险的显著特性。绝大多数国家中，工伤保险费用不实行分担方式，全部费用由用人单位负担，劳动者个人不负担费用。

（六）工伤保险具有与事故预防及职业康复相结合的特性

现代工伤保险已不仅仅限于对工伤职工给予工伤补偿，而是把工伤补偿、职业康复和工伤预防紧密地结合起来，以便更好地发挥其在维护社会安定、保护和促进生产力发展方面的积极作用。

三、工伤保险的特点

在社会保险体系中，工伤保险具有其特殊性，在国际劳工局的出版物中，认为工伤保险是社会保障的“特殊分支”。其“特殊”性主要表现在以下几个方面：

（一）最具强制性

工伤保险自实施起，各国政府就以立法形式强制雇主必须对雇员的工伤负责。从1884年德国颁布了世界上第一部工伤保险法以来，到19世纪末，有12个国家专门就工伤保险立法；到20世纪20年代末，有41个国家专门就工伤保险立法；到20世纪50年代末，有130个国家专门就工伤保险立法；其后，又有不少国家先后立法，强制雇主必须对雇员的工伤负责。自1884年至今，120多年来，雇主负责工伤赔偿由法律强制已成为一种“通行惯例”，而且工伤保险已成为各国社会保险制度中实施范围最为广泛的项目。凡实施社会保险制度的国家中，大约有95％以上实行了工伤保险。

（二）最具保障性

与其他社会保险项目相比，工伤保险的保障性最强，保障项目最全面：不仅有一次性的经济保障，而且还要对伤残者以及死亡者遗属进行“全过程”经济保障（伤残者医疗期工资、伤残年金待遇、遗属待遇等）；不仅有经济补偿，而且还有其他服务，包括免费医疗救治、护理津贴、死亡者丧葬、伤残重建、职业康复、生活辅助器具、伤残人员的转岗培训以及工伤预防等。这些都是其他社会保险项目所不能比拟的。

（三）待遇最优厚

工伤保险在整个社会保险体系中，是待遇最为优厚的项目：劳动者个人不缴费；待遇比养老保险、医疗保险和失业保险都要优厚。例如，养老保险是保障基本生活，工伤保险除此之外，还要根据其伤残情况补偿因工伤残所造成的经济损失；医疗保险是保障基本医疗，工伤保险还要进行护理、康复等服务，助其尽早回到工作岗位或回归社会。

（四）给付条件最为宽泛

一旦经过伤残鉴定后，工伤保险的给付条件最为宽泛，它不受工龄、性别和年龄的限制，都要按伤残等级给予相应待遇。

四、工伤保险与风险管理

在生产活动过程中，职业危险性总是存在的，这是事物的客观属性。但这只是“风险”的一种前提表征，通过一些有效的风险控制手段，完全可以出现如下情况，即客观危险性很大，但实际承受的风险却较小。从生产活动角度看，风险就是发生损失事件的概率。人类的生产活动是伴随着生产技术不断发展的，但由于经济能力和安全技术能力的限制，人们将不得不面临着“风险的选择”。这就需要进行事故风险分析，尽最大所能将风险减少到最低的和“可接受的”水平。

通过国际工伤保险的发展历史我们可以看出，现代工伤保险制度更为强调“以安全为中心”。这是因为，首先，人的生命是无价的，应高于一切经济利益，因而决不能仅仅满足于所谓的“等价赔付”，而应是从源头上堵截事故，尽量减少生产活动对人身造成的伤害。其次，工伤保险费率应最大限度地反映企业的实际经济损失，特别是差别费率和浮动费率机制，一方面可起到激励作用，帮助企业自觉搞好安全生产，降低事故率；另一方面也可促使政府加强职业安全卫生宏观管理。再次，工伤保险利用风险管理与风险控制手段，服务于企业，减少工作场所的危险，这对于政府、工伤保险机构、企业、职工个人，都是有利的。

▶第三节　工伤保险与其他保险项目的关系

工伤保险作为社会保险制度的一个项目，与其他项目既有联系又有区别；

同样，工伤保险作为一门学科，也与其他相关学科有着密切的关系。

一、工伤保险与社会保障

作为一种思想，社会保障萌芽于原始社会，是人类根据生存和发展的需要而自发产生的与大自然相抗争的协作精神与行为；作为一种现代制度，社会保障是工业革命和社会化大生产的产物，它是一个特殊的经济范畴；从经济运行周期和社会再生产全过程看，社会保障是一个国家经济制度不可或缺的重要组成部分。但它在实践中并不完全遵循一般经济规律，例如，与其他经济范畴相比较，社会保障重“公平”甚于重“效率”；不按“等价交换”而是实施“大数法则、社会共济”等。社会保障可以看做是一种调节社会不同群体收入水平的分配制度，以达到消除贫困、共同富裕这一人类最终目标。良好的社会保障制度，也有益于提高职工的生产积极性，促进生产效率的提高，从而推动经济的发展。

社会保障制度也是一个国家社会制度中不可缺少的重要组成部分。社会的细胞是人，人在生活、学习、工作中，总会面临各种风险，例如生、老、病、死、伤、残、失业等。这些风险有大有小，有些是个人和家庭难以承担的。所谓社会保障，可以看做是由社会成员互济，帮助个人或家庭抗拒这种风险的一项制度。此外，社会保障还涉及社会伦理、人口政策、人权及政治等诸多方面。

国际劳工组织认为，社会保障制度对涉及养老保险、医疗保险、失业保险、工伤保险等社会保险项目提供待遇保障，同时还涵盖了社会救助和社会福利。主要包括疾病津贴、医疗护理、老年津贴、失业津贴、工伤津贴、生育津贴、家庭津贴、残疾津贴和遗属津贴等，其中工伤津贴、残疾津贴和遗属津贴等项内容与工伤保险相关。

工伤保险与所有其他社会保险项目相同，都是针对劳动者所面临的特定劳动风险而设立的。但工伤保险所针对的劳动风险与年老、失业、疾病等不同，这种风险会对劳动者的生理和心理造成损害，并对劳动者自身劳动能力造成直接损伤。因而工伤保险自然成为社会保险体系中最早发展起来的、最为普遍的项目。

二、工伤保险与人身意外伤害保险

对人身意外伤害的补偿方式，可以是民事赔偿，也可以是商业保险。

工伤保险与民事赔偿有着不可分割的关系。按照民法理论，工伤事故属于侵权行为，侵权人应该承担民事赔偿责任。在工伤保险产生之前，对工伤事故的处理也属于民法范畴，赔偿是按照民事案件的程序和规则进行的。在现实中，对人身损害的民事赔偿和工伤保险仍有一定的交叉，因此对民事赔偿和工伤保险加以比较具有很大的价值。但是通过比较可以发现，工伤保险与民事赔偿在基本思想、法律依据、成立要件、归责原则以及获取赔偿的方式等方面都有很大的不同，这些不同也就决定了两者在赔偿标准和具体赔偿水平上必然存在着差异。从具体的赔偿项目上看，偏重于保障功能的长期待遇，工伤保险水平高于民事赔偿；而强调补偿和惩罚功能的一次性待遇，民事赔偿水平高于工伤保险。两者在水平上的这种差异主要根源于以下原因：

1. 工伤保险待遇的基础是劳动关系，劳动关系的性质决定了工伤保险待遇更注重维持工伤职工基本生活的长期给付。

2. 社会保险的目的是保障职工的基本生活水平，确保经济和社会的安定，因此更加强调待遇的保障性。

正是由于民事赔偿与工伤保险这种特殊的关系，各国在处理两者之间的关系上有四种基本方式：（工伤保险）取代（民事赔偿）、兼得、选择和补充。鉴于我国目前的社会保险尚处于初级阶段，工伤保险保障尚不完全的情况，不少学者建议采用补充的方式：对于属于侵权行为的工伤事故，受伤害职工在获取工伤保险待遇之后，仍可以按照民法规定，向侵害人请求民事赔偿，请求赔偿金额须扣除已获得的工伤保险待遇，同时工伤保险机构在支付的保险金范围内获得代位求偿权。这种做法既可以保证工伤职工获得充分的补偿，还可以防止工伤保险基金的过度流失，并且能够发挥对雇主加强安全生产减少事故隐患的激励作用。

对人身伤害的另一种补偿方式就是商业保险，主要是通过人身意外伤害保险和雇主责任保险这两个险种。工伤保险和商业保险同样属于责任转移的方式，前者将责任转移给社会保险机构，而后者则转移给商业保险公司。除此之外，两者在本质属性、赔偿原则、赔偿项目、计算方法和赔偿水平上都有着很大的不同。此外，工伤保险作为国家的一项社会政策，是由国家立法强制实行的，所有企业，无论发生事故多少，均必须依法参加；而商业保险是赢利性的，必然会出现“逆选择”现象，总要力图避开高风险企业。通过比较可以看出，工伤保险明显优于商业保险，因此无论是人身意外伤害保险还是雇主责任保险，都只能作为工伤保险的一种补充。借鉴香港特区实行雇主责任制的经验，考虑到我国工伤保险覆盖面严重不足、扩面困难大的现状，也有学者建议在强制的雇主责任制下建立起三元模式的工伤保障制度，即以工伤社会保险制度为主，同时以雇主责任保险和团体人身意外保险为补充，以三种不同的保障和补偿方式共同构成现阶段工伤保障制度体系，最终则向统一的工伤社会保险制度发展。

三、工伤保险与养老保险

工伤保险与养老保险同属于社会保险范畴，都是对劳动者所面临的风险给予保障。但养老是人生命过程中的必然事件，发生的概率为1；而工伤保险却是生产活动中的偶然事件，其概率远小于1。工伤保险具有可预防性；养老保险不具备这一特性。由于工伤保险具有“赔偿”的性质，因此绝大多数国家的工伤保险都是由用人单位缴费，而劳动者个人不缴费；养老是社会公共责任，同时个人也应对自己的养老承担一定的责任，因而养老社会保险一般是实行“三方负担制”。同时，养老保险待遇多与缴费年限及退休前收入相关联，体现了“公平与效率相结合”的原则；工伤保险待遇给付所依据的法律是“等赔原则”（等价赔付），在对伤残等级进行鉴定后，确立不同的待遇。我国《工伤保险条例》规定，工伤职工达到退休年龄并办理退休手续后，停发伤残津贴，享受基本养老保险待遇。基本养老保险待遇低于伤残津贴的，由工伤保险基金补足差额。

四、工伤保险与事故预防

工伤保险最直接的目的是以国家立法为手段，对生产、工作中造成的职业伤害当事人及其供养亲属提供医疗救治、经济补偿，收入保障等。生产活动中的意外事故预防是现代经济活动中的重要内容之一；改善劳动条件，保护劳动者在生产、工作环境中的安全与健康是政府的重要责任之一，工伤保险与意外事故的预防是两项有区别但又有联系和制约关系的工作。二者的联系在“事故”上：工伤保险是对劳动者在遭受职业伤害后给予医疗救治、收入补偿、遗属抚恤等，使劳动者在本人及其家庭丧失工资收入、生活难以为继时，从国家和社会获得物质保障的一种社会保障制度，它主要表现为“无过失赔偿”和事后赔偿。工伤预防是国家和企业为避免和降低工伤事故的发生，对生产过程中可能发生的职业伤害采取的积极防范措施，突出的是预防为主，注重生产工作全过程中意外事故的防范和降低其发生率。强化工伤预防工作有利于促进安全生产，降低事故发生频率，保障职工的安全与健康，减少工伤保险基金的支出，维护社会稳定。二者的制约关系表现在：事故预防措施有力，可以降低事故的发生率，从而减少工伤保险费用的支出和与之相关的大量善后工作。

在一些工业化国家，“工人补偿”立法与劳动立法是并行发展的两个法律体系。在劳动立法中，往往设立政府安全监督机构，负责监督雇主执行安全方面的法律、法规情况，并检查劳动作业环境，负责事故处理，并对企业及违反安全法规的行为进行处罚。在“工人补偿”立法中，通过企业缴纳工伤保险费建立工伤保险基金，当职工发生与职业活动相关的伤残、患职业病或死亡时，由政府建立的专门机构或授权的组织为本人或其家属提供经济补偿或医疗服务。“工人补偿”立法中以提供工伤医疗和经济补偿为目的。由于工伤预防较事后补偿更具有积极意义，因而工伤预防优于工伤赔付的指导思想在各国迅速得到普及。

五、工伤保险与医疗保险

工伤保险的一个主要任务就是对受伤害者给予及时治疗，从这一点看，工伤保险与医疗保险是有联系的，但后者着重于疾病的“治疗”；由于大多数疾病是“可逆的”，因此一般国家的医疗社会保险是不含护理的，而且都是以“治疗疗程”为主。但工伤和职业病在治疗方面不同于一般医疗，一方面，这类“疾病”多是“不可逆的”，并发症、后遗症往往会终生困扰伤残职工。另一方面，相当多的患者可能还是“护理依赖者”，长期需要护理，这笔费用需要工伤保险来支付。

此外，无论从伤残者本人、家庭，还是从社会、国家角度来看，工伤康复都是必不可少的。1964 年国际劳工组织大会通过的《工伤事故和职业病津贴公约》第 26 条规定，设置康复服务设施，尽可能使残疾和职业病人恢复以往的活动，如无此可能，使其从事尽可能适合其能力的其他谋生职业。目前世界上建立了工伤社会保险的国家，基本上都开展了工伤康复工作。

通过康复训练，不但有利于伤口的愈合、伤情的稳定，而且会提高肌体的免疫力和抵抗力，促使伤情向良性发展，减少并发症、后遗症的发生几率。而且进行康复训练，还可提高伤残者的独立生活能力，降低其护理依赖程度，节约社会资源；降低其伤残等级，减少工伤保险基金的赔付支出，对工伤保险基金的合理使用产生积极作用。更为重要的是，伤残职工需要回归社会，重新融入社会群体之中。这既是工伤职工作为社会人应当享有的权利，也是减轻工伤职工心灵伤痛的有效方法。

正是由于工伤保险不同于医疗保险的特殊性，工伤患者首先需要进行伤残等级评定（劳动能力鉴定），医疗和评残必须与其工伤待遇相协调；而且工伤医疗费用必须根据工人从事职业的内在的危险性进行分配。普通医疗救治可能达不到提供国家要求达到的工伤医疗的服务质量和标准。在这种情况下，国家有可能设立特别的医疗待遇或在一般待遇水平基础上通过附加一定比例的办法解决。

本章小结

工伤保险是指劳动者在生产经营活动中或在规定的某些特殊情况下所遭受的意外伤害或职业病，以及因这两种情况造成的死亡、劳动者暂时或永久丧失劳动能力时，劳动者及其遗属能够从国家、社会得到的必要的物质补偿。随着社会的发展，工伤保险的职能也在不断地扩展，功能不断地完善。工伤预防、工伤救治与补偿、工伤康复，已形成工伤保险的三大支柱。工伤保险除遵循社会保险的一般原则外，还有“补偿不究过失”等特殊的原则。

复习思考题

1. 什么是工伤事故？什么是职业病？什么是工伤保险？
2. 描述工伤保险的原则。
3. 工伤保险具有哪些特性？

第二章

国外工伤保险事业的发展

■学习要点

通过本章的学习，了解和掌握工伤保险制度的起源；工伤保险制度的发展历程；工伤保险制度的类型；国际上工伤保险制度发展的基本特点以及发展趋势。

■关键概念

雇主责任保险制　无过错责任原则　职业危险原则

本章讲授国外社会保险事业的发展历程，重点阐述国外工伤保险制度改革的情况和趋势，并介绍两种不同类型的改革趋向，一类是福利国家工伤保险政策的变化，一类是工伤保险民营化的改革。

▶第一节 国外工伤保险制度的建立与发展

工伤保险制度是最早立法的一项社会保障制度，在世界范围内相对于其他社会保障项目来看，工伤保险制度的发展已经比较成熟和完善；但是由于它特殊的保障对象和保障功能，各国的工伤保险制度也处于不断的发展变化之中。了解国外工伤保险制度的改革情况，无论对于社会保障领域的工作者还是研究者来说都是很重要的。

工伤保险制度的确立，经过了从雇主责任保险向社会保险发展的历程。

大机器工业的副产品——工伤事故与职业病严重地威胁着劳动者群体。因此，在市场经济国家发展早期，劳动灾害（或称职业灾害），特别是恶性工伤事故及急性职业中毒事故，往往会引发工人要求政府及雇主改善劳动条件的罢工、游行等事件，严重者甚至成为反抗政府的导火索。

在前工业化社会，在手工作坊式的小工厂里，对于因工作而发生的伤亡，其事故的预防、处理和赔偿是由公民（雇主和雇员）之间私下进行的。

在欧洲工业化早期，劳动灾害（或称职业灾害），特别是恶性工伤事故及急性职业中毒事故时有发生，却并未引起足够的重视。英国著名经济学家亚当·斯密（Adam Smith）在他的“风险承担理论”中曾这样认为，给工人规定的工资标准中，已包含了对工作岗位危险性的补偿，而工人既然自愿与雇主签订了合同，那就意味着他们是自愿接受了风险，接受了补偿这种风险的收入。因而，工人理应负担其在工作过程中因发生工伤事故而蒙受的一切损失。这一理论风行于早期资本主义时代，成为雇主推卸工伤责任的理论依据。

但是，随着市场经济的发展，大机器所导致的工伤事故日益增多，事故严重程度也有所增强；与此同时，工人运动也蓬勃发展。因而，在工业化进程加速的时候，开始有了雇员因工伤索赔而起诉雇主的案件。但按照民法的规定和程序，很难使受伤害者得到应有的赔偿，也很难合理地处理工伤所引发的社会问题。有时要拖延很长时间，往往也使受伤害者得不到及时、合理的赔偿，从而造成社会的不公平。随着社会的发展，法律思想亦发生了深刻的变化，在侵权法领域，出现了无过错责任原则。

19世纪末，法国、德国、英国等普遍认同了“职业危险”原则，即：凡是利用机器或雇员体力从事经济活动的雇主或机构，就有可能造成雇员受到职业方面的伤害；意外事故无论是由于雇主的疏忽还是由于受伤害者的同事的粗心大意，甚至根本不存在有什么过失，雇主也应进行赔偿；赔偿金应该是企业所承担的一部分管理费用。

无过错责任原则与职业危险原则应用于工业伤害领域，代表着雇主责任制的开始。无论雇主是否有过错，都须依照法律法规对受伤害的雇员或死亡雇员的家属承担赔偿责任。如果工伤涉及其他人，出现争议，国家有关方面或法院还要介入。

职业伤害保险从民法中独立出来后，就进入了雇主保险责任阶段。雇主责任保险是指受伤害的工人或遗属直接向雇主要求索赔，雇主依照法律法规向他们直接支付保险待遇。如果工伤涉及其他人，出现争议，国家有关方面或法院还要介入。

雇主责任保险制有自保和向商业保险公司投保两种情况：一是受伤害者或遗属直接向雇主要求索赔，而雇主对职业伤害的赔偿，有些国家是由雇主个人行使的，也有些是由雇主群体（例如雇主协会或雇主联合会等）行使的。如果工伤还涉及其他方面，出现争议，法院或国家有关机构将出面解决；二是雇主为雇员的职业伤害风险实行保险。这些雇主只能通过向私人保险公司投保而得到保险。这类保险公司征收伤害保险费，通常是根据各企业或各产业部门的工伤事故发生的情况或根据工作风险程度而定，保险费可能差别很大。

相比之下，雇主责任保险有了很大的进步。但在实施过程中仍发现有不足之处，那就是当工伤事故一旦发生时，对劳动者会造成极大的身心伤害。尽管实施雇主责任保险后，采取了“补偿不究过失”的原则，雇主需要及时对受伤害者及其家属给予补偿（赔偿），但当遇到大额赔偿时，单个雇主难以负担巨额赔偿，因而往往难以履行他们应负的法律责任。如果雇主因欠债、破产等原因失去责任能力，劳动者就失去了受赔偿的可能，这对受伤害的劳动者来说是致命的；而对企业来说，如果多次发生工伤事故，或者某一工伤事故导致多人受伤，巨大的工伤赔偿可能也会影响企业自身的发展：工伤事故争议多，企业负担重，特别是那些资金不足的小企业，遇到重大或特大伤亡事故有多人伤亡时，雇主难以负担巨额赔偿，其后果只能是企业倒闭、破产，雇员被遣散回家，而受伤害者则更惨。商业保险公司介入工伤保险有很大的局限性。在雇主责任保险制度发展的初期，商业保险公司也颁布了根据计算而得出的风险支付与投保额成比例的赔偿方法，在某些国家，向这样的保险公司投保后来被确定了下来。但是，由于商业保险公司是以营利为主要目的的，而且这种保险是非强制性的，因此，尽管某些私营保险公司取代了雇主个人责任保险，但在大多数情况下，这些私营保险公司会千方百计地拒绝接受那些职业危险性很大的企业雇主和工人参加保险，而雇主和工人中的相当一部分人也由于赔偿的复杂性而不愿去投保。而且商业保险赔偿金多为一次性支付。由于雇主支付赔偿金要根据自身的经济能力，因此支付的数额一般都低于受伤害者的需要。这种标准是根据暂时丧失劳动能力需要给予的待遇推算出来的，是从民事法律中继承的。而对于那些永久完全丧失劳动能力的人或对其所供养的遗属来说，他们真正需要的是较为长期的待遇。

工伤事故具有严重性、不可避免性和非个人性的特征，所以单纯追究“个人”的责任是不合理的，因而需要根据社会公正原则，让全体社会成员分担损失，保证事故的受害人获得赔偿。现代国家的社会职能加强，已经承担起保障社会成员免受意外损失的义务。社会保险已突破了侵权责任的调整范围，在更广的范围内给受害人以补偿。它着眼于补偿受害人的损害，不考虑损害的原因和侵权责任。对工伤职工的赔偿必然从工伤索赔、雇主责任制发展到工伤社会保险。目前，世界上实行工伤社会保险的国家大体可分为三种类型：使用集中公共基金的社会保险类型，雇主责任保险类型及混合型即两种制度并存的类型。

工伤社会保险有强制的和自愿的两种类型。前者是指凡从事法律规定的适用工伤保险的行业，其雇主都必须加入保险；后者是指法律只规定劳动者在发生工伤事故时有权向雇主索赔的范围和程度，雇主可以决定是否加入保险。

随着社会文明程度的提高，不论发达国家，还是发展中国家，工伤保险都越来越被政府和社会所重视。多数国家注重修订完善工伤保险立法，有的通过立法规定，扩大了工伤保险的覆盖范围，有的调整和完善了工伤保险待遇标准。

工伤保险制度经过一百多年时间的完善与发展，到目前为止，还在随着经济社会的发展进行改革。

目前，世界多数国家的工伤保险制度是雇主责任制与工伤社会保险制度并存。

▶第二节　世界工伤保险制度发展的趋势

一、工伤保险立法的发展概况

1884年7月6日，德国颁布了《工伤保险法》，这是世界上第一部工伤保险法，是专门涉及工业事故和职业病及其预防与补偿问题的法规。它主要有三项任务：预防、康复和待遇给付（这里只做简介，详细内容参见本书第四章）。预防是指通过采取一切有效的手段预防事故和控制职业病，以保障劳动者在工作中免遭伤害；康复，是指如果发生了工伤事故，就必须采取一切适当的措施，为受伤人员提供医疗服务，使之身体康复，并恢复其职业和社会活动；待遇给付，即为受伤人员及其抚养的家属，提供现金补偿费。

这一立法的影响遍及整个欧洲。各国纷纷效仿德国，先后建立了工伤保险制度，颁布了相关法规。美国的首次立法出现在1908年，覆盖联邦雇员，后在1911年有10个州相继进行了相关立法。日本的工伤保险立法首次出现在1911年。后来在1947年、1980年和1986年等多次做了修改，其内容有了很大的变化。在日本除了综合社会保险制度之外，单就工伤保险规定了一个强制性的保险制度并由政府机构进行管理。此外，受害人请求工伤补偿之外还可以对雇主提起诉讼，请求补偿损失的差额部分。

二、工伤保险的组织管理机构概况

各国的工伤保险的组织管理随国家的性质、政治经济条件和历史传统而异，没有统一的模式。目前大体上有三种类型：

第一种类型由政府直接（集中或分级）管理。例如日本、英国、芬兰、冰岛、伊朗、韩国等。

第二种类型是政府指定政府的中央部门进行监督，由自治性的各种协会（基金会、理事会或联合会），在国家法律范围内管理。例如法国、意大利、哥伦比亚、德国和荷兰等。

第三种类型是在国家立法范围内，由政府委托工会管理业务。例如匈牙利、前苏联和民主德国以及捷克、斯洛伐克、保加利亚和斐济等少数几个国家。

三、工伤保险范围的发展

国际上，关于工伤保险的事故范围有一个发展的过程。工伤保险制度建立初期，仅包括工业上的意外事故，后来才把由于工作原因造成的职业病也包括进来。1884 年德国出台了历史上最早的工伤保险立法，这是仅以工伤意外事故为保险事故，1925 年修正工伤保险法时才将 11 种职业病列入保险范围（详见本书第四章第三节）。

1921 年《（农业）工人赔偿公约》（第 12 号）中把工伤事故定义为：“由于工作直接或者间接引起的事故为工伤事故。”这里的“直接或者间接引起”是指工伤事故必须与工作或者职业的时间和地点相关。在工伤保险事故的范围中，有些并非是直接的工伤事故，如许多国家把职工在上下班途中发生的意外事故也算做工伤。根据国际劳工局调查统计，1925 年世界上仅有 7 个国家把这种非直接的工伤事故包括在工伤保险范围内，而到 1963 年 101 个成员国中有 50 个国家把这种事故视为工伤保险事故。

职业病虽非事故，但是因为从事一定的劳动而蒙受疾病，给劳动者造成了损害，后来也纳入了工伤保险的范围。职业病从广义上讲是指劳动者在生产劳动或在其他的职业性活动中，因接触职业性有毒有害环境而引起的疾病。但在工伤保险中所称的职业病，通常是指通过国家法律明文做出规定的“法定”的职业病类型。最早把职业病纳入职业伤害补偿范围的是 1906 年英国的“职业补偿法修正案”，将 6 种职业病列入可赔偿的范围之内。法国在 1919 年、德国在 1925 年也开始把职业病列入赔偿范围。1925 年国际劳工会议把铅中毒、汞中毒和炭疽病感染三种疾病划入了职业病范围。但由于化学工业的迅速发展，出现了许多新的公害。1964 年《工伤事故和职业病津贴公约》把 15 种疾病列入职业病范围，到 1980 年，被国际劳工组织列为职业病的疾病已经达到 29 组。现代世界各国的工伤保险制度中，都把职业病包括在内（详见本书第四章第三节）。

四、工伤保险覆盖面的逐步扩展

工伤保险的覆盖面也有较大的扩展。早期的工伤保险的对象范围只是那些从事有危险工作的工人，有些国家还把一些小企业排斥在工伤保险范围之外，后来才逐步扩大范围。目前世界各国均有扩大工伤范围的趋势。在发展中国家，工伤保险的限制在减少，有权享受待遇的人在增加；一些工业化国家，现已把从事经济活动的人和从事非经济活动的人同样包括在一个工伤保险制度中，如奥地利、丹麦、德国、芬兰、日本、挪威、瑞典和突尼斯等国已把个体经营者也包括进来。奥地利、法国、德国、卢森堡、挪威和瑞典在法规中包括学生和教师。有些国家还把红十字救援人员、义务消防人员、从事工会工作人员、协助警察工作人员、保卫国家安全人员、家庭雇工、家庭教师甚至保姆等因工作受到的伤害，均包括在工伤保险的范围之列（详见本书第四章第三节）。

20 世纪 80 年代初期，受到社会保障中其他项目调整的影响，工伤保险项目也做出了相应的调整。如伤残者得到的补偿与其以前的收入和纳税额相联系以及其本人的工作年限有关系，因为工伤保险补偿是不充分的，所以在之外又发展起来了其他类型的对伤残者的补偿。而且从充分保障受害人权益的角度出发，在关于工伤求偿的案件中，证据规则也发生了变化，要求雇主对自己没有过错举证，而不是要求雇员对雇主有过错举证；并且还规定工伤索赔案件属于法律援助的范围之列。这些变化都大大地提高了工人胜诉的可能性。

尽管工伤保险是社会保险项目中待遇最为优厚的，但对于工伤职工来说，仍存在着不少问题。例如，在事故发生的早期，受害人得到的救济明显不足。为解决这一问题，各国政府都采取了一些积极的措施。比如在加拿大，为体现鼓励受伤者尽快地恢复健康并进行工作的积极的思路，从事故发生之日起，全部由雇主的缴费建立起来的赔偿基金就负责支付所有的费用，包括治疗后康复所需要的费用。支付期和所支付的数额取决于工人的受伤程度和需要的康复期。澳大利亚、英国和新西兰等政府也做出了鼓励康复的努力。

五、工伤保险的发展趋势预测

从工伤保险的发展历程中可以看出在整个工伤保险的发展过程中有以下一些规律，而且在今后的发展中还是会遵循以下规律：

1. 从工伤保险的覆盖范围来看，是呈现出一种逐渐扩大的趋势，受益人从企业逐渐地扩展到了农业、自雇者等。

2. 认定工伤的范围在逐渐扩大。工伤保险所包括的事故范围在扩大，从职业病的认定上充分反映了这种趋势。

3. 就整个制度的设计来看，突出地体现出了对于受害人迅速康复的追求，特别是在工伤发生的初期，要对受害人提供及时的和较为充分的补偿。随着社会经济发展水平的提高，逐步注重对受害人，特别是因工伤致残者，同时提供补偿和康复服务。

■ 本章小结

本章通过对国际工伤保险的发展历程的描述，揭示出工伤保险的发展规律：覆盖范围逐渐扩大；认定工伤的范围逐渐扩大；工伤发生的初期，要对受害人提供及时的和较为充分的补偿，同时提供康复服务；加强工伤预防工作。

职业伤害待遇只是一种被动的补偿手段，工伤保险制度介入预防工伤事故和职业病的领域，才能进入良性循环状态，从根本上促进企业生产和保障工人利益。伤病残人员的职业康复是积极的补偿，如今得到越来越多国家的重视，纷纷建立各种类型的职业康复机构。

■ 复习思考题

1. 简述国际工伤保险的发展历程。
2. 试描述工伤保险的发展趋势。

■ 案例讨论

以美国为代表的工伤保险民营化改革

美国没有全国统一的工伤保险制度，联邦政府只负责造船工人、铁路工人、港口工人、公务员，以及矽肺病人的工伤赔偿，其他工伤赔偿由各州负责。美国工伤赔偿包括：受伤雇员的赔偿待遇主要包括暂时伤残补助和永久伤残补助。还包括康复、医疗、外科手术和必要费用的支付。如果雇员因工伤或职业病导致死亡，雇员的抚养者可领取相应补偿。工伤保险费率按行业危险程度和企业工伤事故率确定。工伤保险由各州政府劳工局管理，主要负责确定工伤保险费率，审查工伤保险基金收支情况，处理工伤申请、申诉、仲裁等。具体业务除俄亥俄州、西弗吉尼亚州等6州政府所属的工伤保险基金会经办外，其他各州均由私人保险公司经办，个别大企业经州政府批准可以自己经办。为保证工伤职工的权利，私人保险公司和自办保险的企业都要按照工伤保险基金的一定比例，向州政府多数的工伤保险机构投保再保险，如私人保险公司和自办保险企业破产后，工伤赔偿由州政府的工伤保险机构支付。以华盛顿州为例，该州工伤保险及职业安全卫生管理机构主要为劳工产业部（Department of Labor and Industries）。一般来说，雇用一个或多个员工的雇主必须为员工提供工伤保险项目。根据企业的规模和财政状况，主要有三种提供途径：（1）向私人保险公司投保；（2）华盛顿州基金，由雇主从劳工产业部为员工购买工伤保险；（3）自我保险。目前，大多数企业都参加的州工业保险项目——华盛顿州基金，另外一些经济基础雄厚的大企业和法人实体实行自我保险。实行自我保险的企业必须达到一定的标准，例如被证实具有财政偿付能力和稳定性，能够履行一定的合同约定，并且建立起有效的事故预防机制。实行自我保险的雇主要承担所有的风险和工伤保险项目成本，并从公司基金中为雇员支付所有的赔付金。

在美国，由于20世纪80年代工伤保险成本的飞速攀升，50个州中的大多数都制订了改革方案，通过削减雇主成本同时保持保险价格使工伤保险制度保持平衡。美国工伤保险制度具有不追究过失责任提供工伤保险赔偿的主要特点，提供全额医疗和康复保险金，提供工资补贴并鼓励伤残者回归工作岗位。

改革的成果是巨大的，不仅覆盖面大幅扩大，而且工伤事故率大为下降，同时制度运行成本也降低了。1996 年，98.6%的私营企业工人都受到了工伤保险计划覆盖，99.8%的雇主也都同样投保。

许多国家都借鉴了美国工伤保险体系改革的经验。1998 年智利推出工伤保险改革，其保险制度是政令性的承包，以专门的解决方式为基础、固定赔偿金、固定保险费率，并利用半私营的偿付制度，其中包括私营和公共的保险公司。1995 年阿根廷的改革则更加激进。其改革内容包括政令性承包、专门的解决方式、固定赔偿金、竞争性的保险费率、私营的交付制度和鼓励雇主保障工人安全等。巴西正在进行工伤保险与社会保障计划脱钩等改革探讨。

澳大利亚也进行了许多改革。澳大利亚的工伤保险制度与美国很相似。它们都使用不同的州立保险制度，而不是统一的国家保险制度。除此以外相似之处包括强制性的承办，公共和私营相结合的偿付制度，以及州与州之间不同的保险标准等。由于澳大利亚允许使用侵权责任制，它与美国制度也有不同。澳大利亚的许多州正在进行体系改革。在新南威尔士州，1998 年的改革引进了私营偿付、允许私营保险公司进行承保。改革包括固定的保险金体系和有限制地使用侵权体系。但是，新南威尔士州工伤保险制度一直是依赖政府批准的保险费率而不是竞争性定价。在澳大利亚的其他地方，尤其是在维多利亚州和昆士兰州，人们一直在考虑将工伤保险制度私有化。昆士兰州 1997 年正式建立工伤保险部，成为工人赔偿保险的主要提供者。工伤保险政策保证雇主承担并实现法定义务。工伤保险部是昆士兰州政府特有的法定权力机关，采取经济的非营利的运行方式。作为昆士兰州政府的一部分，工伤保险的操作和运行是独立的、商业性的。其收入来自于雇主缴纳的保险费用和基金投资的回报。在 2003 和 2004 年度，工伤保险部在全澳大利亚征收最低平均净保险费率的基础上保持了基金的偿付能力。按照 2003 年工人赔偿和康复法案的规定，所有雇用雇员的雇主都要求参加事故保险，当工人遭受工伤时提供保障。此项保险不包括雇用的公司主管和业务托管人。如果雇主没有参加事故保险，遭受工伤的工人提出索赔诉讼的话，雇主要承担所有的诉讼费用外加 50%的索赔费用作为罚款。此外，雇主要将为保险时期的保费全部补齐，并且支付和补齐的保险费用相同的金额作为罚款。只要是在昆士兰州雇用工人，雇主就必须参加昆士兰州事故保险。

美国和许多其他国家的经验是，私营和公共的保障系统联合应用的效果较好。工伤保险系统应首先并永远以安全为中心。因为私营保险公司有动力与其顾客密切合作以减少工作场所的危险（可以大大减少事故后赔偿费用），因此利用由私营保险公司或其他保障制度可提供的职业性的安全和预防损失的服务也是一种比较好的方式。

第三章

我国工伤保险事业的发展

■学习要点

通过本章的学习，了解和掌握我国工伤保险制度的发展历程；工伤保险制度的改革试点经历；目前我国工伤保险制度发展的基本特点、存在的问题以及发展趋势。

■关键概念

我国工伤保险制度　企业职工工伤保险试行办法

工伤保险条例

▶第一节　我国工伤保险制度的建立与发展

我国的工伤保险制度最初建立于20世纪50年代，在新中国成立初期以及社会主义现代化建设阶段发挥了保护劳动者、维护社会安定、促进生产发展的重要作用。工伤保险制度建立以来，几经调整，20世纪90年代在各地试点改革的基础上，进行了全面的变革。2003年4月份国务院颁布并于2004年1月1日开始实施的《工伤保险条例》标志着我国工伤保险制度已经走上了规范化、法制化的发展道路。

一、我国工伤保险制度的建立

1951年政务院颁布了《中华人民共和国劳动保险条例》，这是我国第一部包括工伤、死亡遗属等社会保险在内的全国性统一法规，其中对工伤保险的范围、待遇都做了详细的规定；1953年通过的《关于中华人民共和国劳动保险条例若干修正的决定》，进一步扩大了社会保险的实施范围，提高了若干劳动保险的待遇标准。与此同时，国家机关、事业单位的社会保险制度也以单项法规的形式逐步建立：1950年内务部公布了《革命工作人员伤亡褒恤暂行条例》，规定了伤残死亡待遇；1952年、1953年和1955年3次对这个条例进行了修改，提高了待遇水平。

随着我国工业生产的发展，职业病伤害问题日益严重。为加强对遭受职业病伤害的职工的保障，1957年卫生部制定并颁布了《职业病范围和职业病患者处理办法的规定》，确定了将严重危害工人、职员健康，严重影响生产、职业性比较明显的职业中毒、尘肺病等14种与职业活动有关的疾病正式引入职业病的范围（即“法定职业病”），同时首次将职业病列入工伤保险的范畴。

20世纪50年代这一系列法规的颁布，构建起我国工伤保险制度的基本框架。当时企业的工伤保险（或称之为劳动保护）仅适用于国有企业和城镇集体企业，工伤待遇包括工伤医疗和康复待遇、因工伤残抚恤待遇和因工死亡待遇。

二、我国工伤保险制度的几次变革

1957年9月党的八届三中全会提出调整与完善社会保险制度，工伤保险在这一段时期也进行了比较多的调整。

在工伤保险待遇方面，明确或调整了因工负伤、部分丧失劳动能力的职工旧伤复发的医疗费用、职工工伤残疾补助费、残疾程度变更后的补助费用、因工负伤退职职工旧伤复发的治疗费用、到外地治疗的各项费用以及住院治疗期间的膳食费等待遇项目。

在工伤保险范围方面，对学徒工的工伤保险待遇问题重新做出了规定，另外明确了职工因工伤亡或非因工伤亡如何划分的问题。

在死亡抚恤方面，对职工因交通事故死亡、伤残鉴定期间死亡以及在工作时间工作地点突然发病死亡的处理办法进行了规定。

在职业病方面，明确了一些职业病的确定办法，并增加了职业病类别。

1966—1976 年的"文化大革命"给党和国家带来了沉重的灾难。我国的政治、经济、文化、社会制度等各方面都遭受了严重破坏，社会保险制度亦受到很大破坏。劳动保护工作及社会保险工作处于无人管理的状态，有法不依、有章不循，工伤事故率和职业病发病率大幅度上升，各地"闹工伤"事件时有发生。社会保险已成为"企业保险"，社会保险的统筹调剂职能彻底丧失，造成企业间负担畸重畸轻，职工工伤或因工死亡后，要么得不到及时而妥善的处理，严重影响企业职工生产积极性；要么由于标准的废止而使一些"闹工伤"的家属不合理地得到高额甚至超高额"补偿"，加重了企业的负担。

"文化大革命"结束以后，我国进入了以经济建设为中心的新的历史时期，社会保险制度的重建工作也被提到了议事日程。这一时期主要是对过去某些不合理的规定做了一些调整，以发展生产，改善职工福利待遇。在此期间颁发了一系列规定，扩大了工伤保险的实施范围，规范和加强了对工伤保险管理工作，进一步明确了工伤保险待遇标准，并对职业病类别和待遇进行了增加和调整。

▶第二节　我国工伤保险制度的改革

一、我国工伤保险制度的改革势在必行

我国 20 世纪 50 年代《劳动保险条例》规定的工伤保险制度，目的是对劳动者在劳动过程中发生的人身伤亡或职业病提供医疗、收入补偿及抚恤。这一制度的实施对确保劳动者的合法权益、稳定社会、促进生产发展曾起过积极的作用，但其后的"企业保险"及我国社会经济的重大变化，表明该制度已不能适应形势发展的需要，改革势在必行。

在"企业保险"的制度下，工伤保险的人、钱、事全部由企业负责，小

企业、微利亏损企业、租赁承包企业很难应付工伤事故，外资企业更不愿意对工伤职工及其家属的生活一包到底，以致许多工伤职工的工伤保险待遇得不到落实。如辽宁省东沟县1989年上半年对62户因工死亡者的遗属做的调查表明，其中有41户不能按时领到抚恤金。再如广东省东莞市有2个厂发生爆炸事故，企业善后处理费用各自花去20多万元后，相继倒闭了①。工伤保险实行“企业保险”的弊端体现在以下几方面：

1. 实施范围较窄

这种企业自保的“工伤保险”制度基本上是“全民企业执行”“集体企业参照执行”。改革开放后，涌现出大量的乡镇企业、“三资”企业和私营企业，在这些企业中，有不少企业劳动条件较差，不重视安全管理，工伤事故率及职业病发生率较高，而国家又没有及时出台相应的劳动保护法规，也没有相应的工伤保险法规强制对职工进行工伤保险。

2. “企业保险”难以分散劳动风险

发生工伤事故及职业病就是企业及其职工的“劳动风险”。企业参加社会保险，通过工伤保险基金可以分散和化解风险。我国劳动保险基金制度建立后，没有进一步发展和健全，在“文化大革命”中又被取消了，使工伤保险变为没有基金保障的“企业保险”。在这种制度下，发生工伤事故后，受伤害者的医疗、补偿以及死亡者遗属的抚恤等项费用，均由企业支付；伤残者及其遗属，由企业“包下来”，职业病患者由企业“养起来”。这种做法的弊病在于：各类企业及其职工的工伤待遇有高有低，表现不平衡，职工心理上难以承受，不仅影响企业生产，而且影响劳动力合理流动；没有体现“分散风险”的社会保险原则，一旦发生事故，企业不堪重负，甚至破产，既不利于保障职工的合法权益，也不利于企业的生存和发展；“闹工伤”事件时有发生，加重了发生事故企业的负担，影响了生产的正常秩序及社会安定。

3. 待遇标准偏低

原工伤伤残待遇和死亡待遇都是按本人标准工资计发的，基本上还是五六十年代的标准，那时国家实行的是“低工资高就业制度”。改革开放以后，职工收入提高了，工伤待遇标准占工资收入的比重逐年下降，再加上长期以来待遇没有正常的调整机制，伤残待遇及死亡抚恤待遇就显得太低。伤残职工及死亡者遗属本来就属于社会最困难的特殊群体，在此情况下，他们的基本生活难以得到保障，待遇的不合理性主要表现在以下方面：待遇项目不完全，缺乏一次性补偿；工伤保险待遇项目中没有明确规定各项目随工资或物

---

① 孙树菡主编. 工伤保险. 北京：中国人民大学出版社，2000. 61

价水平的增长而变动，使工伤职工生活水平相对降低；原制度中待遇水平未体现“伤残越重，补偿越优”的原则，没有在待遇水平方面形成合理的阶梯结构；不能很好体现赔偿原则；护理费过低，难以雇到护理人员；没有按物价及生活费用指数上升而调整待遇的机制。

4. 工伤认定、评残标准、医疗终结标准和劳动鉴定制度不健全

工伤认定是职工享受工伤保险待遇的前提，但是，工伤往往由企业认定，其规范性、公正性不够。没有全国统一的评残标准，企业参照军人伤残标准评残不适应企业工伤评残的需要，评残程序也不健全，其结果是不能完全起到工伤保险对工伤职工提供补偿的作用。

5. 没有工伤预防机制，不能充分发挥工伤保险促进事故预防的积极作用

工伤保险是对职业风险进行保险，有必要采取减少事故的措施。但我国过去所实行的工伤保险制度，其工作重点只限于事故后的赔偿，而没有开展事故前的预防工作，这既不符合经济效益与社会效益相统一的原则，也没有完全起到减少职业风险的“保险”作用，因此是不完善的。

自 1984 年以后，我国的经济体制改革进入了以城市为重点，以搞活企业为中心的阶段。企业成为自主经营、自负盈亏，相对独立的商品生产者和经营者。随着企业日益进入市场，企业之间劳动保险负担不均衡的矛盾日渐显露。新建企业人员年轻、人工成本费用低，不存在工伤“欠账”问题，职业病尚未显露，因此在市场竞争中处于优势。随着经济体制改革的日益深入，对外开放的发展，在经济领域又呈现出多种所有制、多种用工形式并存的局面，过去那种仅适用于国营企业、集体所有制企业参照执行的法规远远不能适应这种形势，加之经济的迅速发展，一部分企业伤亡事故率及职业病发生率出现上升趋势，职业安全形势严峻，事故多发与法律滞后以及制度的落后，直接影响着社会的稳定和经济的持续发展，影响着企业制度的改革。因此，在建立社会主义市场经济体制的过程中，加快工伤保险制度的改革，加速工伤保险立法的进程，已是势在必行。

二、我国工伤保险改革试点阶段

1988 年劳动部主持研究社会保险改革方案，形成了工伤保险改革框架，即：调整工伤保险待遇，建立工伤保险待遇随物价变化相应调整的制度；适当提高丧葬费、抚恤费并建立一次性抚恤制度；建立工伤保险基金，逐步实现基金的社会化管理；工伤保险基金遵循“以支定收，留有储备”的原则；确定费率差别，定期调整。1988 年年底，劳动部召开全国劳动厅局长会议，要求各地做好工伤保险改革的准备工作，选择有条件地区进行工伤保险制度

改革试点。

1989 年以后，海南省海口市，辽宁省东沟县、铁岭市、锦州市，广东省东莞市、深圳市，福建省将乐县、霞浦县，吉林省延吉市等 10 多个县、市在各省劳动局及当地人民政府的领导下，先后开展了工伤保险改革试点。

20 世纪 90 年代初，有关工伤保险改革的一系列法规、政策的出台，为改革的进一步深化做好了充分的准备。到 1993 年上半年，全国已有 19 个省、自治区、直辖市的 390 个市县进行了工伤保险制度改革试点工作，有 7 万家企业、900 万职工参加了该项改革。

试点改革取得了初步成果：扩大了保险覆盖面；适当调整了工伤保险待遇；实行差别费率，建立工伤保险基金；由政府组织工伤保险事业，逐步变“企业保险”为社会保险；工伤保险与工伤预防相结合；政府立法，依法办事。

三、《企业职工工伤保险试行办法》颁布、试行阶段

随着改革试点地区的逐步扩大、推广，全国性工伤保险改革的时机已经成熟。1996 年劳动部颁发 266 号文件《企业职工工伤保险试行办法》(以下简称《试行办法》)，于同年 10 月起在全国试行。至此，改革在全国展开。到 1998 年底，全国已有 28 个省、自治区的 1 713 个县市开展工伤保险制度改革试点，参保职工 3 718 万人。

全国多数地区按照《试行办法》的要求结合当地实际情况进行工伤保险改革。改革的基本做法是，围绕建立基金制度调整工伤待遇，扩大实施范围，实行社会化管理。这也是新旧制度之间最大的区别。《试行办法》实施以来，工伤保险改革工作发生了巨大的变化，取得了阶段性成果。

1. 建立了工伤保险基金制度。各地按照“以支定收，收支基本平衡”的原则筹集工伤保险基金，以地（市）、县为单位，集中调剂和使用。

2. 实行差别费率。所谓差别费率，即根据各行业工伤事故风险和职业危害程度的类别，规定不同的费率标准。还规定了在行业差别费率的基础上对单个企业实行浮动费率。其目的是利用经济杠杆的作用，促进企业建立健全安全生产的自我约束和激励机制。从工伤保险角度，初步建立起事故预防机制。实行差别费率和浮动费率及采取安全奖励措施后，1997 年以后已经出现事故下降的趋势。

3. 工伤保险的覆盖面扩大到各种所有制的各类企业和劳动者，与劳动法的实施范围相一致。发挥了社会保险互助互济、共担风险的作用，解决了企业之间负担工伤费用畸轻畸重的问题。

4. 调整并统一了待遇结构。逐步规范了各地的改革办法，统一了企业职工工伤保险的待遇标准，使各地有章可循。过去的工伤保险只是从保障和维持基本生活出发。《试行办法》不仅调整了定期抚恤待遇，而且对于工伤职工增加了一次性经济补偿。

5. 提高伤残待遇的总体水平。在一定程度上解决了伤残待遇和死亡待遇偏低的问题，进一步维护了职工的合法权益。

6. 制定了因工评残标准，实现了关于丧失劳动能力鉴定的标准化、制度化。企业职工伤残丧失劳动能力程度分为 10 级，其中 1～4 级为完全丧失劳动能力；5～6 级为大部分丧失劳动能力；7～10 级为部分丧失劳动能力。

▶第三节　现行工伤保险管理与实践

《试行办法》的实施，对保护劳动者权益起到了很大的作用，但还远不能适应迅速发展的形势的需要，因此，制定新的工伤保险法规，就显得十分必要与迫切了。

在经过十几年的改革及立法实践之后，我国首部工伤保险立法——《工伤保险条例》（以下简称《条例》）于 2003 年 4 月颁布，2004 年 1 月 1 日起施行。该条例充分体现了以人为本的原则，体现了对广大劳动者的保护。《条例》的出台和实施，改变了工伤保险领域长期以来只有部门规章而没有立法的局面，加强了对劳动者合法权益的保障功能，形成了一个以劳动法为龙头、以《条例》为核心的工伤保险法律体系，为建立健全有中国特色的比较完善的社会保障法律体系奠定了重要的法律基石。

据统计，2003 年年底，全国参加工伤保险的人数为 4 573 万人，比上年年底增加 167 万人。全年享受工伤保险待遇的人数为 37 万人。到 2004 年底，全国参加工伤保险的人数超过 6 000 万人。《条例》的实施有力促进了工伤保险覆盖面的扩大。

《条例》的颁布实施标志着我国工伤保险制度得到了进一步完善。作为我国社会保障体系建设中的重要一步，这个条例超越《试行办法》之处在于，它由一个部门的规范性文件上升为国务院签署的行政法规，立法的权威性、法律效力大大提高，它对规范工伤保险制度，促进工伤预防和职业康复，进一步维护职工的合法权益，具有十分重要的意义。

一、《条例》超越了原来的《试行办法》

（一）扩大覆盖面，最大限度地保护劳动者的合法权益

1. 对“职工”的概念做出明确界定

《试行办法》对“职工”未做出明确界定，《条例》做出了明确的规定，同时指出“与用人单位存在劳动关系（包括事实劳动关系）的各种用工形式、各种用工期限的劳动者”都涵盖其中。

2. 扩大了工伤保险权利主体范围

《条例》规定：“中华人民共和国境内的各类企业的职工和个体工商户的雇工，即与用人单位存在劳动关系的各种用工形式、各种用工期限的劳动者，均有依照条例的规定享受工伤保险待遇的权利。”

（二）工伤认定范围扩大

将“在工作时间和工作场所内，因工作原因受到事故伤害”的情况延伸到“从事与工作有关的预备性或收尾性工作受到事故伤害”的情况；同时增加了“视同为工伤”的三种情形。

（三）举证责任倒置，明确了企业责任

《条例》规定，用人单位未在规定时限内提交工伤认定申请，在此期间发生的工伤待遇等有关费用，由该用人单位负担。职工或者其直系亲属认为是工伤，用人单位不认为是工伤的，也就是出现了工伤争议后，将由用人单位承担举证责任。这一规定在明确了企业责任的同时，大大提高了争议处理的效率，同时也有力地维护了作为工伤纠纷中弱势一方即工伤职工的合法权益。

（四）明确了赔偿责任

《条例》规定了用人单位分立、合并、转让的，以及用人单位实行承包经营的或职工被借调等情况的工伤保险责任，同时充分考虑了弱势劳动者群体的权益，规定了当“无营业执照或者未经依法登记、备案的单位以及被依法吊销营业执照或者撤销登记、备案的单位的职工”以及被“非法使用的童工”等发生事故后的工伤保险责任，保证了事故的受害人能够迅速得到赔偿。

（五）劳动能力鉴定更加科学

《条例》改变了过去单一由行政部门成立劳动能力鉴定委员会的做法，鉴

定委员会还包括经办机构代表以及用人单位等方面的代表，同时建立劳动能力鉴定专家库。还规范了劳动能力鉴定的程序，这不但提高了透明度和权威性，而且防止了可能由此引发的道德风险。

建立“公示制度”，工作更加透明化。

（六）规定了严格的法律责任，设立了必要的政策“高压线”

《条例》规定，经办机构应当定期公布工伤保险基金的收支情况，及时向劳动保障行政部门提出调整费率的建议；用人单位应当将参加工伤保险的有关情况在本单位内公示。《条例》还规定，任何组织和个人对有关工伤保险的违法行为，有权举报。劳动保障行政部门对举报应当及时调查，按照规定处理，并为举报人保密。

《条例》为劳动保障行政部门工作人员和经办机构各自规定了 3 个“禁区”，规定了相应的法律责任。同时对于用人单位、工伤职工或者其直系亲属的骗保等行为，也规定了相应的法律责任。

二、《条例》实施任重而道远

《条例》的出台不仅可以进一步完善我国的工伤保险制度，而且也有利于整个社会保障体系的进一步统一、完善。由于我国工伤保险实施时间不长，各地经济发展水平差异较大，加之工伤保险经办力量不足，立法尚有待完善，因此，全面贯彻实施《条例》任重而道远。

第一，国家需要尽快确立雇主对雇员工作安全提供有效保障的法律责任，包括经济赔偿责任与法律责任，现阶段尤其需要体现出对遭受伤害的雇员的经济赔偿责任，这种赔偿不得替代雇主应当承担的刑事责任。

第二，在实施细则中加大对不遵守规定的企业，特别是企业法人的经济处罚力度，现阶段必须以强硬的惩处措施来制止忽视安全生产、轻视劳工生命的现象。

第三，在建立工伤保障制度时，我国在现阶段不可能完全仿照发达国家正在做的预防、赔偿和康复三结合模式，但以工伤赔偿为核心建立起工伤保障制度应当是可行的。在短期内难以统一所有职业劳动者的工伤保障制度时，国家可以先建立多元化工伤保障制度，如针对国有单位真正全面推开工伤社会保险；针对高风险行业如采矿业，可以考虑与其他行业分开，实行行业统筹，财政加大补偿力度，主要用于事故预防；事业单位与企业工伤保险合二为一；非国有单位或条件尚不成熟的地区、行业，特别是对于一些规模小、人员流动频繁的私营企业和乡镇企业，强制其投保团体人身意外伤害保险或雇主责任保险，并对其投保的情况进行监督。

第四，无论是一元化的工伤保障制度安排还是多元化的工伤保障制度安排，均须迅速覆盖到全体受雇劳动者，即所有职业劳动者均应当在某种工伤保障制度中得到保障。推进工伤保障制度并监督这种制度是否得到有效实施的监督管理，是一项系统工程，需有关部门协调合作。

第五，以民事赔偿与工伤保险相补充的方式有效地满足受害职工的合法权益。

第六，在实现近期目标时，农民工的工伤保障制度应尽快予以确立。

为确保条例的实施，有关部门还应尽快出台实施细则和系列配套法规、标准。

正如《条例》第1条所指出的，工伤保险推行的宗旨就是保障因工作遭受事故伤害或者患职业病的职工获得医疗救治和经济补偿，促进工伤预防和职业康复，分散用人单位的工伤风险。它为职工撑起了一把“保护伞”，使职工在遇到工伤时能够迅速而方便地获得理赔，而无需再卷入耗时且费力的仲裁或诉讼中去。可以更好地保护劳动者的权益。同时，由于事故的不确定性，一次特大事故所造成的经济损失可能会使企业不堪重负而破产。作为社会保险制度之一的工伤保险制度也是遵循“大数法则”，使社会成员共同分担损失，对于企业经营者而言，只要履行了工伤保险义务，即便遇上突如其来且费用高昂的工伤赔偿，也不会因此而打乱正常的生产经营秩序，因而对于企业主而言，不啻为一颗“定心丸”。

三、各地实施《条例》情况简介

1. 北京市于2003年12月出台《北京市实施〈工伤保险条例〉办法》（2004年1月1日起实施），规定“本市行政区域内的各类企业、有雇工的个体工商户和与之形成劳动关系的劳动者，应当遵守《条例》和本办法”。“市劳动保障行政部门会同市财政、卫生行政和安全生产监督管理部门，根据工伤保险费支出、工伤发生率和职业病危害程度等情况，制定全市费率浮动方案。经办机构按照费率浮动方案，确定各用人单位费率浮动档次”。同时，北京市劳动社会保障局委托税务、审计等机构对全市所有企业参保及缴费情况进行调查统计，最大限度地保障劳动者权益。

2.《天津市工伤保险若干规定》于2003年11月公布，自2004年1月1日起施行。规定“有雇工的个体工商户及其雇工自2004年1月1日起参加工伤保险”。“工伤保险基金应当按照当年工伤保险基金总额的10%提留储备金，其滚存总额超过当年工伤保险基金总额的30%时，不再提取”。“本市发生工伤保险基金不足以支付工伤保险待遇的重大事故时，经市劳动保障行政部门和财政部门批准，可以用储备金支付。储备金不足以支付时，由市财政垫付”。

3.《山东省贯彻〈工伤保险条例〉试行办法》于2003年11月公布，自2004年1月1日起施行。该《试行办法》根据该省经济发展的具体情况，设置了不同的统筹层次，规定“工伤保险基金在设区的市实行全市统筹。经济欠发达、实行全市统筹难度较大的，可先在市内各区实行统筹，所辖县（市）暂实行县级统筹，逐步过渡到全市统筹。有雇工的个体工商户参加工伤保险的具体步骤和实施办法，由各市人民政府根据本地实际制定，报省人民政府批准后施行”。实际上统筹层次是比较低的。

该省的下述规定在其他一些省的规定中也可看到，“用人单位对接触职业危害作业的职工，在终止、解除劳动关系时或者办理退休、退职手续前，应进行职业健康检查，并将检查结果告知职工。被确诊患有职业病的，应办理工伤认定、劳动能力鉴定、待遇核定手续，并按本办法规定享受工伤保险待遇。职工离休、退休和退职后被确诊为职业病的，可以按规定享受工伤医疗待遇”。确保了从事危险有害作业职工的基本权益。

4.《福建省实施〈工伤保险条例〉办法》自2004年1月1日起施行。关于调剂金制度，该省是这样规定的：“工伤保险基金在设区的市实行全市统筹，并实行省级调剂金制度。储备金按不低于统筹地区征收工伤保险费一个月的额度筹集。”“各设区的市每年按征收工伤保险费总额的3%上解工伤保险调剂金。其中，实行设区市统筹的，向省级上解调剂金，设区市汇总后再向省级上解调剂金。”“工伤保险基金历年结余部分并入储备金。储备金在发生重大工伤事故或当期工伤保险基金不足支出时，由经办机构提出申请，经统筹地区劳动保障行政部门和财政部门核准后使用。”“财政、审计部门依法对工伤保险基金收支管理情况进行监督。地税部门做好工伤保险费征收准备工作。”

该省的《办法》同时明确工伤预防的工作：“卫生行政、安全生产监督管理部门在各自的职责范围内，协助劳动保障行政部门做好工伤保险工作。”

5.《广东省工伤保险条例》于2004年1月颁布并实行。该省的“工伤保险费由地方税务机关征收”。该省十分重视工伤康复工作，明确规定“各级人民政府应当努力发展医疗康复和职业康复事业，帮助因工致残者得到康复和从事适合身体状况的劳动”。

6.《河南省实施〈工伤保险条例〉暂行办法》于2003年12月公布，自2004年1月1日起施行。该省亦实行“省、省辖市两级建立工伤保险储备金制度”。规定“各统筹地区储备金按当年本地工伤保险基金征缴总额的7%提留，其中2%上解省级工伤保险储备金。当工伤保险储备金滚存总额超过当年工伤保险基金收入的50%时，可以减少储备金的提留比例，具体使用和调整办法由省劳动保障行政部门会同省财政部门制定。储备金主要用于统筹地区重大事故的工伤保险待遇及工伤保险基金入不敷出时的支付。储备金不足支付的，由同级财政垫付”。

该规定不同于其他省份的是，明确规定“用人单位聘用的离、退休人员，不适用本办法”，“实习的大中专院校、技工学校、职业高中学生在实习单位由于工作发生人身伤害，可由实习单位和学校按照双方约定，参照《条例》和本办法规定的标准，一次性发给相关费用”。

7.《山西省实施〈工伤保险条例〉试行办法》于2004年1月颁布并实行。该省根据自身产煤大省的特点，规定“工伤保险基金在设区的市实行全市统筹。吕梁市、忻州市可先从县级统筹起步，逐步向市级统筹过渡”。“省属国有重点煤矿和平朔煤炭工业公司、太原煤气化集团有限责任公司的工伤保险基金统筹，委托省煤炭工业行政部门办理，但工伤认定、劳动能力鉴定，由企业所在地设区的市级劳动保障行政部门和劳动能力鉴定委员会负责”。

8.《黑龙江省贯彻〈工伤保险条例〉若干规定》工伤保险基金在设区的地市实行全地市统筹。于2003年12月公布，自2004年1月1日起施行。该省根据自身产业结构特点，规定“农垦、森工系统的工伤保险按照地市级统筹层次自行管理。铁路、煤炭、石油系统应当依照规定参加工伤保险，工伤保险基金可自行管理，待条件成熟后，纳入统筹地区统一管理”。

《工伤保险条例》颁布后，所有省、自治区、直辖市均出台了相应法规，为《条例》的贯彻实施做好了基础工作。

本章小结

本章较为详细地介绍了我国工伤保险制度的发展过程，特别是对1996年原劳动部颁发《企业职工工伤保险试行办法》以后，各地的试点工作进行了分析。2003年颁布的《工伤保险条例》不仅可以进一步完善我国的工伤保险制度，而且也有利于整个社会保障体系的进一步统一、完善。本章专门就《条例》与《试行办法》做了对比分析，指出了《条例》的进步之处，并简要介绍了一些省市的相应法规。通过本章的学习，可以对我国工伤保险制度的发展有一个全面的了解，在掌握一定的理论基础和国际工伤保险发展脉络的基础上，进一步了解并分析我国工伤保险制度的现实基础、关键问题和发展前景。

复习思考题

1. 简述我国工伤保险的发展历程。
2. 你认为《工伤保险条例》的颁布起到了哪些作用?
3. 你认为我国工伤保险制度还有哪些需要完善之处?

案例讨论

河南新密大平煤矿瓦斯爆炸事故中工伤保险的作用①

2004年10月10日晚，河南新密大平煤矿瓦斯爆炸事故中，148名矿工被埋井下。河南省委、省政府高度重视井下矿工的抢救、善后处理和遇难矿工家属的安抚工作，几次召开协调会专题研究。由于大平煤矿已经参加了工伤保险社会统筹，河南省劳动和社会保障厅积极做好相关待遇的支付准备工作，从而确保了善后工作的顺利进行。

据河南省劳动和社会保障厅介绍，大平煤矿共有职工4 368人，每年缴纳的工伤保险费为86.45万元。根据《工伤保险条例》和《河南省实施〈工伤保险条例〉暂行办法》规定，有关补偿资金按郑州市2003年月平均工资计算，每一因工死亡职工可享受丧葬补助金6 768元，一次性工亡补助金60 912元，供养亲属抚恤金约15万元。这些待遇的落实切实有效地保护了职工的合法权益。截至11月2日，河南大平矿遇难工亡者的141户家属已全部签订了工亡工伤保险待遇支付协议，开始领取相关待遇资金，领到赔付金的家属已陆续返乡。

此次矿难事故的善后工作平稳进行，得益于大平矿已参加了工伤保险社会统筹。事故发生后，河南省劳动和社会保障厅、河南省煤炭工业局所属的社保中心及时介入，按照工伤保险的相关规定，及时把工亡矿工应享受的丧葬补助金、一次性工亡补助金、供养亲属抚恤金准备就绪，保证了善后工作的顺利进行。预计大平矿此次矿难事故的遇难矿工将获得工伤保险补偿3 200余万元。企业参加工伤保险社会统筹的优越性在此得到了体现。

---

① 《中国劳动保障报》医疗保险专栏，2004年11月5日第120期

第四章

工伤保险法律制度

■学习要点

通过本章的学习，了解和掌握工伤保险法律的概念、原则和立法内容；工伤保险法律关系基本理论；工伤保险立法的主要内容；国际上工伤保险法律制度发展的基本情况；我国工伤保险立法未来发展趋势。

■关键概念

工伤保险法　无过失雇主责任原则　无过失补偿原则

工伤保险法律关系　职业伤害范围的认定

▶第一节　工伤保险立法的发展

一、立法的缘起

职业伤害包括因突发性生产事故导致的工伤，以及因工作环境和条件原因长时间侵害工人健康造成的职业病。由此可见，职业伤害现象是大工业生产的必然产物。工伤的破坏性与不可完全规避性要求工伤风险在全社会范围内进行分散，工伤保险因此应运而生。作为最早也是最为完善的社会保险的险种之一，工伤保险是指对职业伤害受害人及其家庭的经济损失、劳动能力损失甚至生命损失提供补偿的保障制度。纵观发达国家发展社会保险制度的立法经验，职业伤害保险立法是社会保险领域最早出现的法律法规。

（一）职业伤害保险需要法律的刚性约束

首先，工伤保险牵涉到多方利益协调。主体间权利义务关系十分复杂，如何协调职业伤害保险人、职业伤害保险投保人、职业伤害保险被保险人和职业伤害保险受益人（受害人和他的家庭）之间的利益关系，需要法的刚性约束。法律的制定过程往往是一个多方利益兼顾与平衡的过程，这也是法的天然公平性的基础，法律一经制定即成为利益各方的具有强制性的行为准则。

其次，工伤保险建立在雇主责任制的基础之上，约束雇主履行义务进行职业伤害赔偿和改善安全生产条件，也需要法的刚性约束。

再次，工伤事故的发生往往带来巨大损失，有时甚至超出企业本身的承受能力，对员工生命安全和企业的正常经营带来极大危害，唯有建立共担风险的职业伤害保险社会统筹基金，才能有效化解上述风险。基金的社会统筹涉及缴费与获益的多方利益分配，要求法律的协调与强制约束。

（二）工人权益保护要求从道义到法制

职业伤害保险法制化，对劳工的保护由道义救济变为法定的权利与义务。首先，法律的强制性使参与保险的各方对自己的权利义务有明确的预期。权利义务通过法律的条文规定和解释的细化可减少制度的运行成本，也可减少利益各方的摩擦与纠纷。其次，真正确保受害工人的合法权益，解除其后顾之忧。职业伤害保险利益各方中，工人是弱势一方，职业伤害危及其权益。因工受伤获得赔偿的权利通过法律的补偿条款得到确保，从而使社会成员的生存保障上升为合法权益。再次，有助于实现工人“体面劳动”。受伤工人因工作能力的损伤而更加弱势，尤其是因工伤害彻底退出职业行列，更是一种身心的“再伤残”。维护工人的劳动“体面”也包括因工受伤后不因经济困窘而能有尊严地生活，并在尽可能的条件下实现康复。

二、立法的历史演进

（一）工伤保险立法最早在德国实现

19 世纪中叶，西欧发达市场经济国家相继完成了工业革命，工业革命促成了机械化大生产的出现，一方面经济飞速发展，另一方面在机械化生产的环境下，劳动强度增加，工伤事故不断，工人开始破坏机器以示抗议，工人运动风起云涌。

工伤保险作为国家立法出现，始于 19 世纪后期的德国。它是由于发达市场经济大工业生产带来了大量伤亡事故和职业病，在强大的社会压力下建立起来的。1881 年 11 月 17 日德国首相俾斯麦发布《德国社会保险宪章》，为建立社会保险制定了准则。该宪章规定了事故保险，并宣布“所有年老和病残而无劳动能力的人，都有权从社会获得较以往更多的帮助”。

1884 年 7 月 6 日，德国颁布了《工伤保险法》，这是世界上第一部工伤保险法，是专门涉及工业事故和职业病及其预防与补偿问题的法规。它主要有以下三项任务：

1. 预防

通过采取一切有效的手段预防事故和控制职业病，以保障劳动者在工作中免遭伤害或降低损伤程度。

2. 康复

如果发生了工伤事故，就必须采取一切适当的措施，为受伤人员提供医疗服务，及时救治，并尽可能使之身体康复，并恢复其职业和社会活动能力。

3. 工伤待遇给付

为受伤人员及其抚养的家属提供现金补偿费。这部法律的颁布拉开了工伤保险立法的序幕，使其从传统的私法（雇主责任险）领域跨越到社会法（社会保险）领域。

（二）工伤保险法成为社会保险法律体系中最成熟的单项立法之一

工业革命带来财富的大量增加，由于发达市场经济逐渐由自由向垄断过渡，社会两极分化加剧，垄断寡头与赤贫阶级同在，工人运动开始在“左”

翼思潮的影响下从直接破坏机器到进行有组织的政治斗争。工人运动迅速在世界范围内展开，直接危及到各国政权的根基，迫使各国统治者必须采取相应的对策与措施。而德国工伤保险方面的规定实施后，影响遍及整个欧洲。西欧和北欧各国，纷纷效仿德国，先后建立了工伤保险制度，颁布了相关法规。英国在 1897 年、意大利在 1898 年、法国在 1898 年、瑞典在 1901 年分别颁布了工伤保险法律制度，日本工伤保险于 1911 年首次立法，美国制定严格意义上的工伤保险法是在 1908 年联邦政府颁布的《美国联邦雇员伤害赔偿法》。现在，无论发达国家还是发展中国家，无论社会背景如何，都在不同程度上实行了工伤保险制度。为了减少纠纷、降低制度成本，大部分国家和地区都颁布了工伤保险法及相关的法规。由于工伤保险操作较为复杂，这些规定大都非常详细、具体。

目前，世界上有 159 个国家和地区建立了工伤保险法律制度。工伤保险法的内容也在不断丰富与完善。具体表现在立法的理念逐步明晰，工伤范围逐渐扩大，工伤保险覆盖范围不断延伸，基金管理与监督逐步科学，补偿与预防、康复逐步有机结合等。

▶第二节　工伤保险法的本质与基本原则

一、工伤保险法的本质

工伤保险法是规范工伤保险制度当事人之间权利义务关系的法律规范的总称。工伤保险法的调整对象，在大多数国家包括两项内容，即工伤保险和职业病保险。

工伤保险法律关系是工伤保险法律确认和保护的具有权利义务内容的一种具体社会关系，是工伤保险制度的主体间的权利和义务关系的体现，分别表现为工伤保险人、工伤保险投保人、工伤保险被保险人、工伤保险受益人（工伤者和他的家庭）、职业伤害救治者（医院）和康复机构之间，因工伤保险费的缴纳、工伤事实的认定、工伤津贴、待遇和补助的支付、工伤保险基金管理和监督、职业伤害治疗和康复等环节所发生的权利义务关系。

工伤保险法律关系体现的是人和人之间的关系，它的内容和原则是由一定社会的经济、道德和社会文化等多方面的因素决定的。因此，在世界上 159 个国家和地区已经建立的工伤保险法律制度中，对伤残和职业病的鉴定标准和给付水平是各不相同的。

工伤保险法律关系由三部分构成，即工伤保险法律关系的主体、内容和客体。这三个部分就是工伤保险法律关系的三要素。

工伤保险法律关系的主体主要是：职业伤害保险人，他们可以是国家机关（经办机构），也可以是法人（保险公司）或社团法人（基金会、管理委员会）等；投保人，他们一般是雇主（企业、事业单位、国家机关），只有意大利包括了雇员；被保险人，他们一般是各类雇员，有些国家包括公务员；受益人，他们是雇员，有时也包括被其供养的亲属；医疗服务提供人，他们是合同医院或者专业医院。伤病残的鉴定机构虽不是职业伤害保险法调整的社会关系主体，但与被保险人就工伤鉴定与评残发生社会关系。

工伤保险法律关系的客体是指工伤保险法律关系中权利义务指向的对象。法律关系客体一般分为物、行为、智力成果和特定精神利益。在工伤保险法律关系中，客体主要表现为物和行为。其中，以物形式出现的客体包括工伤保险费、各类现金性经济补偿待遇和各类辅助器具等；以行为形式出现的客体有工伤保险法律关系主体的相关活动，如工伤保险基金管理部门的基金支付行为、工伤认定机构的工伤认定行为、劳动能力鉴定机构的鉴定行为、社会保险经办机构的待遇发放行为、用人单位的缴费行为、用人单位和劳动者的工伤保险待遇申请行为、受益者接受补偿的行为等。

工伤保险涉及的社会关系包括：政府与公民之间的行政管理与服务关系；雇主与雇员之间的责任关系；伤病者与医疗服务机构之间的服务关系；工伤专业鉴定机构与受害人之间的鉴定与证明关系。社会保险经办机构与医疗服务机构的合同关系。工伤保险法律关系是多种社会关系的交叉，即行政法律关系、民事法律关系、劳动法律关系和保险法律关系的交叉；它是基于劳动关系而产生的补偿关系。

我国工伤保险法主要调整以下社会关系：

（一）用人单位与劳动者的劳动关系

工伤保险主体即用人单位与职工之间的权利义务关系的建立是以主体间的劳动关系的存在为前提，这种劳动关系包括事实劳动关系。工伤保险的权利义务关系具有人身关系和财产关系的特点，生命和健康的损失无法计算，工伤保险只能是对因生命健康遭受工伤危害造成的经济损失、经济困难的补偿。

（二）工伤保险经办机构与投保人、被保险人的行政业务关系

用人单位一旦参加工伤保险，行政业务关系即产生。行政业务关系的主

体是政府社会保险经办机构，行政相对人是投保人和被保险人。投保人是参加工伤保险并缴纳工伤保险费的企业，被保险人为依法享受工伤保险待遇的职工及其供养的亲属。该行政业务关系的内容是：经办机构负责办理工伤保险业务，负责工伤保险基金的筹集、管理和待遇支付，以及工伤职工的管理服务等工作；企业按规定参加工伤保险，按时足额缴纳工伤保险费并按规定保障职工的工伤待遇。

（三）劳动保障行政部门与企业、工伤职工之间的行政管理关系

三者之间行政管理关系的主体是政府劳动保障行政部门，行政相对人是企业、工伤事故的职工当事人。按《工伤保险条例》的规定，劳动保障行政部门负责工伤保险的管理工作，企业应当在工伤事故发生后按规定向当地劳动保障行政部门报告，工伤职工或其亲属应当在事故后提出工伤保险待遇申请，行政部门应在接到报告或申请后进行调查取证并做出工伤认定，等等。

（四）工伤职工与劳动能力鉴定机构之间的社会关系

工伤职工与劳动能力鉴定机构之间的社会关系因劳动能力鉴定和工伤评残而发生。职工对劳动能力鉴定委员会做出伤残等级鉴定结论不服的，可以向上一级劳动能力鉴定委员会申请重新鉴定。

（五）其他

如工伤职工供养亲属与企业或工伤保险经办机构的关系，工会代表职工因工伤认定与劳动保障行政部门、企业发生的社会关系，经办机构与医疗服务机构的契约关系，工伤职工与医疗服务机构的服务关系等。

二、工伤保险法的基本原则

工伤保险法的调整对象是雇员（职工）的安全和健康保障问题，以“安全生产，保障工人健康”为宗旨。围绕这一宗旨，衍生出以下特殊的指导原则：

（一）无过失雇主责任原则

即雇主对职业伤害的事实承担经济补偿责任。雇主责任原则是基于：安全生产设施和职业伤害补偿应是机械化大生产的成本构成因素之一；提供安全生产教育和设施是雇主应尽的责任；建立共担风险的工伤保险社会统筹基金是雇主的义务；对于已经发生的职业伤害，即使雇主没有任何过失和直接

责任，也应当承担善后处理和经济补偿责任。在现代社会中，雇主经济补偿责任表现为由雇主缴纳工伤保险费，工伤风险由社会共担。

（二）无过失补偿原则

根据这一原则，对于遭受职业伤害的工人，无论其个人有无违反操作规程，均应依法补偿经济损失和享有必要的医疗服务待遇。因为工人是社会生产活动的组成部分，是社会生产活动带来的危险因素的承受者。遭受职业伤害，使他们的劳动能力、经济收入、甚至生命受到损失，他们的生活面临危机，这些都无法准确定价。工伤保险待遇仅仅是对他们经济、健康和劳动能力损失的一定补偿。如果受害人违反了操作规程，可以受到纪律处罚和进行安全生产再教育，但不能用扣除伤病津贴的方法惩罚受害人。

（三）严格、科学的工伤认定、鉴定标准

工伤保险待遇应当按照一定的原则和标准公平给付。因此，工伤保险制度需要通过立法建立严格科学的认定、鉴定标准。工伤保险仅对因工发生的伤、病、残、亡进行补偿和提供保障待遇。所以，工伤保险制度需要通过立法，严格、合理地区分因工和非因工发生的伤、病、残、亡。

（四）工伤保险补偿与社会救助相结合原则

工伤保险不局限于以受害人的人身伤害为救助对象，它对受伤者实施全面补偿，宗旨在于维护受害人及其亲属的基本生活不受影响。工伤保险待遇既包括一次性经济补偿，也包括长期待遇，体现了人文关怀，是将经济补偿和社会救助有机结合的法律制度。

（五）与医疗保险和养老保险并列授权

工伤保险待遇与疾病津贴或养老金在时间上可能发生冲突或者衔接；工伤保险待遇与医疗保险待遇常常交叉发生。所以，很多国家职业伤害法律规定工伤保险待遇与疾病津贴或养老金并列授权，以避免重复给付，保证各社会保险之间的合理衔接①。

（六）补偿与职业康复相结合原则

一些国家的实践还证明，向受害人提供医疗康复和职业康复服务，是对

① 杨燕绥．社会保险法．北京：中国人民大学出版社，2000．184

受害人的损失更积极、更深层的补偿，于个人、家庭、企业和社会都有利。

（七）补偿与预防相结合原则

工伤保险待遇是对职业伤害受害人的事后、被动的部分补偿和基本生活的保障。一些国家的实践证明，工伤保险和职业伤害事故预防相结合，可以减少事故发生率和基金支付率。工伤保险基金积极地向企业安全生产宣传教育和项目提供支持后，既帮助了企业，又维护了职工的权益，还创造了基金良性循环的局面。

▶第三节 工伤保险立法的内容

一、概述

工伤保险法律制度不断成熟，各国工伤保险立法在立法理念与立法目的上渐趋一致。尽管各国因国情与历史传统在具体的立法内容上有所差异，但立法的基本框架一致，主要包括以下内容：

1. 阐明工伤保险制度的基本原则和目的。

2. 对工伤和职业病进行定义和限定范围。

3. 对工伤保险法律关系主体的范围和主体权利义务所涉及的内容做出具体规范，大致包括：工伤保险的实施范围；工伤保险费率及其浮动；伤病定残标准和程序；伤病津贴、医疗待遇、补贴、抚恤金和护理服务的给付；工伤预防措施；行政与工伤保险基金的管理和监督，等等。本节仅就工伤保险的实施范围开展讨论，余下内容在其他章节将进一步展开。

二、职业伤害的范围

在工伤保险制度发展初期，职业伤害的范围只包括企业意外事故，以后才发展到包括职业病。因此，在法律中，对职业伤害的范围要有一个十分明确的规定。

（一）国际公约中关于职业伤害的范围的规定

1. 对职业伤害保险范围的规定

1952 年，国际劳工组织第 102 号《社会保障（最低标准）公约》对职业伤害保险的范围（认定条件）规定如下：

(1) 身体受职业伤害呈疾病状态者。

(2) 由于永久或暂时失去劳动能力而完全或部分失去工资收入者。

(3) 由于丧失劳动能力并因此中断工资者。

(4) 由于供养者因工死亡而失去生活费来源者。

对工伤保险中有关工伤范围的界定，总的趋势是不断地增加新的内容。例如，将上下班途中发生的意外事故视为工伤。许多国家均已查明，虽然有报告记录的上下班路程事故的频率（事故次数除以暴露于危险中的小时数）低于工作事故，但其严重性却完全相反。因而，国际劳工组织 1964 年《工伤事故和职业病津贴建议书》（第 121 号）规定，全体会员国应按照规定，把工作场所与下列处所之间的直接路线上发生的事故作为工伤事故处理：雇员的主要住所或次要住所；雇员经常用餐的处所；雇员经常领取工资或报酬的处所。1958 年，国际劳工组织在第 110 号《种植园公约》中还规定了一些与招用的种植园工人运送有关的安全和卫生条款，以及工业伤害赔偿条款。

2. 认定职业伤害的条件

通过上述规定可以看出，国际公约认定职业伤害的条件主要包括以下几项：

(1) 不论其原因，只要是在作业时间内，在作业地点或在作业场所外的任何地点因工作而发生的事故。

(2) 在工作前后一段合理的时间内，从事与工作有关的诸如运输、清理、备料、安全储存、收拾工具和衣物等预备和收尾性工作时发生的事故。

(3) 在直通作业地点的路上发生的事故——在直通雇员主要和第三停留处的路上发生的，在直通雇员通常用餐地点的路上发生的以及在直通雇员接收报酬的地点的路上发生的事故。

(4) 在工艺过程中或行业、职业中因长期接触已知的有害物质或暴露在已知的危险条件下而引起的疾病，应视为职业病。

工伤保险发展到现在，许多国家进一步扩大了工伤的范围。如在参与红十字会活动或营救、消防、治安、民防等公益活动中发生的事故也列为工伤。职业病范围也有所扩展。从国际公约中的职业病名录的扩展变迁可见一斑。最早的“职业病名录”仅包括铅中毒、汞中毒和炭疽病毒感染 3 种职业病（1925 年）；其后的 1943 年名录增加到 10 种职业病；1964 年扩展到 15 种，1980 年进一步完善到目前包括 29 组职业病的名录。

（二）国外的一些通常做法

国际劳工组织早在 1925 年就制定了《（事故赔偿）同等待遇公约》（第 19 号），在 1964 年又制定了《工伤事故和职业病津贴公约》和《工伤事故和职业病津贴建议书》。国际立法为建立工伤与职业病保险制度奠定了立法原则和执行标准的基础，成为国际比较研究和合作的依据，有力地促进了世界各国的工伤保险立法和实践。

《工伤事故和职业病津贴公约》规定：工伤保险的覆盖范围扩大到公营私营学徒和他们的被供养家庭成员；工伤与职业病的法律特征是：劳动者身体处于非正常、非健康状态，不能工作、体能下降或永久不能工作，由于供养人死亡失去生活来源；工伤事故应当包括上下班往返途中；各国通过立法制定职业病名单；伤病和职业病的医疗服务范围和津贴支付标准（不低于工资的60%）、期限和方法及指数化调节；抚恤金的支付标准（不低于被保险人津贴的50%）、方法及指数化调节；被保险人权利的丧失；争议的申诉和医疗事故的处理。

各国为达到社会保障目标而制定的规划、立法，其进展情况不尽一致。以上下班途中交通事故为例，有些国家把它当做工作伤害事故对待，受伤害者有权获得补偿金，但也有许多国家对这种事故不给予补偿，在这些国家中，根据工伤补偿法或其他劳工法的规定，上下班途中交通事故的受害者得不到补偿和任何形式的抚恤金。有些国家则在立法中不包括上下班途中交通事故，但另有变通的补偿协定。如某些国家的工伤补偿法规定，只有在乘坐雇主提供的上下班交通工具在上下班途中受伤时，才可领取上下班途中交通事故抚恤金。在有些国家，凡工人因上下班途中交通事故而受伤，但无法确定权利向雇主索赔时，可根据国家的社会保险制度获得赔偿费，但这种抚恤金或补偿费一般比因工作事故受伤而获得的补偿费少。许多国家规定，一个乘坐公共交通车辆在上下班途中发生事故而受伤的工人，有权向公共交通部门索赔，但补偿额由法律或相关部门限定。在一些发展中国家，如巴西（1967年）、智利（1968年）、巴拿马（1970年）、伊拉克（1964年），也都将上下班途中交通事故列为工伤事故。韩国对上下班交通事故分情况界定，如系乘班车途中出事故可算工伤，否则按交通事故处理。一些国家至今仍把农业工人、保姆和家庭工人、独立劳动者排除在工伤保险之外。但从总的发展趋势看，世界各国都在逐步扩大工伤保险的范围①。

西北欧国家，除丹麦与荷兰外，发生于工作场地外（包括上下班途中）的伤害事故，均包括在工伤补偿制度内。而且这些国家中的大多数也已接受有关的国际建议，制定了“混合制度”，将职业病补偿索赔与权威部门指定的职业病系列有机地联系起来。

---

① 王益英主编. 社会保障法. 北京：中国人民大学出版社，2000. 104

三、国内外工伤保险实施范围比较

工伤保险的实施范围是工伤保险立法水平的最直接的测量尺度，也是立法成熟、完善与否的重要标志。如果遇到职业伤害的工人部分受到补偿而部分无法实现，这是损害法的天然公平的价值追求的。可立法内容受到经济、政治、社会文化等条件的制约，不能一蹴而就。即使是率先实施工伤保险的发达国家也未能将工伤保险的覆盖面扩展到全体劳动者。

对于发展中国家，生产力的落后使雇佣关系十分复杂，多数国家除对参加工伤保险的企业有相应限制，并且针对受雇人员的来源，将部分雇员剔除在工伤保险之外。职业伤害补偿（工伤保险）覆盖范围国际比较见表 4—1。

表 4—1　　职业伤害补偿（工伤保险）覆盖范围国际比较

洲际	国家（地区）	覆盖范围	除外
亚洲	阿富汗	私营企业、合作企业、社会组织、合资企业及政府的雇员	
	中国香港特区	所有雇员、居民（公共救助）	
	印度	有 10 名或以上工人、使用动力机械的制造业企业的雇员，有 20 名及以上工人、无动力机械的企业雇员	季节性采矿、商业、农业和某些其他行业的雇员以及月收入在 3 000 卢比以上的雇员
	印度尼西亚	雇员人数在 10 名及以上，或雇员月工薪总额在100 万卢比以上的企业的雇员。覆盖范围在逐步扩大到较小企业和季节性工人，可自愿保险。政府雇员实行特别制度	
	伊朗	城市地区的雇员	
	伊拉克	有 5 名及以上员工企业的雇员（或任何一个需发遗属抚恤金的企业的雇员）	农业雇员、家庭佣仆、家庭劳动者和临时雇员（其中一些人仍在 1936 年立法的覆盖范围内）
	以色列	雇员、自我雇佣者、合作社社员和移民员工（包括占领区居民）	军人和享受一定法律保护的人员
	日本	下列自愿保险或特别制度未包括的所有工商业雇员：雇佣人数不到 5 人的农业、林业和渔业企业的雇员，可自愿保险 海员和公共雇员实行特别制度，部分自谋职业者如司机、手工艺匠经批准也可参加	

续表

洲际	国家（地区）	覆盖范围	除外
亚洲	约旦	有5名及以上工人的私营企业的年满16岁的雇员；政府与公共部门中未被公务与军事人员年金法覆盖的雇员；大学和市、村议会雇员；在外交使团和国际组织工作的约旦人	由公务和军事人员年金法覆盖的公共部门雇员；国际组织或国外政治或军事组织的外籍雇员以及临时工等
	韩国	有5名以上雇员的工业公司的雇员 公共雇员实行特别制度	
	马来西亚	每月收入低于2 000马元，或初次保险时收入未达2 000马元，或在雇主和雇员之间有自愿协议者、自我雇佣者、临时工、家务雇工、公共雇员实行特别制度	
	缅甸	有5个及以上工人的工商业公司的雇员，特种行业的雇员	
	尼泊尔	有10名及以上工人的工厂的雇员，矿工实行特别制度	
	菲律宾	受雇人员，包括在外国船只上的菲律宾海员，月收入1 000比索以上的家庭雇工，政府雇员实行特别制度	家庭劳动者和自我雇佣者
	孟加拉国	铁路雇员和雇工在10人及以上的工厂的雇员，房地产业、码头雇员	神职人员和月收入1 200塔卡及以上的员工
	沙特阿拉伯	有10名及以上雇员的公司的雇员，包括外籍雇员	
	新加坡	所有体力劳动者 警察实行特别制度	家务佣工、临时雇工、家庭劳动者、月收入低于1 500新元的薪金雇员
	中国台湾地区	工、矿业雇员；有5名及以上工人的种植园的雇员；挣工资的公共雇员；公用事业雇员；渔民；某些服务行业的自我雇佣者。领薪公共雇员和私立学校雇员实行特别制度	
	泰国	有10名及以上员工的工商企业雇员	农业、渔业、公共服务、家庭服务、铁路、水运、通信、发电与输电、燃料油生产和精炼以及私立学校的雇员

续表

洲际	国家（地区）		覆盖范围	除外
亚洲	土耳其		工业商业和服务业的雇员，见习生、学徒及（由政府付给收入的）技校学生 政府雇员和农业工人实行特别制度	家务雇工
亚洲	越南		试行方案在选定的5个省份部分实施：对雇员在10人以上的企业、外商投资企业和外国组织以及非制造业和非营利机构、经济特区的雇员，实行强制保险 对未覆盖在强制保险之下外籍雇员实行自愿保险，政府雇员和军人实行特别制度	
欧洲	欧盟国家	奥地利	雇员、自我雇佣者、学徒和学生 政府雇员另有特别制度	
欧洲	欧盟国家	比利时	雇员，包含临时工和学徒 公共雇员和海员实行特别制度	
欧洲	欧盟国家	丹麦	雇员，以及从事渔业和航运的自我雇佣者，因母亲怀孕早期从事的工作造成先天性的伤害或疾病者	
欧洲	欧盟国家	爱尔兰	雇员	自我雇佣者、家庭佣工、保安力量和国际力量成员
欧洲	欧盟国家	希腊	工业、商业和有关职业的雇员，经认可的职业和事业基金机构的成员可以不参加普通制度，享受同等待遇	
欧洲	欧盟国家	德国	雇员、大多数类别的自我雇佣者、学徒、学生、幼儿园儿童以及家庭佣工，公共雇员实行特别制度	
欧洲	欧盟国家	法国	雇员（普通制度覆盖约72%的雇员）；职业教育学校学生；社会服务组织的某些非领薪成员 农业、矿业、铁路、公用事业和公共雇员以及海员、农业和非农业自我雇佣者，实行特别制度	独立劳动的手工艺者和自由职业者（在疾病保险项目覆盖之下）
欧洲	欧盟国家	芬兰	雇员 农民和政府雇员另有特别制度	家庭劳动者
欧洲	欧盟国家	意大利	体力劳动者，从事危险工作的非体力劳动雇员和农业自我雇佣者 海员实行特别制度	

续表

洲际	国家（地区）		覆盖范围	除外
欧洲	欧盟国家	卢森堡	雇员、学徒、家务佣工和自我雇佣者 公共雇员、学生和军人实行特别制度	
		荷兰	政府举办的保险是强制的，年龄在65岁以下的所有工薪劳动者和部分自谋职业者必须参加保险。妻子和儿童也在受保护之列。丧失劳动能力者，失业人员和享受遗属年金者也被强制性参加保险。低于一定收入水平的人员自愿参加保险，并有权根据其收入进行缴费	
		挪威	雇员、挪威船舶或渔船上的工作人员以及挪威大陆架上永久或移动性设施上的工作人员（包括外籍人）、学生和军人自我雇佣者可自愿保险	
		葡萄牙	雇员 自我雇佣者自愿参加	
		西班牙	雇员 非此类别的人员实行特别制度	
		英国	雇员	自我雇佣者、一些公共部分就业人员如军人等
	乌克兰		社会保险制度享受现金待遇的全部雇员 普通保障即医疗保健的所有居民 切尔诺贝利核灾难者有特别待遇	
	瑞士		所有雇员；自我雇佣者可自行选择参加 如果每周工作时间未超过12个小时，保险范围只限于与工作（包括上下班路途）有关的伤害	
	斯洛伐克		雇员、自我雇佣者	
	俄罗斯联邦		受雇公民、自我雇佣者、个体农民和学生、律师、文艺工作者、作家、自愿抢险人员、救火队员或类似的紧急救援人员，此外还包括执行管理人员交办的任务，例行工作，或从事对本单位有益的工作而发生的人身伤害 全体居民均可享受医疗保健	临时工
	罗马尼亚		雇员、学生、学徒和军人	

续表

洲际	国家（地区）	覆盖范围	除外
欧洲	波兰	雇员、学徒、集体农庄农民、手工业合作社社员、农业合作社社员、个体工匠、律师以及家庭工人 个体农民、军人和警察，实行特别制度	
	匈牙利	雇员、合作社社员、学生、手艺人、自我雇佣者、个体农民、艺术家和律师	
	捷克	雇员和工业生产合作社社员、农民及其他自我雇佣者	
	保加利亚	雇员	
非洲	阿尔及利亚	所有雇员，包括技术学校学生、进行治疗和职业康复的人员、自愿参加社会保障的管理人员、少年法庭的被监护者、学者以及某些囚犯	
	喀麦隆	雇员（不包括公共雇员）、学徒、海员、技校学生和受培训人员、自我雇佣者可自愿参加保险	
	佛得角	雇员、佃农和实物分成制农民、某些自愿工人、合作企业成员学徒以及其他参加非脱产培训人员 政府工作人员实行特别制度	
	中非共和国	雇员和生产合作社社员	
	乍得	雇员	
	刚果	雇员、劳动合作社社员、学徒及技校学生 公共雇员实行特别制度	
	埃及	年龄在18岁（政府雇员16岁）及以上的雇员	农业临时工、家务佣工、自我雇佣者
	赤道几内亚	雇员、公务员、军人、自我雇佣者、牧师、生产合作社社员、学生及其他团体成员	
	加篷	雇员，包括合作社社员、学徒和学生；某些类别的自我雇佣者 自我雇佣者和根据合同受雇于国家的工人实行特别制度	

续表

洲际	国家（地区）	覆盖范围	除外
非洲	加纳	雇员（收入上限已废除）	
	几内亚	雇员	
	肯尼亚	雇员	月收入超过 4 000 先令的非体力劳动雇员，临时工和家庭劳动者
	摩洛哥	雇员 政府雇员实行特别制度	
	尼日尔	雇员、技校学生、学徒、生产合作社社员、商业企业的经理与董事、劳改犯人	
	尼日利亚	体力劳动者和年薪在 1 600 奈拉及以下的非体力劳动者（包括联邦和州政府雇员）	通常雇佣工人不到 10 人的农业或手工业企业雇员、临时工及家庭劳动者
	卢旺达	雇员	
	塞舌尔	雇员	自我雇佣者
	塞内加尔	雇员、学徒、接受培训人员和技校学生；不包括在上述类别中的人员，可自愿保险	
	坦桑尼亚	雇员	
	突尼斯	包括家务佣仆在内的所有薪金雇员 自我雇佣者自愿参保	
	扎伊尔	雇员，包括家庭雇工、临时工、海员、学徒、职业学校和手工艺学校的学生	
大洋洲	澳大利亚	雇员	自我雇佣者
	斐济	雇员和学徒	临时工和家庭劳动者，军事人员，某些政府雇员或其他由政府选用的工人
	新西兰	现金待遇：所有新西兰境内的雇员，可扩展到在国外受伤的新西兰常住居民 医疗待遇：适用于所有居民	
北美洲	巴哈马	雇员及某些类别的自我雇佣者	家庭劳动者
	古巴	雇员和某些生产合作社社员，自我雇佣者和自由职业者	

续表

洲际	国家（地区）	覆盖范围	除外
北美洲	加拿大	工商业雇员（各省之间有某些差别） 商业性航海人员和联邦公务员实行特别制度	家务佣工，职业运动员和体育俱乐部人员
	萨尔瓦多	工商业雇员和自我雇佣者 政府雇员另有特别制度	家务和临时雇员
	危地马拉	所有国内受保人	
	洪都拉斯	有1名及以上雇员的工业和商业公司的雇员、公共雇员	农业工人、家务佣工、家庭雇工、临时工
	墨西哥	雇员（生产、农业和信用合作社成员）；将逐步扩展到农业工人，小农业主，小商贩，林业、工业或商业合作社，自我雇佣者和家务工人；余者可自愿参加 石油工人、公共雇员和军人有各自的特别制度	
	美国	一般工商业雇员，以及大多数公共雇员	农业雇员（20%的州）；家务佣工（1/2的州）；临时雇员（3/5的州）；雇员人数在3～5名以下的公司的雇员（1/6的州）
南美洲	阿根廷	私营和公共部门的雇员	家务佣工
	巴西	雇员 公共雇员和军人执行特别制度	
	智利	雇员、政府工作人员、学生以及一些自我雇佣者	
	秘鲁	工薪收入者，包括渔民、家务佣工，为一个雇主工作的新闻工作者	薪金雇员（由“疾病与生育保险”覆盖）
	委内瑞拉	受雇于公共和私人部门的所有雇员 生产和服务合作社社员、家庭雇工、出租车司机另有特别规定	临时工和零工，自我雇佣者，家庭佣工和家庭主妇
	哥伦比亚	工商业雇员	

资料来源：Social Security Programs Throughout the World—1997。

四、职业伤害预防和康复

（一）职业伤害预防

工伤保险实施的早期阶段，职业伤害待遇只是一种事后的消极补偿手段，是对雇员发生工伤事故和职业病后生活的保障。后来人们逐渐认识到，职业伤害保险制度可以并且应当介入预防工伤事故和职业病的领域，以促使雇主加强劳动安全和保护工作，改善劳动条件。通过积极预防减少职业伤害的发生率，有利于雇主的企业安全生产，从根本上保护了雇员的利益，同时也减轻了工伤保险基金的压力。美国马萨诸塞州最早在 1912 年即做出类似的立法，提出在就业过程中利用部分工伤保险基金预防职业伤害。国际劳工组织也在多次会议与公约中要求将预防与工伤保险结合起来，并致力于敦促各国具体实施。1946 年法国、1955 年澳大利亚等国家立法，规定政府介入企业内部职业伤害预防工作，政府有权命令企业或者行业安装安全生产设备，对违反规定的企业有权令其关闭。法国利用社会保险基金对企业职业伤害预防工作提供多方面的服务，如进行咨询、资助项目等。德国预防优先的工伤保险制度最具特色也最为完备，极具借鉴与学习价值。

工伤保险与职业伤害预防的有机结合，使工伤保险法律制度发挥出更好的社会效益和经济效益。一方面，职业伤害事故率可以有效降低，使保险给付降低。社会保险机构可以将资金更多地用于安全生产的宣传教育和支持企业改造设备、促进安全生产的项目建设，使职业安全工作进入良性循环状态。另一方面，社会保险机构利用经济手段（浮动缴费率和加收税），可以促进企业安全生产工作，促使企业重视职业伤害事故的预防工作，最终从根本上促进企业生产和保障工人利益。

（二）职业伤害康复

工伤保险实施的早期阶段，职业伤害待遇只考虑如何补偿残疾人和死亡者的家属，以维持社会稳定，至于康复纯粹是个人的事情。后来随着社会经济的发展，人们开始考虑通过社会化的方式来解决病残人员的职业康复问题，亦即使病残人员在国家和社会的帮助下，经过特殊医疗服务和训练，加上辅助工具（如假肢、助听器等），不同程度地改善健康状况，部分地恢复生活和劳动能力。1952 年《社会保障（最低标准）公约》要求政府的医疗服务部门与职业康复机构合作，使病残人员重新获得劳动机会，并且应通过法律法规授权与约束康复机构履行康复职能。1983 年国际劳工组织通过《（残疾人）职业康复和就业公约》（第159号）和《（残疾人）职业康复和就业建议书》（第168号）对职业康复做了详细的规定，为各国康复事业的发展提供了依据与准则。

病残人员的职业康复问题逐渐得到越来越多国家的重视，各国纷纷建立各种类型的职业康复机构，如职业康复医院、残疾人福利工厂等。在日本，“劳动福利事业团”为病残人员开办康复医院、假肢工厂、职业介绍和职业训练服务机构；德国建立了包括医疗康复、职业康复和社会康复等在内的全面康复系统；美国的职业康复因其发达的商业保险而表现为商业营利性的私人职业康复。如今，还有一些国家仍然实施“雇主责任制”，职业康复工作尚未开展，如孟加拉、新加坡和斯里兰卡等。

将职业预防与康复纳入工伤保险立法范畴，构建工伤预防、工伤补偿和职业康复三位一体的现代工伤保险法律制度不仅是经济发展和社会进步的趋势，也是人类社会文明与发展的客观需要。

▶第四节　我国工伤保险法律制度

一、立法概况

1950年，国家内务部颁布《革命工作人员伤亡褒恤暂行条例》，国家机关工作人员和事业单位工作人员的工伤保险待遇依该条例执行。1951年《中华人民共和国劳动保险条例》颁布后，职工工伤保险作为劳动保险体系的一部分，开始在我国企业内实施。

1957年，国家卫生部制定《职业病范围和职业病患者处理办法的规定》，公布了14种职业病名单，规定职业病与工伤给付同等待遇。1987年重新修订的《职业病范围和职业病患者处理办法的规定》将职业病扩大到9大类共99种。1969年，工伤保险资金从全国统一实施和调剂改为企业自筹资金和给付。“企业保险”使工伤保险工作受阻。纵观计划经济时期，我国工伤保险逐步转变为单位责任保障，工伤保险待遇也变成了企业福利。诚然，这种体制起到了保障工伤职工基本权益的作用，但是，我国工伤保险制度的立法工作进展缓慢，相反，随着高度集中的计划经济体制的建立，工伤保险与其他制度一样，有制度而无法规，行政性红头文件代替了法律法规。

1978年后，尤其是20世纪80年代中后期，随着经济体制改革的深化，企业自我保障的局面已举步维艰，改革传统工伤保险制度也势在必行，1989

年以后，全国10多个市、县进行了工伤保险改革试点。1996年8月，在总结各地试点经验的基础上，劳动部发布了《企业职工工伤保险试行办法》（简称《试行办法》），同年3月，国家技术监督局也颁布了《职工工伤与职业病致残程度鉴定》（GB/T 16180—1996），标志着对多年沿用的工伤保险制度开始了全面改革。

《试行办法》对工伤保险的实施范围、工伤认定、待遇项目和支付标准、工伤保险基金和缴费制度、政策监督及组织实施等做出了基本规定，强调要把工伤保险与工伤预防、工伤康复、工伤补偿相结合；实行社会统筹，变"企业保险"为社会保险，在全社会范围内分散工伤事故风险；突破了工伤保险仅适用于国有企业和集体企业的局限，把工伤保险覆盖面扩大到各类企业及全体职工；规范了工伤待遇项目和标准；实行工伤保险与安全生产相结合，实行差别费率和企业浮动费率；制定了工伤和职业病致残程度鉴定标准。《试行办法》的颁布和实施，推进了工伤保险制度的改革，逐步规范了各地的改革办法，统一了企业职工工伤保险待遇标准，在一定程度上解决了伤残待遇和死亡待遇偏低的问题，标志着我国探索和建立符合社会保险通行原则的工伤保险工作进入了一个新的阶段。然而，在我国工伤保险制度立法过程中，《试行办法》作为一个部门规章，其内容较为原则，存在立法层次低、覆盖范围有限等问题

进入21世纪后，经济高速发展、社会财富快速积累与贫富差距、社会矛盾升级同时存在，社会保障制度的完善与稳定越来越成为时代的迫切要求。社会保障制度立法的呼声日益高涨，而各单项制度的立法走在了前面。2001年5月劳动保障部颁布了《社会保险行政争议处理办法》，2001年10月《中华人民共和国职业病防治法》颁布，2002年6月《中华人民共和国安全生产法》颁布。而2003年4月颁布的《工伤保险条例》，是我国工伤社会保险制度体系建设中的重要立法，其超越原《试行办法》之处在于，它由一个部门规章上升为国务院行政法规，其权威性、法律效力大大提高，执法的强制力和约束力大大增强。

二、工伤保险立法趋势

工伤保险是经济社会发展到一定阶段的产物。随着生产规模的扩大，社会经济的发展，工伤保险实施范围由小到大，认定条件逐渐拓宽，经历了一个项目由少到多，实行的标准由低到高的发展变化过程。我国的工伤保险也经历了改革试点到立法的发展阶段，目前的工伤保险立法是基本符合我国当前的经济发展状况的，同时也参照了国外的先进方法，以适应国际发展趋势。

当然，在今后的远期立法上，在适用范围及认定条件上，还要注意吸收和借鉴我国尚未批准的国际公约、国际劳工建议书的有关内容以及国际惯例，使我国的工伤保险立法进一步与国际标准接轨。以下三点将是不可逆的立法走向。

（一）立法理念渐趋明确

工伤风险由社会合理分担，保障劳动者的同时也分散企业责任风险，最终保证社会利益的最大化，这是工伤保险立法的理念与目标。而建立预防、补偿与康复相结合的工伤保险制度则是该理念的具体体现。

（二）用立法的刚性来促进制度的完善

工伤保险制度是基本定型的单项保障制度，单项立法的条件已成熟，并且目前面临的诸多制度不完善的障碍也唯有立法才能真正解决。主要体现在以下几个方面：

（1）工伤保险范围未能覆盖全体劳动者。

（2）工伤保险的社会化程度不高。

（3）缴费人与收益人参与管理的多元管理体系尚未形成。

（4）商业保险的补充作用发挥不够。

（5）预防、补偿、康复机制有机结合，相互作用发挥不够。

（6）工伤与养老、医疗之间的关系没有较好的衔接与过渡。

（7）职业病的预防、补偿与康复问题等。

工伤保险法的制定是历史的必然。世界上大多数国家关于工伤保险均以法律形式颁布，我国的工伤保险制度在时机成熟时，起草、审议和颁布《工伤保险法》是必然的。

（三）配套的法规政策体系不断完善

《工伤保险条例》实施以来取得了显著成绩。但由于配套的法规政策体系滞后，条例的许多规定还远未落实。在《工伤保险条例》中，确立各项工伤保险基本制度的同时，做出了20项有关授权立法的决定（包括授权制定规定和授权制定有关标准），其中授权中央层次的立法（授权劳动保障部会同其他部门制定的相关配套政策法规）12项，授权地方立法8项。授权地方立法的内容具有实施性、地域性、先行性等特征，遵循结合当地实际情况原则、在中央统一领导下，发挥地方主动性、积极性原则。目前，劳动保障部已经出台了工伤认定办法等6个与条例配套的政策文件；除西藏外，各省、市都出台了与条例配套的实施办法。尽早建立好工伤保险的法规政策体系，不但是《工伤保险条例》全面落实的保证，也为《工伤保险法》的出台搭建一个良好的平台[1]。

本章小结

本章讲授社会保险法律制度体系中的重要组成部分之一——工伤保险法律制度。本章概括介绍了中外工伤保险立法的理论研究成果；力图使学生开阔视野，掌握一定的相关理论基础，由此分析我国工伤保险立法的现实基础、关键问题和发展前景。

复习思考题

1. 什么是无过失补偿原则？
2. 为什么必须建立共担风险责任的社会工伤保险制度？
3. 我国工伤保险法所调整的主要社会关系有哪些？
4. 归纳世界各国工伤保险立法的基本特点。
5. 如何理解保险与预防和康复相结合可以创造工伤保险基金良性循环？
6. 试述《工伤保险条例》的主要内容。
7. 我国工伤保险立法未来的发展趋势如何？

案例讨论 1

安装工掉下楼为何得不到赔偿

2005 年下半年，打工者小刘和南京某装饰公司口头约定，如果装饰公司有客户需要安装防盗门窗，就通知小刘过去安装，然后根据安装的具体情况由装饰公司向小刘支付一定的报酬。2006 年 4 月间，小刘在为一客户安装阳台上的防盗窗时，不小心掉了下去，造成了骨折和擦伤，光住院治疗就花去了几千元，而且在治疗期间不能工作，收入也遭到了损失。小刘于是向装饰公司提出按照工伤给他报销医疗费，并提供其他的工伤保险待遇，但遭到了该公司的拒绝。小刘对此很不服气。

分析点评：小刘的确不属于工伤，不能按照《工伤保险条例》的规定享受相关的工伤保险待遇。原因关键在于：根据小刘和该装饰公司约定的合同内容和实际履行合同的情况，它们之间成立的是承揽性质的劳务合同而不是

[1] 孙树菡．中国工伤保险的最新发展．中德社会保险发展研讨会文稿

劳动合同。而对于这种承揽关系，应当适用合同法的规定，而不应当适用劳动法和工伤保险条例的规定。所以，小刘为完成承揽工作造成的人身伤害损失不能由该装饰公司承担，而只能由小刘自己承担。

那么劳动合同和劳务合同究竟有哪些区别呢？一是两者反映出的双方关系的稳定和紧密程度不同。劳动合同在双方间建立的关系较稳定、较紧密、维系时间也较长；而劳务合同双方关系一般是临时的、维系时间较短。二是两者所涉受聘方的工作是否具有特定性不同。三是关系是否平等不同。劳动关系两个主体之间存在着很强的人身关系，即行政隶属关系。而劳务关系主体之间只存在财产关系。四是主体的待遇不同。劳务关系中的受聘方，一般只获得劳动报酬。五是适用的法律不同。劳动关系适用《劳动法》，而劳务关系则适用《合同法》。两者虽然仅一字之差，但是两种法律关系下的当事人却有着截然不同的法律地位，也享有和承担着不同的权利和义务。

（原载：江南时报，2006-08-08）

■ 案例讨论 2

转业军人旧伤复发是否属于工伤

王某是一名转业军人，在部队时曾因公受到伤害，部队给王某发了革命伤残军人证。转业后王某被安置到一家化工企业工作，由于工作环境不好，上班 3 年后王某的旧伤复发。当王某持革命伤残军人证找公司领导要求按工伤享受有关待遇时，公司领导以该伤害不是在化工企业工作期间所致，不属工伤为由不按工伤对待。转业军人旧伤复发是否属于工伤？

分析点评：王某在部队因公受到伤害，转业后旧伤复发，按规定视同工伤。《工伤保险条例》第 15 条规定："职工有下列情形之一的，视同工伤：……（三）职工原在军队服役，因战、因公负伤致残，已取得革命伤残军人证，到用人单位后旧伤复发的。"王某在军队服役时因公受到伤害，已经认定为革命伤残军人并取得了革命伤残军人证，按照上述规定，应当视同工伤，王某可以按照该条例的有关规定享受除一次性伤残补助金以外的工伤保险待遇。

（原载 http://www.sf.jd.cn/info.asp? id=24803，2006-08-17）

第五章

工伤风险管理

■**学习要点**

在工伤风险管理的统计学基础上，理解汇聚损失可以抑制工伤风险，工伤保险制度实际上就是进行工伤事故风险转移的一种方式；进而了解工伤保险风险费率测算所遵循的两个重要的基础定律：大数法则和中心极限定理，并在此基础上理解工伤保险风险分类的作用、原则及其建立等问题。

■**关键概念**

风险　纯粹风险　风险分类　财务型工伤风险管理技术
大数定律　风险分类表

第一节　风险管理与工伤保险

一、风险

（一）风险的定义

在所有风险的定义中，有一种比较特殊并被广为采用的说法，那就是把风险定义为可能发生的损失的不确定性。如果事件结果不会有损失，那么谈论风险就没有意义了，本书的大部分讨论是关于包含潜在“经济损失”的情形。“经济损失”这个词意味着损失可以用可度量的经济单位（例如人民币）来表示。

（二）风险的分类

风险可以用多种方式加以分类，按照风险引发的结果分类，可分为纯粹风险和投机风险。

纯粹风险是指只有损失机会而没有获利可能的风险。纯粹风险不能产生任何收益，例如，矿井发生瓦斯爆炸，其后果只有财产或生命损失而不会有利可图，这种风险属于纯粹风险。

和纯粹风险相对应，当某种既可能产生收益也可能造成损失的事件存在不确定性时，则是投机风险。投机风险是涉及价格变动的风险，它可能是一种损失，也可能是一种收益。很多投资行为，包括股票市场的投资，他们所面临的风险都归类为投机风险。

（三）风险的组成要素

一般来说，构成风险的要素有风险因素、风险事故和风险损失[①②]。

1. 风险因素

风险因素是指引起或增加风险事故发生的机会或扩大损失幅度的原因和条件。它是风险事故发生的潜在原因，是造成损失的内在的或间接的原因。一般分为两种：有形的风险因素和无形的风险因素。

---

① ［美］特瑞斯·普雷切特等著．风险管理与保险．孙祁祥等译．北京：中国社会科学出版社，1998．6

② 尹成远主编．保险学．北京：人民邮电出版社，2003．9

有形风险因素，指那些看得见的、能引起或增加损失的机会和程度的客观原因和条件。如企业工作场所环境污染是职业病的有形风险因素。无形风险因素，即个人道德、心理和文化等看不见的条件，这些因素和条件的存在也会引起或增加损失的可能性和损失程度。

分析风险首先要对引起风险的原因与条件进行分析，以此降低风险带来的成本，所以进行风险因素管理是一个相当有效的风险管理工具。

2. 风险事故

风险事故是指可能引起损失的偶然事件，是造成损失的直接原因，又是风险因素所诱发的直接结果。例如，瓦斯爆炸、毒气泄漏、矿井塌方等，都是风险事故。

风险事故是风险因素爆发的过程，也是形成损失的一个时段。风险事故并不是指损失本身。

3. 风险损失

在风险管理中，损失是指非故意的、非预期的和非计划的经济价值的减少。显然，风险管理中的损失包括两方面的条件：一是非故意的、非预期的和非计划的观念；二是经济价值的观念，即损失必须能以货币来衡量。以上两者缺一不可。

在保险实务中，损失分为直接损失和间接损失，前者是实质的、直接的损失；后者包括额外费用损失、收入损失和责任损失。每一种风险事故所造成的损失形态均不会脱离上述范畴。

风险因素、风险事故和风险损失三者的关系大致可概括为：风险因素引起风险事故，风险事故导致风险损失。风险因素是发生事故的隐患，是事故发生的可能性，它在一定的内外部条件下转变为现实结果；风险事故是从风险因素到风险损失的一个中间环节，是导致风险损失的直接因素；风险损失则是风险事故的直接结果。风险要素之间的因果关系表现为一种运动过程，形成一个多因素相互作用、相互制约的因果链，如图 5—1 所示。

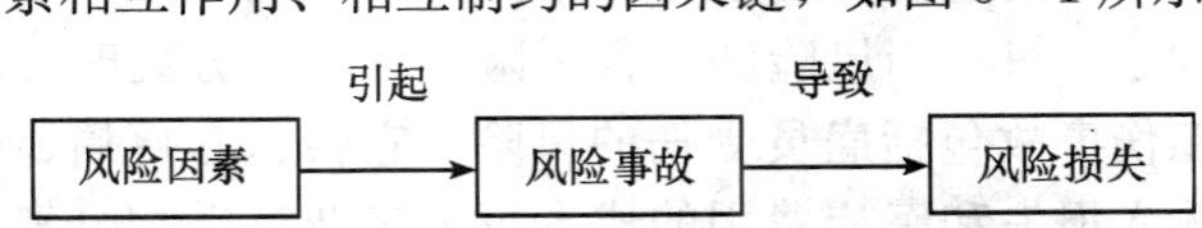

图 5—1 风险要素间的关系

二、风险管理技术

风险管理是研究风险发生的规律和风险控制技术的一门新兴管理科学，它通过风险识别、风险估测和风险评价，并在此基础上优化组合各种管理技术对风险实施有效的控制和妥善处理风险所致损失的后果，期望达到以最小的成本获得最大安全保障的目标。风险管理技术分为控制型和财务型。

控制型风险管理技术包括为了避免风险、防范风险、减少或控制风险的损失频率和损失幅度所使用的技术、工具和程序；风险控制还包括那些加深企业内部员工对风险的理解和提高风险意识的方法。

人们对风险的预测不可能绝对准确，且防范措施也有一定的局限性，所以风险事故的损失后果是不可避免的。财务型风险管理技术是通过事故发生前所做的财务安排，来解除事故发生后给人们造成的经济困难和精神忧虑。与风险控制相比，财务型风险管理技术是一种消极的措施。而风险控制是一种事前措施，它的目的就是减少生产活动造成损失的可能性。财务型风险管理技术是一种反应性的措施，因为它一般只在损失发生之后才产生作用。本章只重点讨论财务型风险管理技术。财务型风险管理技术一般分为“自留风险”和“转移风险”两种方式。

1. 自留风险

自留风险是指经历风险的机构自己直接承担损失的财务后果。换句话说就是该机构为自己遭受的损失支付赔偿金即个人或组织预先提留部分资金来弥补风险发生所招致的损失。

2. 转移风险

转移风险是指某机构遭受损失之后由其他机构承担直接的财务后果。换句话说就是其他机构（如保险公司）来支付损失的赔偿金。通常，风险融资转移提供了一种补偿已发生的损失的成本的方式。从语义上讲，风险转移应当指风险真正转移到其他的机构。但是，因为“转移”一词通常用来指某一类风险融资方法，所以本书将仍然在这个意义上使用“转移”一词。而且，转移通常意味着对接受方给予必要的补偿，例如，向保险公司缴纳保险费。转移方不可能通过风险转移来回避风险的最终经济负担，只能通过风险转移来回避损失事件带来的直接后果和间接后果。

需要指出的是，只有当风险和包含风险的活动可分离时，风险转移才能实现。例如，工伤事故包括雇员受伤的风险，它会引起疼痛、收入损失和医疗费用支出。收入损失和医疗费用的成本可与工业活动相分离，从而通过使其他主体，如工伤保险承保机构承担损失，而实现风险转移。当然，疼痛是不能让别人来承受的，这种风险与活动本身不可分离。

三、工伤风险与工伤保险

（一）工伤保险机构所承保的风险

企业由于对员工造成人身伤害，按照工伤保险法律法规必须给予补偿的风险是纯粹风险的一种类型，也是工伤保险所承保的风险。

工伤事故、职业病是工业化进程中不幸的一面。除了带给工伤员工身体上的痛苦和精神上的折磨之外，工伤事故还导致如下经济问题：

由于员工工伤，暂时找不到同样技能和经验的替代者，以及员工工亡对其他员工造成的干扰，都可能致使生产效率暂时下降；一个原本工作的人身受重伤或身患重病，他可能数月以至数年无法工作，这导致的收入损失会对此人及其家庭的经济状况造成很大影响；员工患职业病或在事故中受伤将会产生医疗费用的支出；雇员同样会面临和他们的非正常死亡相联系的其他风险，比如父母一方可能的死亡会使其年幼子女面临丧失主要经济来源的风险；用于死亡导致的某些必要的支出，如丧葬费、遗属津贴等。总的来说，工伤员工主要的经济损失为：医药、康复或丧葬费用，工资损失。

美国著名安全工程师海因里希曾试图把与工伤相关的损失进行量化。海因里希认为，根据员工损失的工作时间和医疗费用付给员工的工伤补偿金低估了工伤损失的真实成本。海因里希发现，工伤损失的附带成本大约是工伤补偿金的 4 倍。这种 4∶1 的比例是因为考虑以下一些成本①：

1. 伤残员工损失的时间成本。

2. 其他员工停止工作帮助伤残员工的时间成本。

3. 监督人员和其他经理撰写事故报告和培训新手所花的时间成本。

4. 机器、工具和其他财产受到损坏的成本，以及原材料变质的成本。

5. 受伤员工回到工作岗位后，雇主必须继续付给他（她）全额工资的成本，实际上在最初一段时间，该员工的工作完成量只应当得到其正常工资的一半。

6. 由于事故造成员工们过于兴奋或者情绪低沉带来的成本。

海因里希的 4∶1 比例也受到了一些批评，因为他显然把间接损失的问题过于简单化，而且海因里希本人也承认他的规则并不普遍适用，但他的研究也告诉人们，风险的成本实际远远超过了可以直接观察到的范围。

---

① ［美］C・小阿瑟・威廉斯等著. 风险管理与保险. 陈秉正等译. 北京：经济科学出版社，2000. 241～242.

（二）财务型工伤风险管理技术

财务型工伤风险管理技术是通过事故发生前所做的财务安排，来解除事故发生后给人们造成的经济困难和精神忧虑，为维持人们的正常生活等提供财务基础。工伤保险制度实际上就是进行工伤事故风险转移的一种方式，其建立正是基于这种想法①。

几乎所有国家现行的工伤保险计划根据的是“职业风险”的原则确定的，而先前是根据“过错”原则或民事侵权行为进行补偿。因为雇主的（或者工人的）过错或疏忽往往难以得到证实，而用职业风险的原则既能使雇主免受诉讼之累，又能使工伤员工得到补偿，因而职业风险的原则得到了广泛的运用。如前所述，“职业风险”的理论内容是：使用人力和机器进行经济活动的雇主，要建立一个负责支付工伤费用的机构，不论工伤是由于自己疏忽引起的，还是由同事引起的，都要保证给予补偿。

工伤事故风险一旦变成现实，即变成风险事故，势必给工伤员工的切身利益造成损失，如工伤事故风险会带来身体机能的部分或完全丧失（暂时或永久）甚至死亡，造成收入中断和医疗费用开支。会给人类造成损失是风险的本质，其中可以用货币来衡量的收入中断和医疗费用等经济方面的损失是可以与生产经营活动相分离的，通过工伤保险承保机构、商业保险公司或采取自保方式的雇主来承担损失风险，而实现风险转移。有的则无法用货币来衡量，也就无法通过财务安排来转移，如受害员工身体机能的完全或部分丧失甚至死亡是不能由别人来承担的。

工伤保险的承担者不论是以货币还是服务的方式来履行义务，他们所承担的是限于经济方面的。他们不可能保证工伤事故不会发生，而且，他们也不能承担精神损失和心理成本。所以工伤保险制度本身是不能完全消除工业生产活动的不确定性的，然而它在消除经济方面的不确定性上，确实能够起到独特的重要作用。

正如前文所述，抵御工伤风险一般有“自留”和“转移”两种方式。转移风险的方式多种多样。世界上多数工业化国家对工伤事故采用的是统一的工伤社会保险制度，即工伤保险像其他社会保险项目一样，由政府机构或政府授权的社会机构依法全面强制实施。

为帮助雇员抵御工伤事故和职业病风险，各个欧盟成员国都实行的是法定的事故保险，德国、法国、意大利和瑞士等国还设立了工伤保险基金，承

---

① 郑功成．论中国特色的社会保障道路．武汉：武汉大学出版社，1997．203

保机构在德国是行业公会和农业公会，采取自我管理；在英国则由国家集中管理，在希腊、爱尔兰、荷兰等几个国家由医疗保险机构代管，而在丹麦、葡萄牙则是通过向保险公司购买私人事故保险来实现[①]。美国在州一级则交替采用了“转移风险”和“自留风险”两种风险管理方式，有的建立了基金，也有的通过私营保险公司来实现。

日本对工伤事故风险采取双层保障制，即政府办的工伤社会保险承担一般的、统一标准的赔偿责任，而企业或雇主基于民事法律所产生的超额（超过法定工伤社会保险赔偿责任的部分）赔偿责任风险则通过向商业保险公司投保雇主责任保险来转嫁，是一种基本保障与超额保障相结合、社会保险与商业保险相结合的双层次保险制度。

我国香港地区建立的是有特色的雇主责任制，即政府只规定企业或雇主必须无一例外地依照劳工法律转嫁员工的工伤保险风险，但政府不直接经办，而是由商业保险公司完全作为雇主责任保险业务来经办。它同时是香港社会保障制度和商业保险制度业务的重要内容。

我国国务院办公厅《关于进一步做好改善农民进城就业环境工作的通知》（国办发［2004］92号）中要求建筑施工企业要按照《中华人民共和国建筑法》《建设工程安全生产管理条例》规定，为施工现场从事危险作业的农民工办理意外伤害保险，作为工伤保险的重要补充[②]。2005年8月8日，辽宁省保监局和辽宁省安全生产监督局正式出台相关文件，以推广“补充工伤保险”，拟在非煤矿矿山生产企业和危险化学品、烟花爆竹生产经营企业推广包括雇主责任险和公众责任险在内的众多责任保险，并在这些企业中建立工伤社会保险与商业责任保险共担事故风险的财务型风险控制制度[③]。

下面以在工伤保险制度中采用“转移风险”和“自留风险”两种风险管理方式的美国为例来加以说明。

［案例］美国的工伤保险制度运用财务型风险管理技术处理工伤风险

在美国，虽然联邦政府和50个州都规定了对受伤员工提供医疗和补偿，但法令实施的方式在各州有所不同[④⑤]。美国雇主可以采取三种途径来提供法

① 周慧文. 欧洲国家工伤保险费率管理实践及其对我国的启示. 中国安全科学学报. 2004，4：3～6

② 国务院办公厅关于进一步做好改善农民进城就业环境工作的通知. http://jys.ndrc.gov.cn/zcfg/t20050714_35936.htm（2004-12-27）

③ 高危企业工伤保险辽宁最低赔10万. 钱江晚报，2005-08-10

④ ［美］詹姆斯·S·特里斯曼等著. 风险管理与保险. 裴平等译. 大连：东北财经大学出版社，2002. 217～218

⑤ 葛蔓. 工伤保险改革与实践. 北京：中国人事出版社，2000. 339

律所要求的工伤保险补偿：

第一种途径：私营保险公司承保

向私营保险公司购买一份员工补偿和雇主责任保单。由州政府保险专员批准和管理，私营保险公司为美国各州（除5个州外）承保工伤保险，其中，私营保险公司在22个州独家经营这个保险项目。州保险专员从财政或咨询要求、保险费率的管理和市场行为检查3个方面来管理保险公司。保险金的实际交付也受州工业事故委员会管理。这些委员会主要负责监督争议解决过程。在大多数州，纠纷是由管理代理来解决的，而不是靠法律来解决的。

标准的员工补偿和雇主责任保单有两条主要保险条款：保险项目A，按照发生工伤事故所在地的工伤补偿法，支付补偿，包括职业病补助金、依法对雇主应处的罚金，以及其他责任。保险项目B，针对雇员对雇主提出诉讼，按照诉讼判决结果支付赔偿金。这两个保险项目彼此相互独立，此类索赔事件发生较为频繁。在保险项目B中，为事故或疾病引起的身体伤害单独设立了一个限额，其承保内容与一般责任保单中所提供的相似。在保险项目A中通常没有具体的限额，限额由各州工伤补偿法列出。

私营保险方式由雇主与保险人之间订立的合同而发生，保险人直接处理雇员的事情，对雇员的补偿金负主要责任。

第二种途径：设立州基金和通过联邦机构解决

州基金是支付工伤补偿的一种方式。1913—1915年，美国的5个州实行了强制性州基金保险，那时工伤补偿法刚刚实施，私营保险公司在处理这种业务方面的成功可能性尚不确定。这些州由政府负责执行工伤补偿制度，不允许私营保险公司经营这种保险，雇主必须向一家专门的州基金投保。

23个州设立竞争性州基金，私营保险公司可以与州基金竞争客户。州基金与私营保险公司的差别在于：州基金一般受劳工部管理，而不是受保险专员管理。这会造成完全不同的财务或咨询要求，使得州基金比私营保险公司有一定的优势。大部分州基金可以享受联邦政府和大部分州政府的免税政策，由此形成了费用优势，直接导致了低廉的投保费用。因此，实际上是纳税人通过州基金补贴了那些参加州基金的雇主的工伤补偿费。

除了州基金以外，联邦机构也为员工赔偿提供了保险。1969年，联邦政府建立了一个机构，专门为那些身患黑肺症的采煤工人提供保险。自1908年以来，联邦政府就为其公务员建立了员工补偿制度。

联邦政府单独为在航运及码头工作的工人和政府雇员提供保险管理计划。

第三种途径：自保和团体自保

在美国只有2个州允许自保。这是保险的一种变通方式，特别是对财力雄厚的大公司雇主的一种变通方式。在工伤保险自留风险方面，最主要的问题在于公司是否拥有足够多的风险载体（雇员），来保证其损失的相对稳定性和对损失预测的相对精确性。很显然，一个只有十几个雇员的雇主是不可能对来年的工伤风险成本做出准确估计的。这种成本在某一年也许为零，另一年则可能达到成千上万元，甚至更多。随着雇员人数的增多，工伤损失越来越稳定和可以预测。自保者一般是大公司，它们具有足够多样化的风险和足够的经济能力，具备法律规定的资格。想进行自保的雇主通常需向美国劳工部出示财务良好的证据。

（三）工伤保险对工伤风险的预测与控制基础

发生工伤事故风险是客观规律。但从微观来说，工伤事故风险发生是偶然性的随机事件。如就某一个工伤事故风险来说，什么时候发生，什么地方发生，其后果和影响如何都难以准确地测定。

通过对大量同类工伤事故风险事件进行统计，运用概率论和大数法则及一系列科学测算手段，就会发现风险发生又具有可测定性。从宏观上认识和利用其规律，人们可以有效地管理和控制工伤事故风险，要点包括：

1. 大量具有相似的风险的企业

工伤保险的承担者要为某个企业承担某种损失风险，它往往倾向于拥有大量具有相似风险的企业，这是由大数法则所决定的。

2. 偶然损失

工伤保险的承担者所承担的风险只能是那些对企业来说可能发生的损失，而不是肯定要发生的损失。损失必须是随机的，不是人为的。实际上，只有很少情况是这样的。因为，无形的和有形的风险因素影响了损失的概率。对未来损失的预测是建立在观测过去经验所形成的概率分布的基础之上的。我们假设大部分观测的事件都是随机的事件，利用这样的估计来预测损失是建立在未来损失也是随机事件的假定之上的。如果不是这样，预测则不可能是准确的。

3. 损失的确定性

工伤是在工作时间、工作地点发生的，与工作相关的。

4. 可确定的损失概率分布

期望的损失必须是可计算的。这意味着必须有一个具有一定合理精确度的可确定的损失概率分布。保险费率建立在对将来预测的基础上，而预测表达为期望损失的数量。期望损失的计算要求运用估计的概率分布。这些概率分布可从理论关系中推导出来，然而，其他的概率分布则必须从经验数据中算得。只有当影响未来事件的因素类似于影响过去事件的因素时，基于经验数据的概率分布才有效地用于预测。其基本原理将在下一节进行解释说明。

▶第二节　工伤风险管理的统计基础

一、风险的度量

风险的度量是对特定风险的损失频率和损失程度进行估算，用以评价风险对预定目标的不利影响及其程度，为选择风险处理方法和进行风险管理决策提供依据。而这些估算是以概率论和统计理论为基础的。

（一）随机变量和概率分布

1. 随机变量

随机变量（random variable）是一个结果不确定的变量。在工伤保险中，工伤索赔额就是一个随机变量。

2. 概率分布

概率分布（probability distribution）定义了随机变量所有可能出现的结果和各结果出现的可能性。为了计算的方便，往往把随机变量简化为随机变量的均值。风险管理依赖于损失的概率分布，当概率分布表示的是可能发生的损失分布时，称为损失分布（loss distribution）。在工伤保险中研究的是工伤索赔损失分布，简称工伤损失分布。

3. 用于工伤风险估计的损失分布

概率分布作为评价风险的损失频率与严重性的工具，通常有两种类型：经验概率分布和理论概率分布。前者是通过历史、理论的资料来实际观察发生的事件而进行判断，后者是运用数学公式来推导损失发生的频度和程度。广泛应用于风险管理的理论概率分布有三种：二项分布、正态分布和泊松分布①。

以所有统计理论中最重要的正态分布为例，如图 5—2 所示的损失分布是一个 500 次损失的正态分布，它的期望值是 500 元，标准差为 150 元。由于损失分布是正态的，所有损失的 68%即 340 次损失将在均值的一个标准差范围内也就是在 350～650 元之间。同样，475 次，也即损失中的 95%将出现在

① ［美］詹姆斯·S·特里斯曼等著．风险管理与保险．裴平等译．大连：东北财经大学出版社，2002．23

均值的 2 个标准差范围内，损失是在 200～800 元之间。大约 99％的观测值将在均值的 3 个平均标准差范围以内。由此可以预测给定损失水平发生的概率或在一定范围内损失的概率。

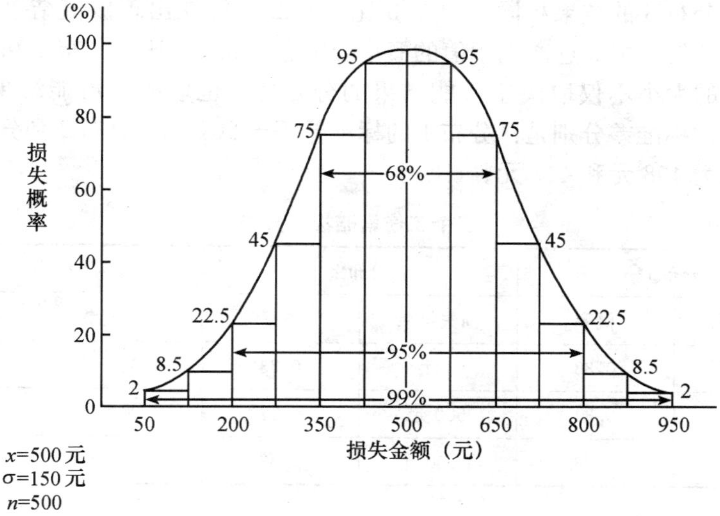

图 5—2　500 次损失的正态分布

（二）概率分布的主要数字特征

在许多应用中，需要对不同随机变量的概率分布进行比较。问题是许多概率分布由于各自具有不同的结果，所以在它们之间很难进行比较。通常是对概率分布的某些关键数字特征进行比较，这些数字特征是：均值、期望值、方差或标准差、偏离系数。均值是对于未来的最佳推测，等于所有观测结果总和除以观测数。在均值的计算中，每一次观察的权数相等，而期望值是均值的特例，它是不同权数的损失的概率乘以损失金额然后加总。方差：每一个观测值与均值之差的平方的平均数，故方差越大，估计越不可靠。标准差是方差的开平方根，即将方差还原为对结果与均值之间的偏离度的度量。方差和标准差衡量了依概率分布出现的某个结果与期望值之间偏差的可能性和大小，因而它们衡量了结果的可预测性。所以，当将风险看成是距离期望值的偏差时，就可以用方差或标准差来衡量风险。方差反映了风险的绝对量，如果比较两个均值相异的概率分布，偏离系数能够很好地反映风险的相对水平。偏离系数是标准差与均值的比率。偏离系数越小，损失分布的相对危险就越小。

假设有三个工伤索赔损失分布，每个分布有三种可能结果，但结果和概率是不同的，见表5—1。每个损失分布的期望值均为500元，但三个分布的方差是不同的。分布2的方差比分布1大，因为分布2的极值结果（如1 000元）比分布1更远离期望值（500元）。分布3的方差比分布2大，因为即使分布2和分布3的结果相同，分布3比分布2更容易出现极值结果。也就是说，分布3发生损失远离期望值的概率要大于分布2。比较分布2和分布3说明，方差的大小不仅取决于可能结果的分散性，也取决于可能结果的概率。三个分布的标准差分别是：分布1的标准差等于204元，分布2和分布3的标准差分别为408元和447元。

表5—1　　三个工伤索赔损失分布

分布1		分布2		分布3	
损失结果	概率	损失结果	概率	损失结果	概率
250元	0.33	0元	0.33	0元	0.4
500元	0.34	500元	0.34	500元	0.2
750元	0.33	1 000元	0.33	1 000元	0.4

二、风险基本原理的数量分析

基于概率论和统计学的基础知识，我们可以解释风险管理中一个最重要的概念：当损失是独立（不相关的）的时候，汇聚损失可以抑制风险[①②]。

假设雇员A和雇员B两人都有遇到工伤事故的可能性且每人都有20%的机会遭遇工伤事故，并导致2 500元的损失，有80%的机会没有遇到意外。不进行汇聚时A和B工伤事故损失的概率分布见表5—2，并假设A和B的事故损失是不相关的[③]。

表5—2　　不进行汇聚时A和B工伤事故损失的概率分布

损失结果（元）	概率
0	0.80
2 500	0.20

如果A和B能达成一个协议，如果谁发生工伤事故，那么由两个人平摊

① 李恒琦编著．保险统计．重庆：西南财经大学出版社，2003．5

② 孟生旺编著．实用非寿险精算学．北京：经济科学出版社，2000．11

③ 在此例中，假定通过汇聚计划以抑制风险的所有参加者的损失都有相同的概率分布，这个假设并不是关键性的。因为即使每个参加者具有不同的损失分布，但只要有越来越多的参加者，平均损失的标准差也是倾向于下降的。

可能发生的任何事故成本，也就是说，每个人支付平均损失。这种安排称为风险汇聚安排。

因为 A 和 B 各有 20%的可能遇到工伤事故而导致 2 500 元的损失，不进行风险汇聚安排时，每个人的期望成本和标准差如下所示：

期望成本$=(0.80\times 0)+(0.20\times 2\,500)=500$（元）

标准差$=\sqrt{0.8\times(0-500)^2+0.2\times(2\,500-500)^2}=1\,000$（元）

风险汇聚安排改变了每个人损失的分布情况，这是因为 A 和 B 现在支付的成本都要受到对方发生的事故损失的影响。通过风险汇聚，每个人支付的成本是两个人的平均损失，进行汇聚后每个人支付的工伤事故损失的概率分布见表 5—3，表中第一列列出的是 A 和 B 汇聚后的可能损失结果。当 A 和 B 都未发生工伤事故，总事故成本为 0，每人支付 0 元，概率为 $0.8\times 0.8=0.64$；如果两人之一发生工伤事故，总事故成本为 2 500 元，每人支付 1 250 元，概率等于 $0.2\times 0.8=0.16$；如果两人都发生工伤事故，总事故成本为 5 000 元，每人支付 2 500 元，概率是 $0.2\times 0.2=0.04$。

表 5—3　　进行汇聚后每个人支付的工伤事故损失的概率分布

损失结果	总成本（元）	每个人支付的成本（平均损失）（元）	概率
1. A 和 B 都未发生工伤事故	0	0	$0.8\times 0.8=0.64$
2. A 发生工伤事故，B 未发生工伤事故	2 500	1 250	$0.2\times 0.8=0.16$
3. B 发生工伤事故，A 未发生工伤事故	2 500	1 250	$0.2\times 0.8=0.16$
4. A 和 B 都发生工伤事故	5 000	2 500	$0.2\times 0.2=0.04$

从这个例子可以清楚地看到，风险汇聚改变了每个人面对的事故成本的概率分布。A 的事故成本为 2 500 元的概率从 0.20 减少到 0.04，这是因为如果 A 支付 2 500 元，则意味着 A 和 B 都要经历工伤事故。如果工伤事故是独立的，A 和 B 都发生事故的概率要低于只有 A（或只有 B）发生事故的概率。也就是说，风险汇聚减少了出现极端结果的概率，A 和 B 支付事故成本的标准差即风险减小了。事故成本的标准差已由不进行汇聚时的 1 000 元降为 707 元，但汇聚后每个人的期望事故成本不变，仍然为 500 元。

同理，如果在汇聚安排中再增加其他人，出现极端结果的概率不断降低，接近损失期望的概率增加了，风险也可以进一步得到抑制。另外，随着参加者数量的增加，事故损失的偏度减少了，每个人支付的平均损失成本的概率分布更接近钟形曲线（正态分布），并且更加易于预测。

不是每一个参加者简单地把风险转移给其他人，而是每个参加者的风险能够在很大程度上被抑制，这就是风险汇聚计划的优点所在。

总之，风险汇聚不改变每个人的期望成本，只降低每个人的事故成本，使事故成本也变得更易于预测了。

总之，当损失是独立（不相关）的时候，风险汇聚计划对每个参加者支付的事故成本的概率分布有两个重要影响：第一，平均损失的标准差减小了，使得参加者所面临的风险的概率减小；第二，平均损失的分布更加接近正态分布。

当参加风险汇聚计划的人数量非常大时，每个参加者成本的标准差将趋近于零，因此每位参加者的风险就可以忽略不计。这体现了大数法则的规律（见下一节内容）。此外，随着参加者数量的增加，平均损失的概率分布变得越来越像正态分布，直到最终等同于正态分布。这体现了中心极限定理（central limit theorem）的规律（见下一节内容）。

三、工伤保险风险费率确定的数理基础

（一）大数法则

既然工伤保险风险概率和损失分布规律的分析和测量是建立在大量观察基础上的，因此，大数法则也成为工伤保险费率厘定和损失概率计算的基础。[①]

大数法则说明，当被保险人总数 n 足够大时，被保险人人均实际获得的赔款金额（所缴纳的纯保险费）与每个被保险人获得赔款金额的期望值相等，这一法则为保险机构合理地收取纯保险费提供了科学依据。

（二）中心极限定理

当 n 很大时，平均损失的分布接近于正态分布，其均值为 μ，标准差为 $\sigma/\sqrt{n}$。因此，随着 n 的增大，平均结果的分布变得更加对称并呈现钟形。既然对于很大的 n，平均结果的分布大致是正态的，就可以用正态分布的概率值来估计损失超过某给定值的概率。注意，与大数法则一致，当 n 增加时标准差减小。例如，如果风险汇聚计划的每个参加者损失的标准差起初为 5 000 元，有 10 000 个参加者，那么进行汇聚安排后损失的标准差等于 5 000/100＝50 元。

① 陈滔．医疗保险精算和风险控制方法．重庆：西南财经大学出版社，2002．27

▶第三节 工伤保险风险分类表的建立及相关因素分析

一、风险分类表的理论基础

（一）个体风险、风险集合与风险子集

对于个体风险来说，合理的工伤保险费的厘定应该以个体风险的期望损失为基础。

由n个相互独立的（不相关）风险所组成的集合，即为风险集合。对于风险集合的损失分布，其方差是可以估计的。

对风险集合按照个体风险的不同特性进行分解形成风险子集。属于同一风险子集的个体风险有更加接近的损失分布。

个体风险的期望损失及其方差通常是难以估计的，因此，只能以风险子集的期望损失作为个体风险保险费确定的基础。

当许多相互独立（不相关）且具有相同损失特性的个体风险聚合成风险集合时，风险集合的相对变异性要小于个体风险的相对变异性①。这一特性正是保险赖以存在和发展的基础。

风险集合往往是非同质的，个体风险之间存在较大差异。因此，可以根据个体风险之间的相似程度将风险集合分解成若干个风险子集。风险分类就是把风险集合中的个体风险按照其不同特性进行分类，并以分类结果厘定各类的保险费。其目的是为了获得相对同质的风险子集。根据风险子集的期望损失计算的保费更加公平。

风险分类要遵循大数法则的规律。当风险集合被分解得越小，根据风险子集的损失经验估计的期望赔付额就越不稳定。因此如何找出估计结果的稳定性和保费厘定的公平性之间的平衡点极为关键，一方面保证每一个风险子集包含有足够多的个体风险，满足大数法则的应用条件；另一方面还要尽可能地使属于同一风险子集的个体风险具有相同的损失特性。

（二）工伤保险费率确定中风险分类的作用

由于在不同行业职业伤害风险差异很大，不同的经济行为风险也有很大

① 李恒琦编著．保险统计．重庆：西南财经大学出版社，2003．5

不同，这是世界上许多国家在工伤保险制度中实行差别费率的原因[①]。德国从建立工伤保险制度之初就采用差别费率[②]，意大利设立了 627 个费率等级，加拿大安大略省划分出 7 个大类 109 个费率等级，我国在 2003 年颁布的《工伤保险条例》中规定，将行业划分为三个类别：一类为风险较小行业，二类为中等风险行业，三类为风险较大行业。三类行业分别实行三种不同的工伤保险费率。也正因为如此，工伤保险与其他社会保险分支相比，其特征更接近于商业保险，依照风险大小收取不同的保险费。

德国的差别费率是按多级系统进行分类的，首先按行业将参保企业划归 35 个行业公会管理。但有关事故频率和损失数据显示，仅对参保企业按行业进行划分还不足以保证费率的合理性，因为在一个行业公会汇集的企业在工伤损失风险方面还存在很大差异，所以在各个行业公会内部还要以各企业工伤补偿数据为基础对参保企业进一步细分。一类企业的风险减少或增加，要么是因为在该类的大多数企业的工伤风险普遍提高了，要么是因为个别企业出现了重大工伤事故风险。因此，第二级差别费率也要具体考察各个企业工伤补偿数据记录，并用于费率平衡中。

如果没有风险分类，也就是不区分各个企业具有的不同的潜在损失风险，工伤索赔的总成本负担将在所有企业中均分，即所有雇主要缴纳的保险费是一样的。这种方法将产生对所有企业均有效的单一均衡费率。这就意味着低风险的企业将补贴高风险的企业。这对大多数企业来说是不公平的。从德国行业公会的差别费率的测算可以看出，风险分类的目的在于，注重识别每一个企业的风险特点，与各个企业的工伤补偿相关的不同的损失负担可以计算出来，合理分担保险费。风险分类表与企业分级对差别费率测算有着特别的意义，通过风险分类表的建立使工伤保险进行费率分级实行差别费率成为可能。因为风险分类直接对企业的征收费率起作用。对某行业来说，其所有下属企业的风险类别不是彼此孤立的，一个企业受罚，其他企业也间接受罚。

（三）工伤保险风险分类的原则

风险分类既要反映行业的风险大小，又要遵循私营保险公司同样的保险原理，这些原理是[③]：

1. 排他性。分类应清楚地界定以使每个行业和企业只归入一个类别。

---

① 魏新武，李鸣善．全球社会保险制度．北京：华夏出版社，1989

② Zhou Huiwen，Dr. Oliver Schoeffski. Aufbau eines Systems zur Unfall-und Berufskrankheitsverhuettung im Rahmen der Betrieblichen Unfallversicherung Chinas in：Die BG Maerz 2000，160-166

③ 周慧文．工伤保险风险分类及风险分类表研究．中国安全学报，2005．7，1～5

2. 统计数据的稳定可靠。用于风险分类的统计数据报告的时间足够长，统计基数足够大，以避免费率发生突然较大幅度的增加或减少，尽量使波动幅度保持最小。

3. 归入同一类的企业应该具有同一性质的风险。尽管任何两个企业都不会是完全一样的，但是相似企业有类似的职业伤害和职业病风险。

4. 风险类目要不断修正。随着现代化设备、新工艺或新材料的出现，以及劳工法律和安全法规的修订，风险类目要不断修正。当新技术或新行业出现时，需要判断是否有足够多的企业形成一个新的类目；当旧的技术被新技术取代，也要确定一个旧类目是否有继续存在的必要。

5. 促进事故预防和损失控制。当对雇主按照其行业特点进行分类时，各个企业有责任控制其工伤补偿费用，只有当每个企业都降低事故率或事故成本，才能使整个行业的基准费率得以降低，单个企业的事故率或事故成本降低，不会对整个行业的基准费率产生太大的影响。

二、风险分类表的定义、组成及其制定规则

（一）风险分类表的定义

风险分类表把所有参保企业按其风险大小进行分组形成风险子集，各个风险子集是表中的一个个风险类目，并标有相应的风险类号。在这个表中确定了企业编入各个风险子集的位置。

（二）风险分类表的组成

德国行业公会的风险分类表分为两个部分。第一部分一般包括企业风险类别的划分，第二部分包括其他内容的确定。在第一部分中确定的风险类别对具有合法企业关系、技术手段以及依照法规采取事故预防措施的企业有效，这些行业分支应予以纳入工伤保险制度中。第二部分一般包含特定情形的一般条款，当某特定企业事故风险明显提高或降低时，将会被调整到与其风险程度相应的风险类别，不会少缴纳费率。它也对特殊的附属企业的风险类别的确定进行了调节，这些企业本应作为其他某个行业公会的主要企业进行测算①。

（三）风险分类表的规则

风险分类表的规则是关于风险分类表制定的法规和章程。由于我国工伤

① 周慧文．工伤保险风险分类及风险分类表研究．中国安全学报，2005．7，1～5

保险发展还处于初始阶段，在制定风险分类表的规则方面还不完善，特以德国的行业公会为例进行讲述。

在德国，它体现了监察机构和行业公会总会的要求和方针以及某行业公会的决策。尽管风险分类表对合理的费率有很大的影响作用，但涉及风险分类表的规则很少。目前尚在实行的规则实际上与100年以前的规则大致相同，只提出了风险类别计算的基本法则和企业缴费的确定，无其他特别的规则，而只进行实质性说明。比如，对风险分类测算连简单的描述性的解释都没有。风险分类表的实现是通过风险类号，依据事故风险程度建立风险子集，并依据出现的工伤事故情况每五年审查一次。它只涉及批准办法和企业缴费的确定。由于涉及的基本问题不多，立法者的局限性显示出来。因此，为能有具体的、必要的、内容合理的、可依据的规定，监督机构在年初必须进行辅助调整。监督机构对风险分类表具有审批权，风险分类的原则由行业公会和监督机构共同确定①。

三、风险分类表的种类

纵观世界范围所采用的基本风险特征一般为“行业风险特征”和“行为风险特征”，与之对应的可将风险分类表分为“行业风险分类表”“行为风险分类表”以及将两者结合的“混合风险分类表”②。

（一）行业风险分类表

行业风险分类表是依据行业作为基本特征对风险集合进行归类，依据某行业的大小及技术关系，一个风险类目集中了多个行业。一个企业，其生产行为属于一个行业或多个行业，这多个行业归于同一风险类目，作为该企业所有生产行为的平均风险的表达，其风险类号对企业的所有工作均有效。

这种方式的优点是：相对简单扼要，容易实现，在考虑每一笔工伤补偿时，管理费用开支维持在一定限度内，纳费合理性由此提高。补偿费开支、事故率和损失使分类表排序相对精确。

但是从经济学的观点看，也存在一些缺点。在某个行业中的企业生产活动从种类和范围存在不相一致的情况，因为，同一个行业中并非所有企业都进行同类生产，存在着生产活动偏重的差异，在对企业进行事故风险分类计算时，采用的是所有相关生产行为的平均风险。当某企业所有生产活动的平均风险超过行业风险分类表上该类目的平均值时，则行业风险分类表测算的

---

①② 周慧文．工伤保险风险分类及风险分类表研究．中国安全学报，2005．7，1～5

费率负担太低；反之，从企业类型和经营范围看，当其风险比较小的生产行为占比较高的比例时，其所有生产活动的平均风险低于行业风险分类表上该类目的平均值时，则行业风险分类表测算的费率负担太高。某企业生产行为结构离行业风险分类表上该类目的平均结构越远，则费率差别越大。由于相同的生产行为还不一定具有相同的事故风险，企业生产结构的偏差应给予重视。

（二）行为风险分类表

行为风险分类表是依据生产行为作为基本特征对风险集合进行归类，一个类目应归入一种或多种生产行为，首先要查明企业的所有生产行为。生产行为的数量非常大，并非所有的行为都能一一列出，不能列出的一般可归入上一类目中，这表明行为风险分类已非纯粹的行为风险分类表，通过行为风险分类表，人们旨在能合理地划分损失负担，企业特殊的生产行为可以更多地被注意到。从纯理论的角度来看，行为风险分类表似乎更加合理，实际上，一个纯粹的行为风险分类表根本不能实现。首先，由于生产行为不能一览无余，这种排列方式无法实现；其次，生产行为之间无明显界限，类与类之间可相互转换，再就是它只能得出一个平均数值；最后，人们一般很少注意各个企业的生产行为构成，企业很少对特定的工作获得的工资收入加以说明，如果企业证明其风险比较小的生产行为占比较高的比例时，工伤保险机构也很难审查，可以说实行行为风险分类表会遇到许多困难和麻烦。

（三）混合风险分类表

在一个混合风险分类表中，行业风险分类表与行为风险分类表的原则合二为一，一般混合风险分类表首先是按行业建立起来的，行业仍然会被打乱，最常采用的形式是对企业中商业或管理岗位另外采用一个或多个分类号。

结果表明，相对于行业风险分类表来说，行为风险分类表会遇到许多困难，是不能实现的，它的缺点比优点多。在实际中使用的大部分风险分类表中是以行业风险分类表为基础的“混合风险类表”。

四、风险分类表的建立

（一）风险子集的组成

归入风险分类表同一类目下的所有企业构成一个风险子集。

风险分类表的组成主要基于两个基本原则来确定，第一，尽可能多地设置含有同一性质风险的分类号，与风险分类表挂钩的依企业风险划分的费率等级才有可能做到合理；第二，在同一风险类别中包括足够大数量的风险行为，依据风险技术观点进行风险平衡才可以实现。这是运用大数法则的要求，也是工伤保险对工伤风险的理想要求之一——大量具有相似风险的企业。

基于风险分类理论，风险分类的过程就是对风险集合按照个体风险的不同特性所进行的一种分解过程。无论是采用行业风险分类表还是行为风险分类表，其目的是为了获得相对同质的风险子集，满足大数法则的应用条件，使属于同一风险子集的个体风险有更加接近的损失分布，也使依据风险子集的工伤损失负担计算的保险费更加公平合理。

但是，对风险集合的分解过程又要受到大数法则的制约。当风险集合被分解成越来越小的风险子集时，每一个风险子集包含的企业个数会越来越少，根据风险子集的工伤损失负担估计的期望赔付额的结果会越来越不稳定。

设置的分类号越多，每一类中同一风险的组成部分越多；分类号越少，每一类中不相关的组成部分越多，由此可见，两个基本原则相互之间有矛盾。这就要求在估计结果的稳定性和保费厘定的公平性之间进行权衡，找到一个平衡点，一方面保证每一个风险子集包含有足够多的个体风险，满足大数法则的应用条件；另一方面还要尽可能地使属于同一风险子集的个体风险具有相同的损失特性。当然，从技术观点看，绝对同一的风险只是一个构想，只存在相对同一的风险。

工伤保险差别费率的关键问题在于：一是如何划分风险子集，它直接影响到费率合理性。为达到费率合理而不断调整风险子集的成分与大小，又会影响到费率的连续性，并引起管理费用上涨。工伤保险机构面临的难题是如何在费率合理性与连续性之间找出折中的办法。

风险分类表的建立需要对特定情况下相关企业特征进行认真研究，类目的组成不应一成不变，而应经常进行审查。它表明，在一个行业分类表中经常出现的行业应该成为风险分类表中的类目，在行为分类表中一个企业的行为应尽可能不分开地归入同一个风险类号，分类位置越多，分类问题就越多。风险类目的成分不仅是为了保证更好的风险平衡，也是为了便于企业缴费。风险类目的改变也取决于行业技术经济的发展，因此，现在行业可能扩大、缩小或以全新的面貌出现，如果风险分类表中类目不进行修订，就不能适应这种发展，原本清晰的归类就会不存在[①]。

① 周慧文. 工伤保险风险分类及风险分类表研究. 中国安全学报，2005. 7：1～5

（二）风险子集的大小

如何在实际运用中使一个类目的风险达到平衡非常重要，风险子集的组成成分应该是同一的，符合大数法则的要求。类目的大小与它们的组成有关，也与风险分类有关。一次重大意外事故的发生会带来较大幅度的费率波动，风险平衡会遇到困难；而观察的时间越短，一个风险类目波动一般越大。一般来说风险类目越大，越能在短时间内实现风险平衡；风险类目小，就只能在较长时期达到风险平衡。

风险分类比较灵活，风险类目的大小一般由各国工伤保险机构来决策，但长期看应保持一定稳定性①。

五、我国工伤风险分类表

2003 年 10 月 29 日，为贯彻实施《工伤保险条例》，合理确定工伤保险费率，促进工伤预防，实现工伤保险费用社会共济，经国务院批准，由劳动和社会保障部、财政部、卫生部和国家安全生产监督管理局联合向各省、自治区、直辖市劳动和社会保障厅（局）、财政厅（局）、卫生厅（局）、安全生产监督管理部门下发了关于工伤保险费率问题的通知。通知规定根据不同行业的工伤风险程度，参照《国民经济行业分类》（GB/T 4754—2002），将行业划分为三个类别：第一类为风险较小行业，第二类为中等风险行业，第三类为风险较大行业。三类行业分别实行三种不同的工伤保险缴费率。统筹地区社会保险经办机构要根据用人单位的工商登记和主要经营生产业务等情况，分别确定各用人单位的行业风险类别。该通知同时附上工伤保险行业风险分类表。

第一类，银行业，证券业，保险业，其他金融活动业，居民服务业，其他服务业，租赁业，商务服务业，住宿业，餐饮业，批发业，零售业，仓储业，邮政业，电信和其他传输服务业，计算机服务业，软件业，卫生，社会保障业，社会福利业，新闻出版业，广播、电视、电影和音像业，文化艺术业，教育，研究与试验发展，专业技术业，科技交流和推广服务业，城市公共交通业。

第二类，房地产业，体育，娱乐业，水利管理业，环境管理业，公共设施管理业，农副食品加工业，食品制造业，饮料制造业，烟草制品业，纺织业，纺织服装、鞋、帽制造业，皮革、毛皮、羽绒及其制品业，林业，农业，

---

① 周慧文．工伤保险风险分类及风险分类表研究．中国安全学报，2005．7：1～5

畜牧业，渔业、农、林、牧、渔服务业，木材加工及木、竹、藤、草制品业，家具制造业，造纸及纸制品业，印刷业和记录媒介的复制，文教体育用品制造业，化学纤维制造业，医药制造业，通用机械制造业，专用机械制造业，交通运输设备制造业，电气机械及器材制造业，仪器仪表及文化，办公用机械制造业，非金属矿物制品业，金属制品业，橡胶制品业，塑料制品业，通信设备，计算机及其他电子设备制造业，工艺品及其他制造业，废弃资源和废旧材料回收加工业，电力、热力的生产和供应业，燃气生产和供应业，水的生产和供应业，房屋和土木工程建筑业，建筑安装业，建筑装饰业，其他建筑业，地质勘察业，铁路运输业，道路运输业，水上运输业，航空运输业，管道运输业，装卸搬运和其他运输服务业。

第三类，石油加工，炼焦及核心燃料加工业，化学原料及化学制品制造业，黑色金属冶炼及压延加工业、有色金属冶炼及压延加工业、石油和天然气开采业，黑色金属矿采选业，有色金属矿采选业，非金属矿采选业，煤炭开采和洗选业，其他采矿业。

总的说来，我国工伤风险分类表风险档次设置过少，使得整个行业风险分类表显得过于粗略，这不符合风险分类的促进事故预防和损失控制的基本原则。

六、风险分类测算

观察时间的长短，损失负担的组成，特别是是否包含上下班交通事故负担也是影响费率确定合理性的几个因素，关键问题是考虑能否使风险分类更加合理，能否促进工伤事故预防，由此降低企业工伤保险补偿开支的测算特点。

（一）负担分类表

德国行业公会风险分类测算的历史如同工伤保险的历史一样悠久，初期由于缺乏测算数据，采用的是商业保险公司的事故保险数据。为提高其精确程度，1886 年帝国保险局建议，从 1885 年 10 月 1 日开始做好事故统计工作。考虑到费率的合理性，那种依据事故严重程度分成四大类的方法，在 1888 年经帝国保险局的建议进一步得到改善，产生了“负担号”（Belastungsziffern）。

从 1896 年开始对事故风险进行现金估值，利用向工伤员工提供的医疗服务及支付的补偿等数据来对风险分类进行测算，医疗服务和补偿等数据是从每个工伤保险承保机构建立之日起开始登记留档，作为后几年风险分类测算的重要资料，这种做法在德国行业公会一直受到质疑，直到 1939 年由帝国保险局批准认可，行业公会这一做法一直沿用至今。

要想将某些行业即将发生的工伤事故风险能在风险分类表中得以体现，依据未来可能的风险显然是不可能的。而只能依据已发生的真实的风险损失数据，从而使风险分类有助于合理的费率分级。因此，以企业所带来的损失负担为基础，可以确定企业的事故风险。

（二）观察时间对风险负担分级的影响

工伤事故风险和损失的测算不是基于某个理论，而是通过一段时间的观察，在所得到的经验统计数据的基础上进行的。在风险分类表中所确定的某类企业的事故风险程度，往往不是真实事故风险在风险分类表中的反映，而是基于过去若干年的经验数据统计推导出的期望值。那么，究竟要在多长时间内观察的数据更为可取呢?

如果在一段较长时间内进行事故风险平衡，意外波动不容易对每个行业的费用负担产生太大影响，风险表的修订可以保证中期风险分类与真实的事故风险发展趋势基本相符。从国外情况看，如果风险类目设计得足够大，采用 5 年观察期就能实现风险平衡。如果在更长的观察时间内进行风险分类测算，人们往往会忽略对各个行业新产生的损失负担，而更注意它们所积累的总损失负担。依据规则，各个行业一般应负担由它们所带来的工伤索赔损失，也就是说，在行业内部达到损失风险平衡。与总损失负担相比，新产生的损失负担应该更为人们所关注。

对新产生的费用负担，基于短期的观察建立起来的风险表比一个长期风险表好，风险分类表更加切合实际，清楚地反映真实的负担关系。在与事故预防的关系上看，短期风险分类表显示出更大的灵活性，因为损失负担的多少能迅速显示出来。除非考虑某些特殊的行业如以职业病发病为主的行业，长期风险表更好。对于一般行业基于短期的观察建立起来的风险表更具优势。

本章小结

简单介绍了风险和风险管理基础知识，阐述了工伤风险和工伤保险之间的关系，简单介绍了工伤风险统计基础知识，损失概率分布和分布的数字特征，并用简单的实例解释了通过汇聚相互独立的损失而抑制风险的理论。讲述了工伤保险风险分类的作用和原则、风险分类表的建立及相关因素分析。

复习思考题

1. 什么叫财务型工伤风险管理技术？主要有哪几种形式？并举例说明。
2. 工伤保险对工伤风险的理想要求有哪些？
3. 工伤保险费率确定中风险分类的作用和原则是什么？
4. 风险分类表的种类有哪些？比较其优缺点。

第六章

工伤保险基金筹集与管理

■学习要点

工伤保险基金的筹集和管理是管理工伤保险制度的物质基础和核心，如果无法筹集到工伤保险所需要的基金，工伤保险的功能就无从谈起。筹集工伤保险基金是合理负担工伤保险费用的需要，筹集工伤保险基金的过程实际上是分摊工伤保险费用的过程。通过本章学习，应了解国内外工伤保险基金筹集、费率的确定与调整及资金平衡办法，以及基金管理的相关知识。

■关键概念

工伤保险基金　运转基金　储备金　现收现付制　统一费率制　差别费率制　浮动费率制

▶第一节　工伤保险基金筹集

一、工伤保险基金的概念

工伤保险基金是社会保险基金中的一种专项基金。当一个国家的工伤保险制度发展还不太完善，工伤保险基金仅仅满足待遇的发放时，工伤保险基金是指劳动者因工作而受伤、患病、残疾乃至死亡，暂时或永久丧失劳动能力时，从国家和社会获得医疗、生活保障及必要的经济补偿所需要的资金。而当一个国家的工伤保险制度发展较完善，以实现补偿、工伤预防和职业康复三者结合为目标，或当工伤保险和劳动安全统一由一个机构来管理时，其基金的用途不仅包括上述的医疗救治康复和经济保障，而且还涵盖了工伤事故和职业病预防以及社会康复和职业康复。所以，工伤保险基金也可定义为：为实现工伤保险，国家强制要求用人单位缴纳的、专用于预防工伤事故和职业病发生以及发生工伤事故和职业病后的治疗及康复，和对于职工在工作岗位或工作过程中所遭受的伤残、死亡或职业病的补偿基金。

总之，工伤保险基金是指国家为实施工伤保险制度，通过法定程序建立起来的用于特定目的的资金，这是实施工伤保险的基础。

工伤保险基金除了具有与其他社会保险基金相同的强制性的特征外，还具有补偿性和风险关联性特征。许多国家都根据不同行业的工伤风险程度确定行业的差别费率，并根据工伤保险费使用、工伤发生率等情况在每个行业内确定若干费率档次。此外，由于职业伤害是在劳动生产过程中造成的，劳动力是生产的重要要素，劳动者为生产单位创造财富而付出了代价，所以用人单位（雇主）负担全部保险费，如同花钱修理和添置机器设备一样，是完全必要和合理的，即马克思所说的“劳动能力的修理费用”。因而，工伤保险不同于其他社会保险之处还在于其基金全部由雇主缴纳，劳动者不担负缴费义务。这和无责任补偿原则一样，是国际上通行的做法。

工伤保险基金支出也不同于其他社会保险项基金的支出。工伤保险基金的支出不仅用于待遇的发放，而且还涵盖工伤保险补偿、工伤预防和职业康复所需费用。

稳定的工伤保险基金，是工伤保险基金制度顺利实施的保证。所以建立工伤保险基金是实行工伤保险制度的核心问题。科学、合理地建立起来的工伤保险基金，能够最有效地促使“分散企业风险负担、补偿劳动者灾害损失、保障其基本权益”这一重要的社会保险原则的实现，而使劳动者遭受意外伤害和职业病时，不致因赔偿给付不足而陷入困境，能够及时获得社会的充分帮助。

二、工伤保险基金的筹集

工伤保险基金的筹集是指由专门的工伤保险管理机构按照工伤保险制度所规定的计征对象和方法，定期向劳动者所在单位征收工伤保险基金的行为。工伤保险基金筹集主要涉及以下几个问题：工伤保险基金的来源、基金的筹集额、基金的构成、工伤保险费征收的比率、缴费基数的确定和调整、缴费基数的上限和下限等。

（一）工伤保险基金的来源

大多数情况下工伤保险基金来源于雇主缴纳的保险费，劳动者个人不缴费。在欧洲国家中只有爱尔兰和英国的现金补偿来源于税收。英国自 1969 年起，又增加了雇主责任制，实行“双重保险”。至于对工伤雇员提供的补偿性的医疗服务分为两种情况，对工伤人员提供的普通的医疗服务一般都是通过医疗保险来提供的，其经费主要来源于税收，而其他的医疗费用支出必须来源于工伤保险基金。

我国工伤保险基金由用人单位缴纳的工伤保险费、工伤保险基金的利息和依法纳入工伤保险基金的其他资金构成。

（二）工伤保险基金筹集模式

世界上建立工伤保险制度的国家，大都实行现收现付制（pay-as-you-go）的基金筹集模式，这种模式是按照一个较短的时期内收支平衡的原则确定费率，筹集工伤保险基金，即将当期征缴的工伤保险费用于支付当期的各项工伤保险待遇及其他合法支出。当然，为了避免费率调整过于频繁，防止短期内突发的重大工伤事故所带来的收支波动，一般保留有一定数额的风险储备基金，即所谓“以支定收，略有结余”。

1884 年德国在实行全球第一个工伤保险制度——法定事故保险制度时，其基金筹集就是采取现收现付的筹集模式。它是由德国行业公会依据所需支付的总费用进行基金筹集的一种措施，年终确定所需支付的总费用，分摊到参加法定事故保险的成员企业。一般根据上年度实际开支总额，再由本期的增加额或减少额进行调整的一种资金筹集方式，它可依据所需支付的总费用的变动及时调整保险费，保持收支平衡，以支定收，不留积累。

我国现行工伤保险制度采取的模式是以支定收，收支平衡，即以一个周期内的工伤保险基金的支付额度，确定征缴的额度。

目前，一些国家正在考虑改革工伤保险制度，并使其民营化，对这种改革兴趣最大的是拉丁美洲的阿根廷、哥伦比亚和墨西哥等国，它们已对工伤保险制度采取改革措施，并使之民营化。如果实行民营化，意味着筹资模式不得不改变，现收现付制将为基金制所替代，这会导致很大的转制成本。

工伤保险基金筹集的方式大致有以下几种类型：

1. 企业自保办法

政府立法规定，企业对职工负责工伤赔偿的责任，并对工伤保险待遇的给付做出原则规定，但对待遇的标准并无统一规定，而是由用人单位在政府原则指导下，根据自身的经济赔付能力，自行确定待遇给付标准。劳动行政部门予以监督，如发生争议，可由仲裁机构或法院做出调解或裁决，所需经费全部由企业负担。

2. 由企业向商业保险公司投保的办法

政府立法规定企业强制开办工伤事故赔偿保险，并由雇主担负全部费用开支，要求其必须向商业保险公司投保，而且由政府指定某些有较高信誉的保险公司承办工伤保险业务。工伤保险待遇给付不得低于政府规定的最低标准。这种方式，在一定程度上扩大了企业工伤保险基金的筹集范围，增强了抵御风险的能力，提高了保障能力。

3. 由官方或半官方的机构设立工伤保险基金的办法

由政府立法规定企业必须参加工伤社会保险，按时足额向社会保险管理机构缴纳工伤保险统筹费用，并由工伤保险管理机构负责进行工伤待遇的给付。企业应缴的统筹费用全部由企业或雇主负担，个人无须缴费。基金实行社会统筹时，一般采取“现收现付”的方式，根据大数法则，在一定的范围内，预测各行业或地区综合性的工伤保险费用需求，在所有参加保险的企业之间实行合理分担，费用横向平衡调剂，当年提取、当年支付完毕。

美国的工伤保险制度在各州交替或混合采用了三种基金筹集方式，有的建立了基金，也有的通过向私营保险公司投保或实行单位自保（参见第五章［案例］美国的工伤保险制度运用财务型风险管理技术处理工伤风险）。

基金筹集方式也可先划分为雇主责任制和工伤社会保险制度两大类型，在两种不同的制度下其基金的筹集模式也有两种不同思路[①]。在雇主责任制下，工伤保险基金的筹集方式有三种：企业自保、企业向商业保险公司投保

① 蒋月．社会保障法概论．北京：法律出版社，1999．109～111

和由政府征收工伤赔偿准备基金。政府征收工伤赔偿准备基金指由政府立法规定企业必须开办工伤保险，费用全部由企业负担，并指定商业保险公司承担再保险业务。在此基础上，政府强制性地向企业和承保工伤保险的商业保险公司征集工伤赔偿责任准备金，以备企业或商业保险公司破产时，能够确保向职工支付工伤保险待遇。在工伤社会保险制度下的基金筹集模式是工伤保险基金社会统筹。

在20世纪50年代初，我国的工伤保险基金采取综合基金的模式，由企业按一定比例向主管部门上缴包含各项社会保险费的“总基金”，用于各项社会保险之间的调剂，而工伤保险支付仍由企业直接负责。后来工伤保险改由职工所在单位按照国家规定的统一标准直接支付保险待遇，实行的是“企业保险”（类似于雇主责任制）的方式。在当前改革中，工伤保险基金向社会统筹模式转变。工伤保险费的缴纳比例，按用人单位职工工资总额确定，列入企业成本，并强制定期向社会保险机构缴纳，国家为支持工伤保险事业，规定工伤保险费一律在企业税前提取，并且筹集的工伤保险基金免征税款，银行还提供优惠存储利率。

（三）工伤保险基金的构成

依据收支平衡的基本原则，每年工伤保险基金筹集额都会不同，且是依据当年支出多少而定。

1. 工伤保险基金的支出构成

世界各国工伤保险基金的支出有很大不同，总的来说主要由工伤现金补偿、事故预防、医疗和职业康复费用等部分组成。我国现行《工伤保险条例》规定，工伤保险基金可用于统筹项目支付的待遇、事故预防费、医疗和职业康复费用、劳动能力鉴定委员会办公经费。德国行业公会的开支主要用于：事故预防、医疗和职业康复、养老金和其他现金补偿、安全返还费、管理费①。

2. 支出构成比例

世界各国工伤保险基金的支出构成比例差异很大，通过对实行工伤保险制度历史最悠久的德国和与我国工伤保险发展进程相近的波兰两国的工伤保险基金的开支结构进行比较可以看出，两国基金支出的构成差别很大。由工伤保险基金支出的养老金和其他经济补助，在波兰占总开支的79%，而在德国仅占到了48%。另外，波兰在康复和事故预防方面的开支很少，分别是

① Jan Rzepecki. Vorschlaege fuer wirtschaftliche Anreize zur Verbesserung von Arbeitsbedingungen in Polen in einigen europaeischen Laendern. Die BG，2000，3. 168-172

5%和1%（总共6%），而德国则分别为27%和8%（总共35%）。这一区别部分原因是源于两国社会保险制度的不同，在德国工伤保险包括所有医疗服务费如医疗救治和康复费用。而波兰新的社会保险机构（ZUS）管理的社会保险制度中，医疗保险制度只包括疾病和生育保险，工伤保险的医疗救治费用来源于法定医疗保险公司管理的医疗保险，被保险人仅缴纳保费计算基数7.5%的费用用做医疗保险费。这也充分反映了德国把事故预防看做是德国法定事故保险制度的核心和基本方针，重视工伤康复，将预防—康复—补偿结合起来。两国用于管理和安全返还的费用基本相同①。

3. 特殊支出情形下的基金筹集问题

在基金筹集过程中，各国都考虑了一些特殊情况下的费用分担方法，如美国各个州都设立了二次伤害基金（second injury fund）②，例如雇主一般不愿意雇佣一个原来受过伤害而有一条胳膊不能使用的雇员，因为如果他的另一条胳膊或腿再受到伤害可能会导致全残，与一个原来没有受过伤的雇员相比，二次工伤会使雇主支付更多的补偿。应用二次伤害基金，增加的成本将在所有的雇主之间分摊，从而减少了雇主雇佣这种员工的障碍。

二次伤害基金有多种融资渠道。有的从州财政获得拨款；有的通过向那些无被抚养人而在工作中死亡的工人的雇主或保险人收取一定费用来获得资金；有的州通过向保险人或自保人征收年费来筹措资金，而这种年费负担可能相当沉重。例如从1982—1992年间，南卡罗来纳州对保险人和自保人征收的年费率达到它们常规开支的9%～18%不等。

德国的行业公会对三种特殊情形采取三种特殊的资金筹集测算方法：根据单个企业的安全事故率和工伤索赔记录而进行的附加费和（或）费率的调整、负担平衡法和因企业破产终止缴纳保险费导致的费用分担。

4. 运转基金和储备金

工伤保险基金是根据以支定收、收支平衡的原则确定征缴比例，即以上一个缴费周期保险费的支出额为标准，确定下一个缴费周期保险费的征缴数额，由于工伤事故具有不确定性和不可预见性的特点，为保障工伤保险基金支付能力，工伤保险要建立适当的储备金。所以工伤保险基金主要由运转基金和储备金两部分组成。在一般情况下，平衡期内基金收与支是平衡的，运转基金主要负担正常进行中的支出以及收入与支出波动的平衡。如果在统筹地区发生重大的工伤事故时，可能会出现收不抵支的现象。这时就提取风险储备金用于工伤保险的支付。储备金是当收入与支出波动过大，仅用运转基

① 周慧文．欧洲国家工伤保险费率管理实践及其对我国的启示．中国安全学报．2004，4
② 陈秉正等译．风险管理与保险．北京：清华大学出版社，2001．331

金已不能平衡时，为了保证工伤保险承办机构具备足够的经济实力提供补偿服务而设立的。运转基金具有短期特点，而储备基金则具有长期保险费平衡，保证支付能力的特点。

国内外的工伤保险基金都具备一定的资金储备，如我国现行《工伤保险条例》第13条确立了储备金制度，规定工伤保险基金应当留有一定比例的储备金，用于统筹地区重大事故的工伤保险待遇的支付，储备金不足支付的，由统筹地区的人民政府垫付，并授权省、自治区、直辖市人民政府根据本地区的情况确定储备金占基金总额的具体比例及其使用办法。

德国行业公会的工伤保险基金由运转基金和储备金组成。为克服工伤保险运转基金筹集模式（现收现付式）的缺点，储备金采用基金制，"规定储备金3倍于一年在工伤保险基金中开支的养老金，达到这一额度全年的保险费约占支付养老金的5%"①。对储备金通过一定的途径进行保值，同时设计出充足的融资方式。确定了可能的投资方式目录，联邦保险局还规定了行业公会筹集的储备金的最大规模以及从储备金中提取资金的办法。

▶第二节　工伤保险费率机制

一、工伤保险费率测算的基本原理

工伤保险费率测算时依据的原理主要有以下两种：

（一）共济原理

采用共济原理测算出的保险费称为一致保费或共济保费（solidarity premiums），在这种保费制度下，被保险人缴付的保险费与他们实际的风险水平可能会有较大的差异，即保险费的确定与被保险人的风险因素相关性不强，例如在工伤保险制度中，对处于同一风险共生体中的所有企业都收取同样的保费。

（二）平衡原理

采用平衡原理测算出的保险费称为风险保费（risk premium），在这种保费制度下，被保险人缴付的保险费与他（们）的实际风险水平成正相关关系，

① Udo Schulz. Gefahrtarif und Risikoausgleich bei den gewerblichen Berufsgenossenschaft. Boon：Herausgegeben vom Hauptverband der gewerblichen Berufsgenossenschften e. V.，1981. 46

即在整个保险期限内各类风险共生体的总保险费应分别与其工伤补偿支出总额成正比。利用这一原则测算保险费时，要估测各类被保险人群真实风险的大小，即根据风险水平的不同将被保险人分类后测算保险费。平衡原理是工伤保险费测算中的主要原理。

在制定工伤保险费率的实践中，两种原理经常混用，如采用共济原理制定一致保费，对同一风险共生体中的所有企业都收取同样的保费，显示社会保险互助共济的原则；但也将不同企业按照其风险大小划分为不同的大类，分别征收不同等级的保险费，体现公平原则以及对事故预防的激励原则。

二、费率测算的基数

工伤保险费的征收基数直接影响工伤保险费的多少。目前国际上存在两种征缴基数模式：第一种是以工资总额为基数征缴，第二种是以当地社会平均工资为基数征缴。

保险费一般多以占工资总额的一定百分比计算，即对每位雇员的每百元工资收取一定比例的费用。以工资总额为基数征缴体现了社会共济的思想。但工资总额的范围大小因各国情况而异，有的仅包括净工资，有的则包括一切工资性开支。在工资总额的确定方面，一般是以上年度工资总额为参照。在我国，职工工资总额，是指国家统计局规定的各单位在一定时期内直接支付给本单位全部职工的劳动报酬总额。包括计时工资、计件工资、奖金、津贴和补贴、加班加点工资以及特殊情况下支付的工资。按照现行有关规定，劳动者的以下收入不属于工资范围：单位支付给劳动者个人的社会保险福利费用，如丧葬抚恤救济费、生活困难补助费、计划生育补贴等；劳动保护方面的费用，如用人单位支付给劳动者的工作服、解毒剂、清凉饮料费用等；按规定未列入工资总额的劳动报酬及其他劳动收入，如根据国家规定发放的创造发明奖、国家星火奖、自然科学奖、科学进步奖、合理化建议和技术改进奖、中华技能大奖等。

因为每年支付的工资总额的数额都在变化，所以用人单位需要每年将工资总额证明呈送工伤保险机构。

工伤保险费征收基数的上限和下限。保险费在什么标准内征收，收入低于下限标准，就须按一定比例缴纳保险费；收入达到一定上限，超过部分就不再征收保险费。所以征收的上限和下限，关系到低收入者和高收入者的实际利益，更关系到工伤保险的社会公平效能的发挥。如德国的法定事故保险在保险费测算方面有最高工资限制，其年收入上限为100 800马克[①]。就是说当工资超过一定范围，就不再直接用真实收入，而是可以用最高工资来代替，进行保险费测算。

三、工伤保险费率的确定

工伤保险基金筹集方式不同，其确定工伤保险费的方法就不同。如欧盟国家中，由私营资本管理工伤保险的国家如葡萄牙，其工伤保险费率的确定是利用市场原则，借助于一些“主观”标准如企业经济状况、行业竞争来确定。丹麦在保险公会中通过竞争来标定费率。企业一般会寻找既能提供优质服务、收取的保费又低廉的保险公司。丹麦保险制度鼓励雇主改善企业劳动安全状况以获得有利的保险条件，丹麦费率额由雇主与保险承办机构之间商定。芬兰是通过工伤保险制度来确定费率的，由雇主来决定是否依据行业平均成本或基于相关企业事故成本来确定费率。而在官方或半官方的机构来管理工伤保险的国家如法国、西班牙、德国、意大利和瑞士，企业必须按时足额向工伤保险管理机构缴纳工伤保险统筹费用，形成工伤社会保险基金，费率测算内容主要是基准风险费率、附加费和（或）费率的调整。

通常社会保险基金的收与支是根据职工工资单或报表进行的，而且每月按期进行。因此，对职工工资进行审核并扣除保险费，是社会保险机构主要的日常工作。有几个国家职业伤害保险制度缴费比率不固定。例如：印尼和日本根据不同行业制定不同的缴费比率。泰国是根据“经验比例”，即雇主根据前几年事故发生情况，制定一个适当的保险比例。这两种做法都很复杂。采用工资等级制度缴费的办法则使工作程序大为简化。

在大多数社会保险部门中，保费的收缴与管理是其最主要的工作。有些企业总会找出种种借口不按期缴纳或少缴纳保险费，这个问题十分严重。有些国家已采取了一些特别的法律程序，例如加收滞纳金、法律诉讼等来解决这一问题。

归纳起来，确定缴费的办法大致有三大类。

（一）个别（单独）确定法

个别（单独）确定法，又称为功过确定法或经历确定法。这种方法与雇主责任制中的义务性保险缴费额的确定办法最为接近。基本缴费额可以用预测的方式确定，然后再根据雇主的经历进行调整。付款具有追溯效力。个别

---

① 钟仁耀主编. 养老保险改革国际比较研究. 上海：上海财经大学出版社，2004. 134

工伤事故的有关数据和账目要求只针对每一个企业。单独确定法会使保险计划受到来自雇主方面的压力，这些雇主当然是希望自己被确定缴纳最低的保费费用额了。据有关资料显示，美国大约占全部企业10%～15%的大型企业是按职业风险单独确定费率，但这些企业的职工数已占全部参保企业职工数的90%。

（二）集体确定法

作为确定基本费用缴纳金额的方法，集体确定法与单独确定法较为相似。不同之处在于，确定缴费额时，根据的是相同经济活动中所有企业的经历。

（三）统一确定法

在统一确定法中，共担风险的原则得到最全面的应用，所有的雇主都缴纳相同数目的保险金额。数据和账目也是针对整个制度而设计的。这种方法是所有方法中最简单的一种，它不仅可以减少行政管理费用，而且还可以与其他统一的社会保障抚恤费用一起征集。此方法还是公正地处理和调解事故的唯一方法。

国际劳工组织社会保障专家委员会的精算专家小组在考察了许多国家的有关工伤赔偿的具体问题，并借鉴国际劳工组织在一些技术合作活动中的经验之后，提出了如下的看法：根据企业功过或经历来确定缴费额的制度，有时在发展中国家新的保险计划的使用中会遇到困难，除了提供所需费用准确的数量，这种方法还要支付相对昂贵的行政管理费用。而统一确定法制度，或差别确定法制度加上几个明确规定的缴费等级，或者两种制度的结合将更适合于许多发展中国家新的工伤保险制度的实施。

工伤事故的预防与规划的责任关系也正被人们越来越多地意识到，在单独确定法中，由于雇主的缴费额与其企业工伤事故的发生率密切相关，所以雇主会采取积极的措施以减少工伤事故；在集体确定法和统一确定法中，这种影响对雇主就要小得多。因此，社会保险部门有时被授权，如果雇主不遵循所规定的保护防范要求，将对这些雇主收取额外费用，以示惩罚；如果雇主采取的防护措施很有效，或者其企业事故发生率低于其他同类型、同规模的企业，那么，社会保险部门也可适当降低该企业的保险费缴纳额。对于参保单位而言，工伤保险的费率就是工伤保险的价格，即企业支付给经办机构的工伤保险费用。工伤保险作为一种保险类产品，由于企业对这一产品资源（赔付和服务）的消耗程度不同，因此对不同的企业价格也有所不同。在确定工伤保险价格的过程中，一般是按企业工资总额的一定比例收取，由于企业工资总额相对稳定且具有可预测性，所以确定企业费率水平，实际上就是确定不同企业的价格。工伤保险确定费率步骤有：

第一，初步确定统筹范围内平均费率水平。

第二，确定行业差别费率。

第三，确定各个企业的费率。

工伤保险费用由直接风险费用和管理性费用构成，衡量这一水平高低的指标是用其费用占工资总额的比例即平均费率水平来表示。统筹范围内工伤风险损失与工资总额的比例，即为直接工伤风险损失率；为保证工伤保险经办机构正常运转，履行其职能所必需的费用与工资总额的比例，即管理性费率。两者之和为平均费率水平。

当平均费率水平确定后，就要分行业确定“行业差别费率”，即在统筹范围内确定不同行业的费率水平，行业差别费率，也称行业标准费率，表示每一类型企业的单位工资总额平均工伤损失和管理性费用的比例，一般由国家统一制定。由于待遇水平不同，职业风险不同，不同行业职业风险费率差别较大。某些高风险的职业实际风险率可能为最低的上百倍，但是为了合理分担职业风险，确定最高最低费率相差不宜太大。

当行业差别费率确定后，企业费率还要根据企业的实际风险情况进行调整。价格确定方式（或费率确定方式），由于管理方式和国情不同，不同的国家操作上差别较大。

目前，相当多的国家都采用了行业差别费率制。这种具有竞争性和经验性的保险费率，表现出公平的成本分配促进经济平等性，即高风险的企业缴纳的费率高，而低风险的单位则会缴纳较低的费率，以达到鼓励用人单位加强保障职工安全的措施。为了减少保险费率，用人单位就会更积极地去提高工作场所的安全性。实践表明，经济刺激总是比任何其他刺激更有效。而事故越少，生产能力就越强。

我国《工伤保险条例》规定，行业差别费率、各行业内的费率档次以及套用办法明确后，用人单位的具体缴费费率，只需统筹地区经办机构根据每个用人单位上一轮工伤保险费的使用、工伤发生率等指标在同类行业各单位平均指标中的水平，对照工伤保险费率确定办法，直接套用即可得出。

在套用差别费率确定办法时，世界各国做法不尽相同，主要有两种：一种是按照单位所属行业的性质，将该单位的全部职工都按照这一行业的费率档次进行缴费。这种做法的好处是简单、易统一，但缺点是对同一行业的不同单位可能有所不公，譬如同一行业有的单位风险低，而有的单位则风险高，不同单位都用一个行业的标准有失公允。另一种是将同一单位的不同岗位职工，分别按照不同的行业进行计算，然后各种岗位的数额相加得出该单位应当缴费的总额。这种做法更为准确、公正，但实际操作很烦琐，并且需要单位的配合，如实提供各种岗位的人员数字。如德国将办公室单列，为办公室职员专门设置一个类目，美国将办公室职员、驾驶员和其他几种职业排除在外。就我国目前实践中的监管水平而言，采取第一种方式更可行。

从发展的眼光看，行业差别费率不是一个固定的费率，随着科学技术的发展、生产技术水平的提高、生产设施的改造，以及安全生产意识和管理水平的提高，各行业的工伤风险会发生变化。因此，行业间的差别费率也要适时调整。为实施动态的管理，劳动保障行政部门应当定期了解全国各统筹地区工伤保险基金收支平衡情况，及时会同财政部门、卫生行政部门、安全生产监督管理部门提出调整行业差别费率及行业费率档次的方案。一般调整的周期以五年为宜。

还有不少国家在差别费率的基础上，实行工伤保险浮动费率，即对各行业或企业的安全卫生状况和工伤保险费用支出状况进行分析评价，根据评估结果，由主管部门决定该行业或企业工伤保险费率的上浮或下浮。一般不能突破最高保险费和最低保险费的限制。

从国内外实行浮动费率情况看，一般会考虑事故的数量、开支及严重程度这几个特征值，费率的浮动会以某一个特征值或某几个特征值的组合为依据。

最简单的方法是依据事故数作为浮动的依据，由于它不能反映工伤事故轻重程度，而工伤保险费不取决于事故数，所以仅依据一个不公平的数目进行评估是不合适的。而且事故数使用起来有一定的局限性，因为企业越大，发生工伤事故的可能性也越大。

以事故严重程度作为浮动的依据，可以在费用平衡中以固定钱数或点数形式表达出来，但是首先应对严重程度进行分级，至于如何进行分级才能做到合理、可靠，如何降低管理费用成本也是要考虑的问题。

以几个特征值的组合作为浮动的依据，即将事故数、严重程度和事故开支组合，至于哪种组合能达到目的，必须具体情况具体分析。

世界上多数国家采用差别费率制与浮动费率制相结合的费率确定方法。这既可以调动企业加强安全生产的积极性，又可以在社会共担风险的原则基础上体现企业安全管理的责任。按照《工伤保险条例》的规定，我国对工伤保险费的缴纳采用的也是差别费率与浮动费率相结合的办法。行业差别费率和费率浮动办法由国务院劳动保障行政部门会同国务院财政、卫生和国务院安全生产监督管理部门规定。

▶第三节　工伤保险基金管理

一、工伤保险基金管理的意义

搞好工伤保险基金管理具有重要意义。一是可以保证工伤社会保险制度正常稳定运行；二是有助于减轻政府的社会保险费用负担；三是有助于促进经济发展；四是保证基金能按规定支付各项工伤保险费用，保障工伤者或工亡职工供养亲属的基本生活，维护社会稳定，促进社会发展。

二、工伤保险基金管理的内涵

工伤保险基金管理是为实现工伤保险制度的正常稳定运行，对基金的运行条件、管理模式、投资运营进行全面规划和系统管理。具体内容包括：工伤保险基金的预算和决算、工伤保险基金管理的模式选择、工伤保险基金的投资管理和保值增值、社会保险稽核等。

三、维持工伤保险基金平衡

工伤保险基金筹集必须遵循“以支定收，收支平衡”的原则，在基金筹集过程中，除了工伤保险正常的开支外，各国都考虑了一些特殊情况下的费用分担方法，如美国各个州都设立了二次伤害基金，德国的行业公会对三种特殊情形采取三种特殊的资金筹集测算方法：根据单个企业的安全事故率和工伤索赔记录而进行的附加费和（或）费率的调整（即类似于浮动费率）、负担平衡法和因企业破产终止缴纳保险费导致的费用分担。也就是说通过差别费率确定的费率只是总费率的一部分。

（一）工伤保险总费率相关因素及水平

一般来说，工伤保险费率由下列因素的总和构成：

1. 差别费率

由差别费率确定的是平均基准费率水平，从几个欧洲国家的工伤保险基准费率的平均水平来看，基本在1.4%～3%的范围内波动。收取费率较低的有奥地利、芬兰、德国和瑞士等国，其平均费率占工资总额（收入）的1.4%，收取费率较高的国家是意大利，占工资总额（收入）的3%。一些欧洲国家工伤保险费率（平均值）如图6—1所示。

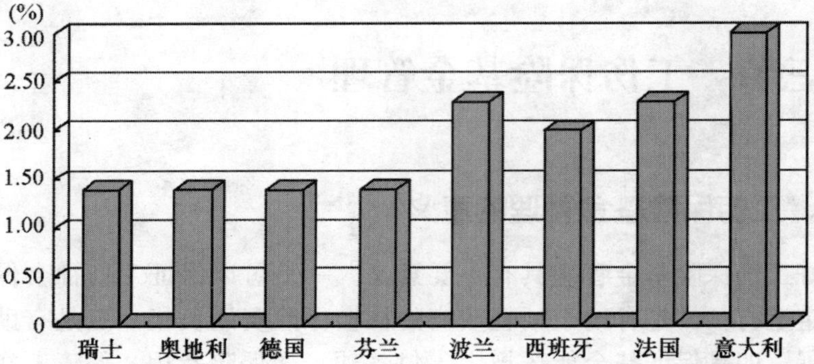

图 6—1　一些欧洲国家工伤保险费率（平均值）

资料来源：周慧文．欧洲国家工伤保险费率管理实践及其对我国的启示．中国安全学报．2004，4

我国的基准费率水平规定在工资总额的 0.5%～1.5%。

2. 浮动费率

我国的浮动费率一般按本行业标准费率的 5%～40%的幅度进行调整确定。

3. 上下班交通事故费率

在一些国家，其差别费率所分散的企业工伤补偿损失风险并不包括交通事故引起的开支，上下班交通事故费率需要另行测算，部分原因是因为它与企业安全生产关系不大，差别费率和浮动费率的设立在很大程度上是从促进安全生产角度来考虑的。上下班交通事故风险费用包括：医疗照顾、住院期间的工伤津贴及伤残抚恤金等。据国外统计，该费率水平多年来一直保持在 0.57%，其间虽有所调整，但变化不大。我国上下班交通事故赔偿标准较低，因此可能会低于这一水平。

4. 调剂费率

在市场经济条件下，因企业破产终止缴纳保险费的情况并不少见，由此带来了工伤保险费用分担问题。另外，由于矿业和建筑业等行业风险过高，如果完全由该行业的所有企业承担，缴费费率会很高，因此需要其他行业分摊部分费率。分摊费率的大小，要由确定的行业最高费率限额所决定。

5. 管理附加费率

按上述前三项之和的一定比例提取，用于支付：卫生和社会宣传费用；身体检查费用；事故预防和职业病预防费用；管理费用。另外，还可用于上年工伤事故账户的赤字平衡、直接风险费率的不足和长期待遇计算的低估。

6. 其他费率

如美国各个州都设立了二次伤害基金，增加的成本将在所有的雇主之间分摊。由于与一个原来没有受过伤的雇员相比，二次工伤会使雇主支付更多的补偿。应用二次伤害基金，从而增加了雇主雇佣这种员工的动力。

（二）基金负担平衡的观察时间

对工伤人员的补偿是长期支付的过程，选取的观察时间不同，其负担额就不同，工伤事故风险和损失的预测是在经验统计数据的基础上进行的。对某行业下一年的负担额是基于过去若干年的经验数据统计推导出的期望值。那么，究竟要在多长时间内观察的数据更为可取呢？德国采用 5 年观察期，有些国家取 3 年，即如果要预测第 n 年的负担额就需要统计 $n-4$，$n-3$，$n-2$ 年的数据，计算在这段时间内暂时性的伤残的费用、长期年金待遇、死亡待遇等。

（三）工伤保险基金征收与管理的原则

工伤保险基金的建立，必须一方面考虑对给付待遇的需要，一方面考虑建立所需资金的可能，也是需要与可能平衡的结果。

从工伤保险需要给付的金额出发，要求逐一考虑下列职业伤害和康复的给付需要：

1. 劳动者因工负伤或因患职业病需要给付的医药、体检、诊治，手术、住院、休养、疗养等费用。

2. 因工负伤或因患职业病者必须赴外地接受诊断、手术、治疗、休息、疗养而需要支付的往返旅费。

3. 因工负伤或因患职业病者住院接受治疗、休养、疗养的护理费支出和膳食补助。

4. 因工负伤或因患职业病者在接受治疗期间必须享有的生活费。

5. 劳动者因工伤残或因患职业病，而需要享有的一次性赔偿和定期补助。

6. 劳动者伤残后的康复费用。

7. 职业伤害致死后的善后费用。

总结以上需要，设计出下列项目并予以费用保障：医疗服务费、医疗期间赴外地费用、医疗期间生活费、暂时负伤一次性补偿、永久性残障定期补助和一次性补偿、康复费用、丧葬费、一次性遗属抚恤金、遗属定期补助。

从工伤保险可能征集到的资金方面考虑，首先，在确定资金来源时，必须遵从以下两项原则：

第一项原则——“补偿不究过失”原则。也即职业伤害社会保险只向企业征集，不向职工筹措。

第二项原则——“按风险程度征收”原则。不同的企业、行业，作业的操作过程具有不同的危险程度。有些属于风险大的，有些属于中等风险的，有些则风险程度很小。与此相适应，有些企业、行业的工伤发生率频繁，职业病严重，有些则不那么频繁，甚至没有职业病。有鉴于此，对不同行业的工伤保险费应当采取不同比例的征集办法，对于工伤风险大、工伤事故和职业病容易发生的多征收；对工伤风险小、工伤事故少和职业病少的少征收。

其次，在使用工伤保险基金时，也要贯彻两项原则：

第一项原则——机动原则。工伤事故难以准确预测，带有很大的偶然性、突发性。因而，工伤保险基金的运用要留有余地，留足储备金，以备突发性、恶性事故发生后对资金的需要。

第二项原则——全面原则。工伤保险基金不仅要考虑工伤保险补偿金、抚恤金给付，也要考虑预防、康复所需要的费用。

从可能出发，必须充分考虑企业负担保险费的承受能力。不应使后者因缴纳工伤保险费而被迫提高产品成本，以至于影响企业的利润和竞争力。在这个总的考虑之下，还要求按不同企业、行业，即作业风险率和工伤频率不同的企业、行业，征收不同比例的工伤保险费，各个企业、行业因客观条件不同，因而发生工伤事故的频率各不相同。一般在煤炭、建筑、冶炼、机械等行业，工伤风险发生的频率大些；反之，在玩具、农业、商业、生活服务等行业，工伤风险频率要小得多。例如，根据有关资料，吉林省煤炭业发生工伤事故造成的死亡人数占全省工伤死亡人数的 48.2%，而农业水利系统因工伤死亡的人数只占 0.8%。既然不同企业、行业发生工伤风险的频率各不相同，规定统一的缴纳比率是不合理的，那样会损害工伤频率小的企业的利益。

四、我国工伤保险基金管理

（一）我国工伤保险的缴费管理

1999 年 1 月国务院颁布的《社会保险费征缴暂行条例》（以下简称《征缴条例》）对社会保险费征缴方面的管理工作进行了规范，包括用人单位工伤保险登记和申报工作，确定用人单位缴费基数，确定和调整缴费费率。工伤保险制度是社会保险制度的一个组成部分。国家和社会提供工伤保险的物质基础主要是工伤保险基金。工伤保险缴费管理在缴费主体等方面又有其特点。

1. 工伤保险的缴费主体确认

《征缴条例》规定，用人单位和职工个人是法定缴费义务人，亦即社会保险费的缴费主体。在不同的社会保险项目中，用人单位和个人的法定缴费义务也不尽相同，有的项目如基本养老保险、基本医疗保险和失业保险规定用人单位和职工共同缴纳。但工伤保险规定，用人单位有缴费的义务，职工个人不缴费。

2. 工伤保险费的征收机构

工伤保险费是社会保险费的组成部分，社会保险费的征收机构即负责征缴工伤保险费的单位。《征缴条例》规定，社会保险费征收机构由省、自治区、直辖市人民政府根据本地的实际情况确定，可以由税务机关征收，也可以由劳动保障行政部门按照国务院规定设立的社会保险经办机构征收。社会保险费要集中统一征收，以减轻企业事务负担，降低征收成本。在征收后，各项社会保险基金实行分账管理。

3. 工伤保险登记和缴费申报

为扩大工伤保险等社会保险覆盖面，树立缴费单位和缴费个人的社会保险意识，强化社会保险费的征缴，《征缴条例》规定建立社会保险登记制度和缴费申报制度。社会保险费必须实行全额征缴，缴费单位和缴费个人应缴纳的社会保险费以货币形式全额缴纳，禁止任何形式的协议性缴费。任何单位和个人都不能以任何形式减免社会保险费。

（二）我国工伤保险基金管理的方式

劳动保障行政部门代表政府对社会保险基金行使管理职责。社会保险经办机构受委托具体负责基金的管理业务，包括基金预算和决算的编制、基金的征缴和发放、基金的会计核算、基金结余额的安排等项工作。财政部门代表政府对基金行使监督职责，负责有关财务会计制度的制定和贯彻落实，监督检查社会保险基金财政专户的核算，审核社会保险经办机构用款计划和结余基金的安排，审核、汇总基金预算和决算，拨付社会保险经办机构的经费。

工伤保险基金存入社会保障基金财政专户，用于《工伤保险条例》规定的工伤保险待遇、劳动能力鉴定以及法律、法规规定的用于工伤保险的其他费用的支付。工伤保险基金必须实行单独管理，分别核算，自求平衡，专款专用。任何部门或单位和个人均不得挤占挪用社会保险基金。

我国的工伤保险管理费用由财政拨款，而不是从基金中提取管理费。

（三）完善我国工伤保险费率体系的原则

工伤保险费率体系是工伤保险制度的重要环节，费率机制是工伤保险管理的核心，因此完善费率体系，是关系到我国工伤保险制度改革成功与否的关键问题之一。完善费率体系的原则主要有：

1. 强调公平和效能

工伤保险费率确定原则是"防止过高、避免不足、公平合理"。为了达到这一目标，必须强调公平和效能问题。具体含义包括：

第一，保费收入必须满足工伤医疗支出和待遇赔偿的需要。

第二，企业缴纳的保费能够准确地反映其风险费用的支出情况。

第三，工伤保险基金收入应满足经办机构为履行其职能所需的运行费用。

2. 制定全国统一行业差别费率

在全国范围内制定全国统一的差别费率标准，是中央管理机构主要职责之一。当前的工作主要有，一是统一划分工伤风险类别的行业；二是按照行业费率，进行工伤保险费用统计，以确定各类行业的风险；三是对各类别行业进行风险分析，调整、修改行业类别划分，并择时颁布行业差别费率。

3. 建立再保险机制

为了保证工伤保险价格确定体系顺利实施，防止出现收不抵支、损害职工权益的情况，需要建立再保险保障机制。在部分地区出现收不抵支的情况下，参保企业发生工伤后，也要保证待遇支付。通过对收不抵支赤字进行统计，按全部保费收入的一定比例进行分摊，设立再保险基金，并直接由法定机构管理。

五、工伤保险基金的监督

(一) 工伤保险基金监督的内涵

工伤保险基金监督是指由国家行政监管机构、专职监督部门等为防范和化解风险，根据国家法规和政策规定，对工伤社会保险经办机构、运营机构或其他有关中介机构的管理过程及结果进行的评审、认证和鉴定。为了对工伤保险基金实施动态管理和社会监督，经办机构应当定期公布工伤保险基金的收支情况，并根据工伤保险费的使用情况，及时向劳动保障行政部门提出调整行业费率档次的建议。

(二) 基金监管的原则

基金监管的原则是独立原则、公正原则、审慎原则、科学原则。

(三) 我国的社会保险基金监管体系和监督的内容

基金监管体系包括劳动保障部门行政监管、财政监督、审计监督、内部控制、法律监督和社会监督。

基金监督的内容主要有：基金经办的监管，包括基金征缴的监管、基金支付的监管、结余基金支付的监管；基金运营的监管，主要方法是：建立严格的基金运营准入制度、实施动态的基金运营风险监管、执行规范的退出程序。

工伤保险基金实行收支两条线管理，由财政部门依法进行监督。审计部门依法对社会保险基金的收支情况进行监督。

缴费单位应当每年向本单位职工公布本单位全年社会保险费缴纳情况，接受职工监督。社会保险经办机构和税务机关应当定期向社会公告社会保险费征收情况，接受社会监督。

劳动保障行政部门或者税务机关依法对单位缴费情况进行检查时，被检查的单位应当提供与缴纳社会保险有关的用人情况、工资表、财务报表等资料，如实反映情况，不得拒绝检查，不得谎报。

劳动保障行政部门或者税务机关可以记录、录音、录像、照相和复制有关资料，但是应当为缴费单位保密；劳动保障行政部门、税务机关的工作人员在行使前款所列职权时，应当出示执行公务证件。

劳动保障行政部门、社会保险经办机构或者税务机关的工作人员滥用职权、徇私舞弊、玩忽职守，致使社会保险费流失的，由劳动保障行政部门或者税务机关追回流失的社会保险费；构成犯罪的，依法追究刑事责任；尚不构成犯罪的，依法给予行政处分。

任何单位、个人挪用社会保险基金的，追回被挪用的社会保险基金；有违法所得的，没收违法所得，并入社会保险基金；构成犯罪的，依法追究刑事责任；尚不构成犯罪的，对直接负责的主管人员和其他直接责任人员依法给予行政处分。

另外，为便于对工伤保险基金进行监督管理，还应该做好工伤保险基金统计工作，其内容主要包括工伤保险基金收缴程度、基金收支和结余变动等相关指标的统计分析①。

本章小结

工伤保险基金是社会保险基金中的一种专项基金，是指国家为实施工伤保险制度，通过法定程序，建立起来用于特定目的的资金，这是实施工伤保

① 陈刚等主编．劳动和社会保险统计与管理信息系统．北京：中国劳动社会保障出版社，2001，132

险的基础。工伤保险基金除了具有与其他社会保险基金相同的强制性特征外，还具有补偿性和风险关联性特征。本章简要介绍了工伤保险基金的来源与构成、国内外基金的筹集模式、工伤保险的费率机制以及国内外工伤保险基金管理模式与原则。

复习思考题

1. 工伤保险基金的特征是什么？
2. 谈谈我国工伤保险基金的主要来源和工伤保险基金的支出项目有哪些？
3. 工伤保险基金筹集的基本原则有哪些？
4. 工伤保险基金筹集模式有哪些？
5. 工伤保险为什么要实行浮动费率制和差别费率制？
6. 与商业保险及其他社会保险项目相比较，工伤保险费率有哪些特点？
7. 我国工伤保险的缴费管理程序是什么？
8. 阐述我国社会保险基金管理的方式和内容。

第七章

工伤预防

■学习要点

生产活动应坚持“安全第一，预防为主”的方针，尽量减少事故的发生。工伤预防是各国公认最有效、最符合成本效益原则的策略。通过本章的学习，了解生产中的一些主要危险及有害因素，以及防护措施、预防机制、事故统计分析等。

■关键概念

工伤职业病　工伤预防　事故管理

▶第一节　工伤保险中的事故预防机制

一、基本概念

1. 工伤保险

工伤保险是指劳动者在生产经营活动中或在规定的某些特殊情况下所遭受的意外伤害、职业病，以及因这两种情况造成的劳动者死亡、暂时或永久丧失劳动能力时，劳动者及其遗属能够从国家、社会得到的必要的物质补偿。

2. 工伤

工伤，亦称职业伤害，各国的概念不尽相同。例如，第 13 次国际劳动统计会议所使用的定义是：雇佣事故指由雇佣引起或在雇佣过程中发生的事故（工业事故和上下班事故）。雇佣伤害指由雇佣事故导致的所有伤害和所有职业病。

1964 年第 48 届国际劳工大会也规定了工伤补偿应将职业病和上下班交通事故包括在内。

美国国家标准 ANSIZ16.1《记录与测定工作伤害经历的方法》中，将“工作伤害”定义为“任何由工作引起并在工作过程中发生的（人受到的）伤害或职业病，即由工作活动或工作环境导致的伤害或职业病”。

我国国家标准 GB 6441—86《企业职工伤亡事故分类》中将“伤亡事故”定义为“企业职工在生产劳动过程中发生的人身伤害、急性中毒”。

二、事故预防的重要性

职业伤害轻者可引起职工缺勤，重者可导致残疾和死亡，且涉及的大都是 18～60 岁的青壮年劳动力。国际劳工组织（ILO）2002 年 5 月发表的公告称：全球每年发生工伤事故 2.7 亿起，与工作相关的疾病 1.6 亿例，将职业事故和与工作相关的疾病造成的死亡人数加在一起，全球每年因工死亡人数估算为 200 万人，其中大约有 1.2 万名童工在这些事故中丧生。2002 年职业事故和职业病引起的死亡人数见表 7—1。因工伤及职业病所造成的损失相当于世界各国国内生产总值之和的 4%。职业伤害不仅给职工本人及其家庭造成伤害，而且给企业和社会造成了巨大的经济损失。

据统计，我国近 10 年各类伤亡事故死亡人数每年 10 万多人，其中企业伤亡事故每年 2 万起左右，死亡近 2 万人，事故严重的行业是煤炭、冶金、

表 7—1 2002 年职业事故和职业病引起的死亡人数 人

	经济活动人口	就业总人数	全球估计数据	
			与职业相关死亡总数	致命性事故死亡人数
已建立市场经济国家	409 141 496	380 833 643	297 534	16 170
欧洲前社会主义经济体	184 717 127	162 120 341	166 265	21 425
印度	458 720 000	419 560 000	310 067	48 176
中国	708 218 102	699 771 000	460 260	73 615
其他亚洲国家和岛屿国家	404 487 050	328 673 800	246 720	83 048
撒哈拉以南非洲地区	260 725 947	10 540 604	257 738	54 705
拉丁美洲和加勒比地区	193 426 602	114 604 962	137 789	29 594
中东伊斯兰国家	112 906 360	48 635 240	125 641	28 019
全球合计	2 732 342 624	2 164 739 590	2 002 014	354 753

资料来源：刘铁民等编著. 国际劳工组织与职业安全卫生. 北京：中国劳动社会保障出版社，2003. 82～83

化工、建筑、建材、机械等；道路交通事故 28 万多起，死亡 7 万多人；火灾 3 万多起，死亡 2 000 多人；铁路、航空、水运和农机事故等致死 1 万多人。当前，我国因职业伤害死亡和伤残所致经济损失和社会影响，已日益受到热切关注。

2003 年，全国共发生各类事故 963 976 起，死亡 136 340 人，与 2002 年相比，分别下降 10.5%和 1.9%。但是，发生在工矿企业的伤亡事故却“有所上升”。在工矿企业，共发生伤亡事故 15 597 起，死亡 17 315 人，同比分别上升 10.2%和 16.0%。在工矿企业共发生一次性死亡 10 人以上的特大事故和死亡 30 人以上的特别重大事故 65 起，死亡 1 540 人①。在这一年的 10 月 20 日和 11 月 28 日发生了两次特别重大的煤矿瓦斯爆炸事故，分别造成 166 人和 148 名矿工的死亡。

事实上，正如美国对工伤受害者的流行病学分析所表明的一样，绝大多数事故是可预防的。因此，许多国家都将事故预防机制纳入工伤保险制度中：在生产过程中，采取各项措施及相应的活动，避免人身或设备事故，创建安全、健康的生产和操作环境，从而促进经济发展，提高职工生命质量，同时亦可减少工伤保险基金的支出。

① 数据来源：国家安全生产监督管理局调度中心：“2003 年全国安全生产形势通报”，2004 年 2 月 18 日，转自“国家安全生产监督管理局网站”（http://www.chinasafety.gov.cn）

三、工伤保险法律强化工伤预防

工伤保险与工伤预防是两项既有区别、又有联系，既相互制约、又相互促进的工作。两者的区别表现在：前者更侧重于对工伤事故的“善后处理”；而后者则侧重于“预先”即侧重于对生产全过程中意外事故的防范。二者的联系表现在：可以将它们看做是同一事物的两个方面，即都与生产工作有关。二者的相互制约、相互促进表现在：工伤预防工作搞得好，措施得力，可以减少和避免事故的发生，从而减少工伤保险费用的支出和与之相关的大量善后工作。因此，将工伤保险与工伤预防有机地联系在一起，是一项系统管理工程。

18 世纪英国产业革命的兴起，为发达市场经济国家带来了空前的繁荣。机械的发明和广泛使用，大大提高了生产效率，同时也为使用者带来了更大的危险。新兴工业的发展增大了对劳动力的需求，资本家纷纷雇佣廉价的劳动力，大批童工和女工涌向艰苦的生产第一线。为了攫取高额利润，资本家不顾工人死活，最大限度地延长工作时间，加大劳动强度，却不改善劳动条件，工厂中既无安全设备，也不对工人进行基本的技能训练和安全知识教育，因而，机械伤害层出不穷，锅炉爆炸等恶性事故时有发生，各种职业病也频繁发生。这种情况迫使工人为改善自己的劳动条件而起来斗争。工人运动引起了社会的广泛关注和支持，资本家被迫做出一定的妥协和让步。由此，产生了第一个工厂法案即 1802 年的《学徒工的健康和道德法》（Health and Morals of Apprentices Act of 1802）。该法案规定工人每天工作时间不得超过 12 小时，并要求给雇员（学徒工）提供必要的教育和在通风换气等自然条件下劳动的保护措施。但实际上，该法案在重重阻力下未能执行。1819 年英国下议院通过了旨在缩短工时，改善工作环境等的法律，但由于上议院的否决而又遭到失败。直至 1833 年，英国颁布棉、毛、麻、丝等企业的《工厂法》，才成为 19 世纪第一个正式推广的有关安全卫生的法律。英国工厂法的颁布是大生产的必然产物，也是波澜壮阔、日益高涨的工人运动的结果。

19 世纪后期发达市场经济国家有关职业安全卫生的立法，受到推行工人补偿法的影响。1884 年 7 月 6 日，德国颁布了《工伤保险法》，这是世界上第一部工伤保险法，是专门涉及工业事故和职业病及其预防与补偿问题的法规。它主要有三项任务，即：预防，通过采取一切有效的手段预防事故和控制职业病，以保障劳动者在工作中免遭伤害；康复，如果发生了工伤事故，就必须采取一切适当的措施，为受伤人员提供医疗服务，使之身体康复，并恢复其职业和社会活动；待遇给付，为受伤人员及其抚养的家属，提供现金补偿费。

德国做出对因事故而伤亡的工人给予补偿的规定后，影响遍及整个欧洲。西欧和北欧各国，纷纷效仿德国，先后建立了工伤保险制度，颁布了相关法规。美国联邦政府亦于 1908 年颁布了《美国联邦雇员伤害赔偿法》，其后各州均陆续立法，1911 年威斯康星州建立了工人补偿制度，其他各州纷纷效仿。联邦政府又于 1927 年颁布了《码头和港口工人补偿法》。但执行结果表明，该工人补偿法在刺激企业主对安全措施投入资金方面的作用很小，事故率仍居高不下。因此，在实施工伤保险的同时，必须加强事故预防机制。

许多国家的工伤保险（工人赔偿立法）制度，不仅为受伤害工人提供医疗服务及赔偿因暂时或永久伤残而致的收入损失，而且在唤起人们职业安全与卫生意识，并将其看做保护工人不可分割的部分或重要的方面上也起了应有的作用。这是这一制度的重大成就。这种立法制度大部分都包含了一些特殊的条款，作为对企业主在职业安全卫生方面全部义务的补充规定。在有些情况下，由工伤保险直接负担起一般职业安全与卫生的责任，例如一些拉丁美洲国家。在 1946 年法国、1955 年澳大利亚等国的立法中都明确规定，政府有权监察企业或行业安全生产设备的安装状况，对违反法规的企业，政府相关部门有权责令其关闭。1971 年 4 月在阿尔及利亚召开的“第一次非洲地区职业危害预防大会”上，也建议社会保险制度应对保护工人（即职业安全与卫生措施）和职业伤害赔偿给予保障。

在一些工业化国家，“工人补偿”立法与劳动立法是并行发展的两个法律系列。在劳动立法中，往往设立政府安全监督机构，负责监督雇主执行安全方面的法律、法规情况，并检查劳动作业环境，负责事故处理，并对企业及雇主违反安全法规的行为进行处罚。在“工人补偿”立法中，通过企业缴纳工伤保险费建立工伤保险基金，以便职工发生与职业相关的伤残、患职业病或死亡时，由政府建立的专门机构或授权的组织为本人或其家属提供经济补偿或医疗服务。“工人补偿”立法中以提供工伤医疗和经济补偿为目的。后来，由于工人补偿基金往往在支付工伤保险待遇费用后还有剩余，并且由于工伤预防工作较事后补偿更具积极的意义，能树立较好的社会形象，因此有些国家开始了与工伤预防相结合的探索。

美国马萨诸塞州于 1912 年开始，利用部分工人补偿基金用于工伤预防。法国 1946 年颁布的《职业伤亡补偿法》也做了类似的规定。1955 年澳大利亚的社会保障立法进一步明确规定，建立事故保险基金的目的首先在于工伤预防，然后才是伤亡事故处理、职业康复和发放补偿金。

各国社会保险（工伤保险）机构贯彻执行这种政策时所采取的方式与方法各不相同。一般来讲，它们参加统计研究、职业病的流行病学研究，以改善作业场所的安全与卫生状况；它们也在安全与卫生知识的传播、指导、培训和教育等方面起着重要的作用，从而提高了企业主与工人的认识，降低职业事故的发生频率和严重程度。

有些国家如卢森堡、瑞士的此类机构有权颁布安全指导文件与规章，这些文件与规章有时还被选作为标准。

从事工伤预防工作的机构，各国有所不同。世界上多数国家，工伤保险部门的安全监察机构与劳动部门安全监察机构并存，两者相互配合，在各自职责范围内共同做好安全监督工作。如德国的工伤保险机构有一支安全监察队伍，经常检查企业是否遵守了安全规程；政府劳动部门也有安全监察员队伍，它们与工伤保险安全监察既有分工，又相互配合。

我国职业安全卫生的指导方针是“安全第一，预防为主”，企业法人在“管生产的同时，必须管安全”。生产和安全两者是统一的，不能有所偏废。建国以来，在这一方针指导下，国家制定并颁布了一系列劳动保护和安全技术的法规、规程和标准，特别是近年相继颁布了《职业病防治法》《安全生产法》。这些法律、法规保障了“职业安全与卫生”任务的顺利执行，主要包括：消除生产中不安全因素，消灭或减少工伤事故，保障职工安全；控制职业危害，预防职业性病损，保护和促进职工健康；按《劳动法》规定，安排合理的工作时间和休息时间，保证劳逸结合；按有关规定，实行女职工和未成年工的特殊保护等。

2004 年 1 月 1 日实施的《工伤保险条例》中也明确：“为了保障因工作遭受事故伤害或者患职业病的职工获得医疗救治和经济补偿，促进工伤预防和职业康复，分散用人单位的工伤风险，制定本条例。”同时规定：“用人单位和职工应当遵守有关安全生产和职业病防治的法律法规，执行安全卫生规程和标准，预防工伤事故发生，避免和减少职业病危害。”

四、技术措施推进工伤预防

进入 20 世纪以来，世界经济发展速度加快，随之而来的“安全”问题日益引起全球的广泛关注。与“安全”一词相对立的是“危险”，这是一个无处不在的“反面角色”。在工程上、在管理上，与其说是研究安全性，倒不如说是研究危险性更恰当。于是在安全生产领域便有了事故危险性预测与研究，在工伤保险方面就有了职业危险性原则（19 世纪末期）。

职业安全卫生（劳动安全卫生）与工伤保险是密切相关的：职业安全方面的法规、政策、理论、技术、管理等，目的在于改善劳动者的劳动环境，提高生产效率，防止或减少职业病和工伤事故的发生；工伤保险则是当职工一旦发生职业伤害（工伤事故或职业病），便给予其物质上的补偿，帮助其治疗与康复，以便将人力资源的损失降到最低。因而，两者是有机结合的，可以看出安全工作搞得好，工伤事故就减少，工伤补偿也就相应减少；反之亦然。因此，工伤保险的一大任务就是“预防”，采取各种奖惩措施减少事故的发生。这在各国已形成共识，绝大多数国家都在其工伤保险制度中确立了事故预防的原则。

第二次世界大战结束后，接受安全措施成为工业生产部署一部分的趋势，并没有随着战争的结束而减弱；相反，安全措施已被认为是产品质量的必不可少的保证。20世纪六七十年代以来，美国在各个领域广泛应用新技术、新成果，促进了传统工业的技术改造和高技术产业的崛起，也促进了职业安全卫生技术的进步，在某种程度上改善了劳动条件。但也应看到，新技术与高科技也带来了一些新的不安全因素和污染问题，加上许多老企业的老问题尚未解决，工伤事故与职业病的危害仍然严重。几桩较大的工伤事故，大批铀矿工人患职业病的情况被披露，美国朝野震撼。国会经过激烈的辩论后，才通过了美国统一的《职业安全卫生法》，并于1970年12月29日由尼克松总统签署后生效。这是世界上最早颁布的全国统一的、综合性的《职业安全卫生法》。该法实施后，美国的工伤事故有所下降。

英国于1974年10月、1975年1月和1975年4月分3批颁布了《劳动安全卫生法》的全部条款，成为世界上第4个颁布这类综合大法的国家和地区。尽管英国的法规比美国晚出台了几年，但内容全面，措辞严谨，而且法中有法，措施有力，成为许多国家借鉴的“蓝本”。美国后来也参照其对本国的法规做了补充。

综合分析已经颁布职业安全卫生综合大法的国家的安全生产状况，法的强制性、监察的增强，使这些国家的工伤事故率及职业病发生率均有不同程度的降低。与此同时，这些国家还相继颁布了大量的安全技术标准，以此推动安全生产工作。

五、完善的工伤保险体系促进工伤预防

各国不仅在工伤保险立法上强调事故预防机制，而且在实践中也都试图将工伤保险与事故预防相结合，主要是从工伤保险基金中提取一定比例作为事故预防基金。例如，加拿大诺沃斯高地亚省将每年的工伤保险费用提取15%作为管理费，其中5%作为预防经费，交给劳工部职业安全卫生局具体管理和使用。另外，就是实行一些奖惩措施，刺激企业自觉地改善劳动条件。德国的同业公会每年从工伤保险基金中提取大约5%～8%的资金用于事故预

防。澳大利亚新南威尔士州劳动关系部的劳动保险局统一管理该州的职业安全卫生与工伤保险工作，每年从工伤保险基金中提取近50%的资金用于事故与职业病预防。法国的社会保险机构建立专门的工伤预防基金，由雇主缴纳工资总额的1.5%，加上对违法雇主的罚款，一并纳入基金，主要用于为企业提供安全咨询、提供安全技术和安全专家、监督实施安全条例和工伤统计分析等。

此外，许多国家实施的工伤保险制度中，都通过“费率”来促进事故预防。工伤保险费的费率确定，与所属行业和单位工伤发生等情况挂钩。由于各行业在产业结构、生产类型、技术条件、管理水平上存在差异，表现出不同的职业伤害风险，为了体现保险费用公平负担，促使事故高发的行业改善劳动环境条件、提高生产技术、减少事故，多数国家都根据不同行业的工伤风险程度确定行业差别费率。

还有些国家采用浮动费率，以正负强化（奖惩）的方式促进安全生产。有些国家（如德国、芬兰、法国、意大利等）则在促进和坚持职业安全与卫生方面发挥了重要的作用，他们根据个别企业或工业部门的安全与卫生统计数据和预测，确定不同的工人赔偿保险费率。这一政策可以适用于各类企业群，或用之于个别企业，以提高经济刺激，并鼓励企业主更重视安全。“考绩比率”规定了折扣、减费、资金等；或者相反，以较高的保险费率作为惩罚，以激发企业主的安全意识。在有些情况下，为了促进管理部门重视安全，管理人员可得到津贴或补贴。“考绩比率”有益于职业安全与卫生运动，因为安全卫生记录好的企业会更引起人们的注意。

东欧的一些国家广泛采用安全记分牌和记录存档的方法；瑞士则将企业划分为安全记录较好和较差两类，也取得了不错的效果。1981年3月20日颁布的《瑞士联邦事故保险条例》用征收附加保险费的方法作为对安全记录不良的企业的惩处，此项收入则用做开展职业安全卫生运动和科研的经费。我国在1996年《企业职工工伤保险试行办法》实施后，各地也相继出台了类似的方法，取得了一定的促进作用。

六、国际组织积极推动事故预防工作

（一）国际劳工组织

第一次世界大战结束时，在工会的推动下，根据《凡尔赛和平条约》第8章，国际劳工组织于1919年6月宣告正式成立。国际劳工组织则是将政府、雇主和工人三方的代表汇集在一起，即汇集了与防止职业事故及疾病直接有关的绝大多数人。国际劳工组织的原则是将职业安全与卫生看做一个问题的两个方面。职业安全卫生工作一向是其工作的重中之重。为保护工人健康制定国际标准，是其主要活动内容之一。

国际劳工组织通过标准、研究和情报交流以及技术合作，旨在为其成员国，特别是发展中国家提供有益的帮助。例如，协助企业在厂内预防职业事故和疾病，防止传统职业危害；协助改善工作和生活环境，通过更为灵活的全球性开放规则，使国际劳工组织的行动适应于新的工业现实。

国际劳工组织规定，成员国一经认可某公约，“即应采取必要的行动使该公约的条款生效”，并规定，对此项义务履行和对各公约具体细则的执行，要实行国际监督。国际劳工组织在 1929 年的建议书中就已提出，由保险机构赞助或投资，以合作的方式实施事故预防，减少工伤赔偿。1964 年的《工伤事故和职业病津贴公约》（第 121 号）规定，“每个成员国必须制定工业安全与职业病预防条例。”国际劳工组织于 1976 年提出了国际劳动条件与环境改善规划（PIACT），旨在进行如下工作：预防职业性伤害和职业病；使工作环境适应工人的体力、脑力及其社交需要；在职业安全与卫生领域开展研究、教育、培训和情报交流等活动；在企业中组织预防工作。

国际劳工组织还支持和配合国际社会保障协会（ISSA）召开有关职业性事故和疾病预防世界性代表大会，将“社会危险的预防工作”有系统地朝着“防止和补偿工人生产能力的损失”方向努力。

（二）世界卫生组织

1986 年世界卫生组织（WHO）在第一届世界健康促进大会宣言中对“健康促进”的定义是：“健康促进是促使人们提高、维护和改善他们自身健康的过程。为达到身体、精神健康和社会良好适应的完美状态，每个人或人群必须有能力去认识和实现这些愿望，满足需求以改变或处理环境。”

1988 年 WHO 在第二届世界健康促进大会宣言中确定了健康促进运行领域，更加充实了健康促进的内涵；到 1997 年 WHO 在雅加达召开的以“新世纪新角色，健康促进迈进 21 世纪”为主题的第二届世界健康促进大会上，提出健康促进作为公共卫生的主要组成部分，使卫生工作的重点从以疾病为中心转移到对健康的维护和改善。通过了“健康工作场所宣言”，强调“开展综合性的工作场所健康促进的重要性”，会上提出了四个互补原则：健康促进，职业卫生与安全，人力资源管理和可持续发展社会与环境。工作场所健康促进是指从企业管理策略、支持性环境、职工参与、健康教育、卫生服务方面，采取综合干预措施，以期改善作业条件、改变职工不健康生活方式、控制健康危险因素、降低伤病及缺勤率，从而达到促进职工健康、提高职工生命质量和推动经济可持续发展的目的。

七、国际标准的推动和促进作用

同 ISO 9000 和 ISO 14000 标准化管理体系一样，从 20 世纪 80 年代末 90 年代初开始，国际上兴起的现代安全管理体系（OHSMS）亦被称之为工业化时代的管理方法。OHSMS 诞生以来，引起了世界各国的关注，到 90 年代，其发展速度大大加快。1996 年英国颁布了 BS 8800《职业安全健康管理体系指南》国家标准，美国工业卫生协会制定了关于《职业安全健康管理体系》的指导性文件；我国职业安全健康代表参加了 ISO 组织召开的 OHSMS 审核规范国际研讨会，随后中国劳动保护科学技术学会、原劳动部劳动保护科学研究所（后改建为国家经贸委安全科学技术研究中心）等单位开展了 OHSMS 审核规范研究工作。

1998 年 8 月，中国劳动保护科学技术学会提出了《职业安全卫生管理体系试行标准》，并应一些企业的要求进行了试点工作。

1999 年英国标准协会（BSI）、挪威船级社（DNV）等 13 个组织提出了职业安全健康评价系列（OHSAS）标准，即 OHSAS 18001；《职业安全健康管理体系——规范》（OHSAS 18002）；《职业安全健康管理体系——OHSAS 18001 实施指南》。当年 10 月份，我国国家经贸委颁布了《职业安全卫生管理体系试行标准》和下发了在国内开展 OHSMS 试点工作的通知。2001 年 12 月，国家经贸委正式发布了《职业安全健康管理体系指导意见》和《职业安全健康管理体系审核规范》。

OHSMS 一般包括七部分主要内容：初始状态评审、安全卫生方针、规划、实施与运行、检查与改进措施、审核和定期评审总结。一般状态下，OHSMS 的运行从初始状态评审开始，依次进行到评审总结，每一次新的循环的起点线又高于前一次的，逐次提高，持续改进。OHSMS 是企业总的管理体系中的一个子系统，其目标是使职工和其他有关人员面临的风险减少到最低限度，改善经营效果和帮助企业在市场竞争中树立起良好形象。

OHSMS 审核规范是市场经济体制下的产物，它将职业安全健康与用人单位的管理融为一体，运用市场机制，突破了职业安全健康管理的单一管理模式，将安全管理单纯靠强制性管理的政府行为，变为用人单位自愿参与的市场行为，使用人单位由被动消极的服从职业安全卫生法律法规，转变为积极主动地参与促进职业安全卫生工作。OHSMS 审核规范要求用人单位（包括各类生产组织）必须对遵守法律、法规做出承诺，并定期进行评审以判断其遵守的情况。

八、我国的工伤保险与工伤预防

我国政府在促进安全生产方面也采取了很多积极的措施。从1953年开始，我国进入计划经济建设时期，职业安全卫生工作的任务是“进一步地改善企业中劳动保护设施，努力地避免发生人身和设备的事故”，以保证职工的安全，促进生产建设计划的顺利完成。这期间，国家制定和颁布了一系列劳动安全卫生法规，例如：《工厂安全卫生规程》《建筑安装工程安全技术规程》《工人职员伤亡事故报告规程》《防止沥青中毒办法》《劳动部关于装卸搬运作业劳动条件的规定》等。这些法规的颁布，对保障劳动者的安全起到了重要的作用：许多事故隐患被排除了，作业环境也得到了某种程度的改善。针对“大跃进”所带来的盲目冒进、事故增多现象，1963年，国务院发布了《关于加强企业生产中安全工作的几项规定》，要求各级领导从加强安全生产责任制、改善生产条件、开展安全生产教育、开展安全检查和严肃处理伤亡事故5个方面加强劳动保护工作，取得了很大成效。这期间还颁布了《防止矽尘危害工作管理办法》等规定。

到了20世纪80年代，劳动安全卫生法规进入发展时期。1982年国务院发布了《锅炉压力容器安全监察暂行条例》《矿山安全条例》《矿山安全监察条例》。1983年国务院批转劳动人事部、国家经委、全国总工会《关于加强安全生产和劳动安全监察工作的报告》，明确我国要尽快健全劳动安全监察制度。1987年7月国务院总理第9号令发布《女职工劳动保护规定》，这是中华人民共和国成立以来第一部女职工劳动保护规定。此外，全国有28个省、自治区、直辖市的人大或人民政府颁布了地方劳动保护法规。国家技术监察局自1981年开始，批准了一二百个国家劳动安全卫生技术标准，这些标准的贯彻实施，有力地推动了劳动安全卫生工作，并使法规落到实处。

从20世纪末到21世纪初，伴随着《劳动法》以及《安全生产法》和《职业病防治法》的颁布，国家批准和修订了《工业企业设计卫生标准》《工作场所有害因素职业接触限值》等国家标准。

我国工伤保险差别费率的确定也是促进安全生产的一种方式。行业差别费率的确定按下列程序进行：一是国务院劳动保障行政部门对全国范围内的工伤保险基金收支情况进行调查摸底，了解全国及各统筹地区的基金现状。二是在摸清底数的情况下，根据以支定收、收支平衡的原则，按照不同行业的工伤风险程度确定不同的差别费率，也就是确定一个基准费率。三是在确定基准费率的基础上，根据不同行业各用人单位的工伤保险费使用、工伤发生率等情况在每个行业内确定若干费率档次，再以此为基准确定不同行业的费率档次。单位的缴费费率由统筹地区的经办机构根据该单位的工伤保险费使用、工伤发生率等情况，套用所在行业中的相应档次确定。这种具有竞争性的费率，使工伤发生多的单位缴纳的工伤保险费多；发生少的单位缴纳的少，以达到促进单位安全生产的目的。

▶第二节　职业病及其预防机制

一、职业性有害因素

存在于工作场所或者与特定职业相伴随，对从事该职业活动的劳动者可能造成健康损害或者影响的各种危害，统称职业危害。职业危害因素包括工作场所中存在的各种有害的化学、物理、生物等环境因素及其他职业有害因素。

（一）与生产过程有关的职业危害因素

不同的生产工艺过程要求不同的劳动操作过程，形成不同的特有生产环境，并且可能存在某些职业性危害因素。这些危害因素随生产技术的发展及生产领域的拓展，其种类不断增加，也随科学技术的发展而逐渐为人们所认识，将逐步被控制和消除。因而，一切生产性危害因素都是受生产工艺过程的支配和影响的。

1. 化学性危害因素。化学性危害因素（主要包括各类生产性毒物及粉尘）可能引起职业中毒和职业病。

2. 物理性危害因素。物理性危害因素包括不良的气象条件、电磁辐射、电离辐射、噪声及振动，这些危害因素可能造成职业病。

3. 生物性危害因素。生物性危害因素主要指生产过程中那些使人致病的微生物或寄生虫。

（二）与劳动过程有关的职业危害因素

1. 劳动组织不合理，劳动时间过长或休息制度不合理。

2. 劳动强度过大或劳动安排与劳动者生理状态不适应。

3. 劳动者长时间处于某种不良体位、使用不合理工具或长时间重复某一单调动作。

4. 脑力劳动过度紧张或个别器官、系统过度紧张。

上述种种危害因素，都可能造成有损于健康的影响。

（三）与作业场所环境有关的职业危害因素

1. 作业场所的设计不符合卫生标准要求，如厂房过于狭小，工作地布局不合理等。

2. 缺乏必要的卫生技术设施，如缺乏防尘、防毒、防暑降温、防振等设备或设备不完善。

3. 安全防护设施不完善，或个体防护用具存在缺陷等。

4. 工作场地通风照明等不符合工效学要求。

职业性有害因素的种类和接触强度（剂量）随科学技术、社会经济的发展和生产工艺技术的更新而改变。但目前威胁我国职业人群健康的职业性有害因素仍以生产性粉尘（硅尘、石棉尘等）、化学性毒物（铅、苯及其他有机溶剂等）和某些物理因素（噪声、放射性物质等）为主。

二、职业病

（一）职业病的概念

1. 广义职业病

劳动条件中存在各种职业性有害因素，这些因素在一定条件下可对劳动者产生不良影响，严重者可导致各种职业性病损，影响劳动能力，甚至导致伤残，危及劳动者生命。这类疾病统称为职业性疾病或广义的职业病。

2. 法定职业病

尽管各国政府均已认可职业病具备 3 个条件（与工作场所职业性有害因素密切相关；所接触的有害因素剂量、浓度或强度足以导致疾病的发生；职业性病因所起的作用大于非职业性病因），但在具体判断是否为职业病时，往往还要根据各国的社会制度、经济条件、医疗诊断技术水平等，通过立法明确职业病范围，我们将此称之为“法定职业病”（或狭义的职业病）。在不少国家，凡被诊断为职业病的患者，均可享受工伤保险制度规定的相关待遇。

（二）职业病名录

1. 国际公约中的职业病名录

国际劳工组织编制的第一份“职业病名录”见于 1925 年发布的《工人（职业病）赔偿公约》（第 18 号），仅包括 3 种职业病，即铅中毒、汞中毒和炭疽病毒感染。

1934年《工人（职业病）赔偿公约（修订）》（第42号）的附录上，修改了上述“名录”后，提出了10种职业病。

由于化学工业的迅速发展，出现了许多新的公害，同时，对从业人员的危害也逐步显露。因而，在1964年《工伤事故和职业病津贴公约》（第121号）中，把职业病扩大到15种。

1980年国际劳工大会对第121号公约的职业病名录又做了修订。修订后的名录目前包括29组职业病，职业病名录见表7—2。

表7—2　　职业病名录（1980年修订）

职业病	接触危险的工作*
1. 硬化性矿尘所致尘肺（硅肺、煤硅肺、石棉肺）及硅肺结核，以硅为导致劳动能力丧失或死亡的主要因素	接触有关危险的各种工作
2. 硬金属所致的支气管肺部疾病	接触有关危险的各种工作
3. 棉尘所致的支气管肺部疾病（棉尘症）或由大麻、亚麻或西沙尔麻粉尘引起的支气管肺部疾病	接触有关危险的各种工作
4. 工作过程中固有的致敏因子或刺激物引起的职业性哮喘	接触有关危险的各种工作
5. 吸入由国家法令所指明的有机粉尘所致的外源性变应性肺泡炎及后遗症	接触有关危险的各种工作
6. 铍或其有毒化合物所致的疾病	接触有关危险的各种工作
7. 镉或其有毒化合物所致的疾病	接触有关危险的各种工作
8. 磷或其有毒化合物所致的疾病	接触有关危险的各种工作
9. 铬或其有毒化合物所致的疾病	接触有关危险的各种工作
10. 锰或其有毒化合物所致的疾病	接触有关危险的各种工作
11. 砷或其有毒化合物所致的疾病	接触有关危险的各种工作
12. 汞或其有毒化合物所致的疾病	接触有关危险的各种工作
13. 铅或其有毒化合物所致的疾病	接触有关危险的各种工作
14. 氟或其有毒化合物所致的疾病	接触有关危险的各种工作
15. 二硫化碳所致的疾病	接触有关危险的各种工作
16. 脂肪烃或芳香烃的有毒卤素衍生物所致的疾病	接触有关危险的各种工作
17. 苯及其有毒同族物质所致的疾病	接触有关危险的各种工作
18. 苯的硝基及胺基化合物或同族物质所致的疾病	接触有关危险的各种工作

续表

职业病	接触危险的工作*
19. 硝酸甘油或其他硝酸酯所致的疾病	接触有关危险的各种工作
20. 醇类、乙二醇类或酮类所致的疾病	接触有关危险的各种工作
21. 一些窒息气体如一氧化碳、氰化氢或其有毒衍生物、硫化氢等所致的疾病	接触有关危险的各种工作
22. 噪声所致听力损伤	接触有关危险的各种工作
23. 振动引起疾病（如肌肉、肌腱、骨、关节、外围血管或周围神经的疾病）	接触有关危险的各种工作
24. 在高压空气条件下工作所致的疾病	接触有关危险的各种工作
25. 由电离辐射所引起的疾病	暴露于电离辐射的各种工作
26. 未包括在其他各条中的物理性、化学性和生物性因素所致的皮肤疾病	暴露或接触有关危害的各种工作
27. 焦油、沥青、地沥青、矿物油或这些物质的化合物、产品及残留物所致的皮肤原发性上皮癌	暴露或接触有关危害的各种工作
28. 石棉引起的肺癌或间皮瘤	暴露或接触有关危害的各种工作
29. 在有特殊的污染危险的职业中集中出现的传染病或寄生虫病	(1) 医务工作或实验室工作 (2) 兽医工作 (3) 接触动物、动物尸体、尸体的一部或受污染商品的工作 (4) 其他有特殊污染危险的工作

*在应用此表时应考虑接触的类型及程度。

2. 一些国家有关职业病的相关规定

国家之间，在实行职业病规定及对有关职业病内涵理解方面也有很大的差异。

(1) 从疾病的角度考虑，仅列举造成职业病的职业危害因素（化学、物理及生物）的国家有原捷克和斯洛伐克、德国、几内亚、意大利、挪威、巴拿马、英国等。

(2) 只笼统标明有害因素的性质，包括一些病因（如急慢性中毒病例及其后果等）的国家，如保加利亚、挪威、波兰、前苏联等。

(3) 立法中给职业病下了很广泛的定义的国家，如阿根廷立法的职业病定义是“工人或雇员因职业而得的任何疾病”；哥伦比亚的定义范围很广，但较为明确：“因工人们所从事的工作或工作的环境直接或必然导致的任何疾病，不论其病因是物理的、化学的抑或是生物的因素。”

（4）考虑了职业病现状和职业病概念的发展倾向的国家，如丹麦于 1978 年 3 月 8 日颁布的法令将职业病定义为："某类人因其所从事的工作和所处的工作环境常比不从事此类工作的人更易暴露于一些特殊因素之中；根据得自医学和技术的经验，由这些因素所致的任何疾病，都是职业病。"

（5）"混合剂"。国际劳工组织第 121 号《公约》第 8 条提供了按职业病名录对工人给予赔偿的各种可能性。它规定每个成员国或者可以像（1）和（2）那样，用立法形式提出一份至少包括《公约》附表列出的疾病在内的职业病名录；或者像（3）和（4）那样，在法规中规定职业病的总体定义，使之至少能包括《公约》中的疾病名录；或者是采用"混合剂"，至少包括《公约》中的疾病名录，同时规定一个总的定义使得未包括在该名录中的职业病也能成立。这一制度在《公约》公布前的 1962 年就已为 8 个国家采用（巴西、加拿大、哥伦比亚、日本、墨西哥、瑞典、土耳其及美国的 4 个州），以后又为其他一些国家接受：联邦德国（1963）、葡萄牙（1965）、卢森堡（1966）、芬兰（1967）、塞拉利昂（1969）、泰国（1972）、伊朗（1974）、丹麦（1975）和奥地利（1976）。"混合剂"将范围广泛的证据制与易于确认职业病的名录制相结合，而不受名录制的限制，因此具有很大的优越性。

3. 我国职业病目录

1957 年，我国卫生部第一次公布了《关于职业病范围和职业病患者处理办法的规定》。该规定确定了 14 种法定职业病，包括：（1）职业中毒；（2）尘肺；（3）热射病和热痉挛；（4）日射病；（5）职业性皮肤病；（6）电光性眼炎；（7）职业性难听；（8）职业性白内障；（9）潜涵病；（10）高山病和航空病；（11）振动性疾病；（12）放射性疾病；（13）职业性炭疽；（14）职业性森林脑炎等。1962 年增添了皮毛工人布氏杆菌病；1964 年原劳动部、卫生部及中华全国总工会联合通知，增添了煤矿井下工人滑囊炎；1974 年卫生部补充将工人接触炭黑引起的炭黑尘肺列为尘肺的一种，以后又补充了煤肺。

1986 年卫生部开始对《职业病范围》进行全面修订。于 1987 年 11 月 5 日由卫生部、劳动人事部、财政部和中华全国总工会联合正式公布，确定了 9 类共 99 种法定职业病。其中职业中毒 51 种、尘肺 12 种、物理因素职业病 6 种、职业性传染病 3 种、职业性皮肤病 7 种、职业性眼病 3 种、职业性耳鼻喉病 2 种、职业性肿瘤 8 种、其他职业病 7 种。

2002 年 5 月 1 日《职业病防治法》正式实施以后，卫生部与劳动和社会保障部共同颁发了新的《职业病名录》包括 10 类 115 种职业病（见本书附录）。

三、化学性有害因素

（一）生产性毒物与职业中毒

在职业病范围内，职业中毒和尘肺病的发病率长期以来居高不下，所带来的危害和损失巨大。近年来，我国乡镇企业、个体企业、私营企业、“三资”企业等多种所有制形式的企业发展迅速，而相应的职业病防治立法却比较滞后，监督亦不力，故而一些过去已在我国“消失了”的职业中毒事故时有发生。

1. 生产性毒物

生产毒物亦称工业毒物，指工农业生产劳动中接触和使用的某些有毒化学性物质。工业生产中的原材料，半成品，成品，副产品废弃物（废气、废水、废渣等）本身，可能就是有毒有害物质。这些物质表现为固体、液体或气体形态。一般来说，在生产过程中，生产性毒物可以固态、液态、气态或气溶胶的形式存在于生产场所，进而污染生产环境。气态毒物指常温、常压下呈气态的物质，如氯气、氮氧化物、一氧化碳、硫化氢等刺激性和窒息性气体；固体升华、液体蒸发或挥发可形成蒸气；悬浮于空气中的液体微粒，称为雾，蒸气冷凝或液体喷洒可形成雾；有机物加热或燃烧时，可形成烟；固体物质的机械加工、粉碎，粉状物质在混合、筛分、包装时均可引起粉尘飞扬。漂浮在空气中的粉尘、烟和雾，统称为气溶胶。当空气中有毒物质达到一定浓度时，就会发生毒害作用。

2. 生产性毒物的危害——职业中毒

在生产环境中，由于工业毒物（生产性毒物）而引起工人的中毒，称为职业中毒。毒物主要经呼吸道和皮肤进入人体，亦可经消化道进入人体。

在生产过程中，职业中毒以慢性中毒最为多见。急性中毒往往是由于意外事故、突发事件或极为恶劣的作业环境条件所致。所谓急性中毒，是指由于较大量的毒物在短期内侵入人体后所突然发生的病变现象。在生产劳动过程中，原料的开采与提炼，加料和出料；成品的处理、包装；材料的加工、搬运、储藏；化学反应控制不当或加料失误，以及有害物质的跑、冒、滴、漏；作业人员进入反应釜出料和清釜，物料输送管道或出料口发生堵塞，废料的处理和回收，化学物的采样和分析，设备的保养、检修等，以及在有机物堆积且通风不良的场所（地窖、矿井下的废巷、化粪池、腌菜池等）作业接触硫化氢，含砷矿渣的酸化或加水处理时接触砷化氢等，亦可造成急性中毒。

3. 预防机制

生产性毒物种类繁多、接触面广、人数庞大；职业中毒在职业病中占有很大比例。因此，控制生产性毒物，对预防职业中毒、保护和增进职工健康、促进国民经济可持续发展有重大意义。

在生产过程中，职业中毒以慢性中毒最为多见。急性中毒往往是由于意外事故、突发事件或极为恶劣的作业环境条件所致。所谓急性中毒，是指由于较大量的毒物在短期内侵入人体后所突然发生的病变现象。急性中毒一般病情发生急，表现较严重，一旦抢救不及时或抢救方法不当，后果十分严重。发生急性中毒事件，首先要阻断毒物继续侵入人体的途径。如果毒物是由呼吸道侵入的，应立即将患者移到空气新鲜处；如果是经皮肤侵入的，应立即除去被污染的衣服（注意不要使抢救者再受到其污染），并用大量流动的清水清洗皮肤；若是经口中侵入的，应采取催吐或保护胃黏膜等措施。

在抢救中毒者时，要尽量设法维持其主要脏器的功能，一旦出现危及生命的紧急情况，应及时采取必要措施救治。除阻断毒物继续侵入外，还应进行解毒、排毒的治疗，并加强护理工作。

职业中毒的病因是职业环境中的生产性毒物，故预防职业中毒必须采取综合治理措施，从根本上消除、控制或尽可能减少毒物对职工的侵害。应遵循“三级预防”原则，推行“清洁生产”，重点做好“前期预防”，使作业者的工作环境符合国家“工业企业卫生标准”的要求。具体控制措施可概括为以下几个方面：

（1）从生产工艺流程中消除有毒物质，可用无毒或低毒原料代替有毒或高毒原料。

（2）采取技术措施降低毒物浓度。例如密闭生产，加强通风排毒，或加强技术革新，最大限度地减少职工接触毒物的机会。

（3）合理的生产布局。生产布局不仅要满足生产的需要，而且应符合职业卫生的要求。

（4）卫生防护措施。应依据《使用有毒物品作业场所劳动保护条例》定期或不定期监测作业场所有害物质浓度；对接触有毒有害物质的职工定期体检。

（5）建立健全现代安全管理体系（OHSMS）。严格按照国家发布的《职业安全健康管理体系指导意见》和《职业安全健康管理体系审核规范》实行管理。

（6）个体防护措施。对接触有毒有害物质的职工发放个人防护用品，并按国家相关要求进行培训。

（二）生产性粉尘与尘肺病

在不少国家，尘肺病也是最为严重的职业病之一。我国每年因患尘肺病死亡职工人数接近或超过因工死亡人数。

1. 生产性粉尘

生产性粉尘指在生产中形成并能较长时间飘浮在空气中的微粒。这是生产环境中有害物质存在的一种主要形态，是尘肺病的唯一病因。

生产性粉尘的来源非常广泛。矿山开采、凿岩、爆破、运输、隧道开凿等；冶金工业中的矿石粉碎、过筛等；机械制造工业中原料破碎、清砂等；耐火材料、玻璃、水泥、陶瓷等工业的原料加工；皮毛、纺织工业的原料处理；化学工业中固体原料加工处理，包装物品等生产过程，由于工艺原因和防、降尘措施不够完善，均可产生大量粉尘污染生产环境。

2. 生产性粉尘对人体的伤害

粉尘不仅可以引起呼吸道炎症、皮肤疾患，对五官的损伤，最主要的是可致尘肺病。某些粉尘可引起支气管哮喘等变态反应；生石灰、水泥、烟草等，会刺激黏膜、皮肤等。

3. 尘肺病

尘肺病是我国发病率最高的职业病。据统计，我国尘肺病例约占职业病患者总人数的近 2/3。

所谓尘肺病是指劳动者在生产劳动过程中因吸入生产性粉尘而引起的以肺组织纤维化为主的疾病。按照发病原因，我国将尘肺分为矽肺、硅酸盐肺、炭尘肺、混合性尘肺和金属尘肺五大类。在我国的法定职业病目录上，列出了矽肺、煤工尘肺、石墨尘肺、炭黑尘肺、石棉肺、滑石尘肺、水泥尘肺、云母尘肺、铝尘肺、陶工尘肺、电焊工尘肺及铸工尘肺共 12 种（同时规定了还包括“根据《尘肺病诊断标准》和《尘肺病理诊断标准》可以诊断的其他尘肺”）。其中以矽肺病患者最多，且对人体的危害也最大。

尘肺病早期患者没有明显症状，随着病情加重，可出现一些临床症状，如咳嗽、咳痰，卧床时更明显，劳动时出现气短、胸痛等，且出现疲劳、记忆力减退、心悸等症状。尘肺病一般发病比较缓慢，但发病后，即使脱离粉尘作业环境，病变仍然可以发展。尘肺病患者劳动能力受到严重损伤。如果作业场所粉尘浓度极高，在很短的时间内就可能发病，甚至导致死亡。

尘肺病的诊断一定要结合职业史、职业卫生条件及临床症状，以 X 线胸片为主要依据。1987 年 12 月 3 日国务院颁布了《中华人民共和国尘肺病防治法》，从防尘、监督和监测、健康管理以及奖惩诸方面对预防尘肺病工作加以规范。

4. 预防机制

目前对于尘肺病还没有根治办法，因此应以预防为主，确保生产环境中粉尘浓度达到国家规定的卫生标准。在预防工作中，我国广大职工群众总结出了集组织措施、技术措施、管理措施和卫生措施于一体的综合性防尘措施——“八字经验”：

（1）宣。加强宣传教育，既宣传粉尘的危害及致病机理，又宣传防尘的重要性。

（2）革。对生产工艺和生产过程进行技术革新，这是防止尘肺危害的根本办法。

（3）水。即湿式作业，这是防尘、降尘的重要措施。

（4）密。管道化生产，把粉尘发生源密闭起来，再将其收集和排除。

（5）风。通风除尘，以达到防尘、降尘的目的。

（6）护。加强个体防护。

（7）管。加强组织与技术管理，建立必要的防尘制度及设备维护管理制度。

（8）查。对从事粉尘作业的职工进行就业前体检（排除禁忌证者）和定期健康检查；定期监测作业场所粉尘浓度。

四、物理性有害因素

生产环境中的物理性有害因素包括高、低气压，高、低气温，噪声，振动，各种电磁辐射，以及放射性物质等，如果超过国家准许标准，或长期接触，均可对人体造成不良影响。目前我国由于相当数量的中小企业自动化、机械化程度不高，如果防护措施不力，就可能使作业人员患上某种类型的职业病，如噪声聋、手臂振动病、减压病、中暑等。

五、生物性有害因素

生产原料和生产环境中存在有害职工群众健康的致病微生物、寄生虫及动植物、昆虫等及其所产生的生物活性物质统称生物性有害因素。例如，接触或处理动物尸体或皮毛等，可能受到炭疽杆菌、布氏杆菌等感染；蜱媒森林脑炎病毒可能使林区工作人员患病；除此之外，鼠疫、土拉菌病、口蹄疫、鸟疫、挤奶工结节、牧民狂犬病、放射病、钩端螺旋体病、寄生虫病如牧民包囊虫病、绦虫病、矿工钩虫病等，也都为生物性有害因素所致。

由于工农业科学技术的进步和经济体制改革的深入，畜牧业、养殖业、食品加工业、酿造业等将有更大发展，职业性和非职业性接触生物性有害因素的机会越来越多，接触人数将进一步增加。此外，生物基因工程技术的发展在为人类创造巨大财富的同时，基因产品对人类安全性问题也日益引起人们的关注。

六、高新技术的发展

21 世纪是高新技术，尤其是生命科学技术飞速发展的时代，伴随着高新工艺、新材料、新产品的应用，以及现代安全卫生管理模式（OHSMS）的推广，生产环境可望大大改善，而劳动过程中存在的有害因素，如工效学问题、生物节律问题、职业心理紧张等，还有尚未进行过安全性评价的基因工程产品、基因重组或突变所致的生物性致病原的潜在危害性等，均可能逐渐成为我国职业卫生工作的重要内容。

通常所称的高新技术产业是由高新技术的研究、开发、推广、应用等所形成的企业群或企业集团的总称，它是把生产过程和最终产品建立在坚实的高新技术基础之上的产业，是知识密集型产业。高新技术产业主要包括九大产业：生物工程产业、光电子信息产业、软件产业、智能机械产业、生物医学产业、超导体产业、太阳能产业、空间产业、海洋产业。

（一）VDT 作业以及可能由此引起的疾病

VDT（Visual Display Terminal）泛指电脑屏幕。计算机已广泛应用于各行各业乃至家庭生活中。VDT 作业在给人类带来极大效率及方便的同时，也存在着一定的危害因素，主要表现在：空气负离子少、电磁辐射、精神紧张等。

1. 照度低、屏面眩光闪烁等，可引起视力降低，视物模糊等不适感觉。

2. 不适的工效学关系如工作桌椅不合适或坐姿不当，再加上长时间从事“敲键盘”这种重复性工作，可能造成颈、肩、腕等身体部位功能障碍。

3. 长期精神紧张、精神疲劳以及人—机密切接触替代人际交往，可能导致植物神经系统功能障碍，有些人甚至会出现烦躁不安、情绪改变等症状。

4. 一些女性还可能引起痛经、月经不调。有的孕妇甚或流产、早产。

（二）新材料的应用所带来的潜在危害因素

具有高强度、质量轻兼有高熔点、耐用性的陶瓷纤维可作为高温绝缘材料。但是否能引起类似石棉的健康损害作用，尚未引起足够的重视。以纳米材料为代表的超细颗粒添加到像铝和镁的轻金属中，可极大提高这种金属的硬度和强度。但这种超细颗粒由于具有较大的表面积，可能更具有活性，而且可更深地进入肺部，从而可能类似于毒性纤维一样导致疾病。

高新技术产业中新的化学物质可造成职业损伤；微电子工业中，由于数百种化学物质集中使用，也可能产生各种危害。

“转基因”在基础研究、农业、制药及生物医学中正得到广泛的应用，其中可能的危害也正引起广泛注意。

（三）办公室作业环境对人体的不良影响

不少办公室工作环境密封过严，长期处于冷气空调的环境中，空调会造成空气过于干燥，新鲜空气的补充量不够或成为污染源，常见有慢性咽喉炎、支气管炎及咳嗽、流鼻涕、头昏脑涨、四肢酸痛、疲乏无力等症状，常被误认为感冒。有些场所处于高频电磁场、微波、高低温、振动等不良环境中。

办公室的办公桌台面如果没有达到标准，可能产生腰背疼痛和颈、肩、腕等功能障碍。此外，已有很多研究表明，长期在封闭的环境里，噪声过低或者太过稳定，空调、电脑、复印机以及人们呼吸造成的污染，加上高负荷的工作，不良的人际关系以及心理因素不适等，是现代职业病产生的根本原因。

七、我国职业卫生现状

（一）我国职业卫生现状

建国几十年来，我国的职业安全卫生工作取得了很大的成绩。职业安全卫生工作及法规建设从无到有，从小到大。近年来，我国全民所有制及县以上大中型工业企业的劳动条件都有了不同程度的改善。经济发达地区的部分乡镇企业，劳动条件也有了不同程度的改善。伤亡事故和职业病的发生率有了显著降低。劳动者的安全与健康水平有了很大提高，劳动者的积极性得到了发挥，从而促进了经济生产的发展。然而，与发达国家相比，我国的安全生产与劳动卫生状况依然堪忧。有关资料表明，1949 年至 1989 年年底，全国县以上企业工伤事故死亡 33.8 万人，重伤致残 58.6 万人。据不完全调查统计，我国工业生产中从事有害作业的职工约 3 380 多万人，占全体工业生产职工人数的 30％以上。2005 年 1 月 7 日，卫生部公布了职业病防治工作的情况。根据报告显示，我国涉及有毒有害物质的企业超过 1 600 万家，受到职业危害的人数超过2亿人①。可见，我国的职业卫生现状依然十分严峻。

（二）造成现状的主要原因

造成这种状况的原因是多方面的。由于历史原因，我国经济基础比较薄弱，科学技术发展水平较低，劳动者整体素质不高，特别是安全文化素质较差，立法滞后。有些已有的法律已不适应建立社会主义市场经济和改革开放的需要。因而，在一些地区和企业，忽视职工健康和安全的短期行为有所发展。其中十分严重的、较为普遍的一个现象就是转嫁职业危害。

1. 转嫁职业危害

改革开放以来，我国外商投资企业迅速发展，目前已基本形成多门类、多层次、多渠道、多元化的外向型经济格局，外商投资企业已成为我国社会主义建设不可缺少的组成部分，发挥着巨大的作用。外商投资企业在注入资金及先进技术的同时，也将先进的管理经验及方式引进，起到了很好的作用。但同时也应清醒地看到，在引进外资企业的同时，存在着一些问题，其中安全生产问题表现尤为突出。一些地方政府急于改变落后的经济面貌，片面强调改善投资环境和吸引外资，对不具备安全卫生基本条件的投资者一再迁就，对安全卫生工作不敢依法提出要求。我国法制的不健全亦给了一些外商可乘之机。他们利用上述地方政府及企业急于引进资金技术的心理，将一些存在有害作业的工业生产转移到我国境内，从而留下职业危害的后患。有些不法外商甚至打着技术保密的幌子，将国外已禁止使用的工艺、设备和产品，以及对人体产生有毒有害的物质输入我国，造成严重的职业危害和环境污染，严重威胁着我国广大劳动者的生命安全。少数“三资”企业老板具有某种投资的优越感，在其思想观念中，普遍存在着短期意识，他们来中国大陆投资办厂，除了赚钱外，很少考虑诸如厂房建设、环境卫生、劳动保护，甚至企业劳动者的生命安全等因素，职业事故隐患严重。例如在一些企业，生产车间、仓库混同在一个厂房的现象仍可见到，甚至有的将生产车间、仓库、宿舍、食堂混在同一厂房内。个别不法外商为尽量利用我国的廉价劳动力，不惜采用原始的生产方式。

从国外的情况看，职业危险及危害因素的控制都是通过国家强有力的立法来实现的。越是发达国家，职业安全卫生立法和管理越健全、越严格。因此，对引进项目进行职业安全卫生审查把关，完全是我国的国家主权和政府的职责所在，也符合我国职业病防治法规定的“三同时”等要求。这样做并

① “卫生部透露：我国受职业危害人数超过两亿”，《中国青年报》转自，“国际在线”（http://gb.chinabroadcast.cn/3821/2005/01/08/106@416213.htm），2005-01-08。

不会影响投资环境和外商积极性。

在国内，一些国有大型企业也以“联营”等形式，将危险和有害作业向乡镇企业转嫁，以换取自身的高收益，却给本来管理手段就不完善、有关法律法规不健全的乡镇企业造成了严重的职业危害后果。

2. 法制不健全，相关法规宣传不够

在一些“三资”企业中，有些外方管理人员对我国的有关法规不熟悉，而中方人员对此又缺乏必要的宣传；一些企业中的外方负责人对我国有关安全生产、劳动卫生法规不甚了解，特别是一些乡镇的“合资”企业负责人，缺乏应有的法规意识，忽略了安全卫生法规的贯彻执行；有些“三资”企业无视我国有关法规，迫使工人在严重超标的有毒有害作业环境下从事劳动。例如，有些箱包厂的工人在无任何个人防护措施条件下，从事高频、强噪声作业，喷刷含苯黏合剂。有些玩具厂亦应用严重超标的含苯黏合剂。

3. 不注重职业卫生防护知识宣教

一些“三资”企业、乡镇企业和私营企业，不像国有企业那样进行“三级教育”等职业卫生防护知识宣教及安全技术技能培训。此外，在安全生产管理上除了观念意识等方面的差异外，还有其他特殊性，即这些企业的一线职工，大部分来自农村，一般文化程度偏低，缺乏培训，缺少或根本不懂生产过程中的安全与卫生知识，自我保护能力差，这种农民工由于不适应企业的严格管理，组织纪律性和法制观念不强，加上工作辛苦，待遇偏低，流动性大，不仅给企业组织生产带来很大困难，而且也扩大了不安全、不卫生因素。

4. 乡镇企业、私营企业亟待加强安全卫生管理

随着我国经济体制改革的不断深入，农村经济体制改革也进行了新的探索。乡镇企业发展速度令人瞩目。但是，与乡镇企业繁荣的经济形势形成鲜明对比的是，安全、卫生管理相对滞后，伤亡事故和职业病不断发生，造成大量的人员伤亡和经济损失。还有相当多的私营企业，生产方式大多数是小作坊式的，工艺简单、设备简陋、管理水平较低，企业管理者法制观念淡薄。不执行就业前体检和对工人的定期健康检查，发生急性职业中毒时，不知如何抢救；出现慢性职业中毒后，不能及时送病人去职业病防治院住院治疗。

5. 部分企业逃避保护职工健康的责任和义务，给职工个人和家庭带来不幸

少数“三资”企业、私营企业利用职业病潜伏期长，不易很快发病的特点，雇用临时工、农民工从事有毒有害作业，把用人合同限制在职业病发病之前，以此逃避保护雇用工人健康的责任和义务，给临时工和农民工及其家

庭带来不幸。例如，有些“三资”企业和私营企业发生中毒事件后，便立即解雇患病工人，当卫生部门进厂调查时，中毒现场及病人已不存在了。有些农民工患上职业病后，被解雇回家，辛苦打工挣的钱全部用于治病，甚至倾家荡产。有的个人承包企业亏损破产，承包人负债外逃，职工患职业病得不到及时治疗和补偿。

▶第三节　事故管理

由于伤亡事故不仅会带来人身伤害，而且会造成严重的经济影响和社会影响。因而，各国都努力运用事故预测技术加强事故管理，以达到减少或预防事故的目的。

一、事故致因理论

多年来，安全生产工作者们努力致力于事故致因理论与模型以及事故预测技术等方面的研究，以期达到减少或预防事故的目的。根据迈克尔·哈维（M. D. Harvey）博士为加拿大阿尔伯特省工人健康、安全和赔偿局职业卫生与安全部研究分部所写的报告，近百年来人们提出的较典型的事故致因理论或模式可简单概括如下：

格林伍德（Greenwood）和伍兹（Woods）于1919年、纽伯尔德（Newbold）于1926年分别提出的“事故倾向理论”（亦称“有事故倾向者”理论）；源于心理学家弗洛伊德的个性动力的“心理动力理论”；美国安全工程师海因利希（Heinrich）以多米诺（Domino）骨牌现象为范例提出的“连锁反应论”；1966年美国运输部国家安全局局长哈登（Haddon）提出的“能量转移论”以及1957年科尔（Kerr）设计的“社会—环境模型”、1949年葛登（Gordon）给出的“流行病学方法”、1969年瑟利设计的“人类工程方法”（亦称瑟利模型）、1978年安德森（Anderson）等人扩展的“瑟利—安德森模型”（又称“操作过程与S-O-R人的因素的综合模型”）以及1977年撒利（J. Sarri）提出的“撒利模型”等。这些理论或模型，大都是根据大量的事故现象和资料，首先提出预先的假设，而后再到实践中求得验证。一些理论如海因利希的“连锁反应论”被不少国家用于事故调查过程中对事故因果关系的调研，在构建安全管理系统方面，也很有价值。

二、伤亡事故分类

为防止伤亡事故的重复发生，总结发生事故的经验教训，对事故进行分析研究，可以按照不同的研究目的，采取不同分类方法。

1. 伤亡事故按伤害方式分类[①]

（1）物体打击。指落物、碰撞、人撞固定物体、运动物体撞人、互撞、撞击等，但不包括因爆炸而引起的物体打击。

（2）车辆伤害。包括受车辆的挤、压、撞和倾覆等的伤害。

（3）机器工具伤害。包括绞、冲、碾、碰、割等。

（4）起重伤害。指起重设备或操作过程中所引起的伤害。

（5）触电。

（6）淹溺。

（7）灼烫。

（8）火灾。

（9）刺割。指机器工具伤害以外的刺割，如钉子扎脚、尖刀物划破等。

（10）高处坠落。包括从架子上、屋顶上等坠落及从平地上坠入坑内等。

（11）坍塌。包括建筑物、堆置物、土石方等。

（12）冒顶片帮。

（13）透水。

（14）放炮。

（15）火药爆炸。指生产、运输、贮藏过程中发生的爆炸。

（16）瓦斯爆炸。包括煤粉爆炸。

（17）锅炉和压力容器爆炸。

（18）其他爆炸。包括化学物品的爆炸等。

（19）中毒和窒息。煤气、油气、化工有害物质等。

（20）其他伤害。如扭伤、跌伤、冻伤等。

2. 伤亡事故按严重程度分类

（1）轻伤事故。指只有轻伤的事故。

（2）重伤事故。指有重伤无死亡的事故。

（3）死亡事故包括：

1）重大事故。指一次死亡 3～9 人的事故。

2）特大事故。指一次死亡 10～29 人的事故。

3）特别重大事故。指一次死亡 30 人以上（含 30 人）的事故。

---

① 我国《企业职工伤亡事故分类》（GB 6441—86）

三、工伤事故调查

（一）伤亡事故调查

1. 调查目的

事故调查的直接目的是取得事故的起因、详细经过等正确而全面的资料，其最终目的是防止今后再度发生类似事故，揭示所存在的各种新危害以及潜在危险，并制定出适当的控制措施。加拿大的迈克尔·哈维博士结合自己的研究，总结出了事故调查的五个方面的目的：

（1）法律目的。通过调查，鉴定出造成事故的过程中违反法规的情况，利于确保法规的执行及进行类似事故的预防。

（2）描述目的。真实地说明造成事故的整个事件序列的真实的时空过程。

（3）查因目的。了解事故的真实过程，对事故的原因做出客观评述及判断。

（4）预防目的。通过调查，能识别出一些条件，并预测出这些条件的相反状况（不会导致事故发生），以达到预防目的。

（5）研究目的。通过调查，查找事故发生的倾向性及规律性，从而得出从宏观上控制和预防事故的有益结论。

2. 调查人员

事故发生后，有关方面应立即布置关于人身伤害或严重物质损坏事故的调查。现场有关人员应立即直接或逐级报告企业负责人，进行调查。如果发生重伤或死亡事故，企业负责人应立即报请企业主管部门和企业所在地劳动保障部门、公安部门、人民检察院及工会，协同进行调查。

3. 调查的程序与步骤

事故调查程序可分为两大部分，即有关人的情况调查和物的情况调查。

（1）人的情况调查

1）事前情况调查。包括事故发生前操作人员工作及其他活动情况，事故现场的设计者、施工者、工艺及设备的研究者、设计者和事故单位负责人等与事故有关人员的情况调查。

2）事故当事人调查。包括发生事故时在事故现场的人或发生事故前最后离开现场的人，首先发现事故的人及参加事故抢救的人等。

3）人证调查。包括主证人及旁证人。

4）事故行为人的情况调查。包括行为人的一般情况及其生理、心理状况，所受安全生产教育及培训的情况等。

（2）物的情况调查

1）事故原点及其判定。事故原点指构成事故的最初起点，即隐患转化为事故的具有初始性突变特性的点。判定事故原点是事故调查的第一步，可采用逻辑推理法和多种技术鉴定法。

2）事故现场勘察。可采取动、静结合的方式进行勘察。

3）事故发生技术原因分析——模拟试验。经过现场勘察及事故前情况调查仍不能确定事故原因时，可采取现场演示、现场测试、现场鉴定、现场采样等现场模拟实验及实验室模拟实验。

（二）职业病调查

职业病调查，是搜集职业病发病、患病及其治疗等有关方面资料的调查活动。通常分为职业病普查和职业病专题调查两种形式。

职业病普查是指定期或不定期地对某一地区、某一行业或某一企业的全体职工逐一进行职业病的患病情况所做的身体检查和工作环境的调查。由于成本过高，不宜作为经常性项目。

职业病专题调查是对从事某种特定工作或工作中接触某种特定致病因素的职工进行专门的身体检查和其他相关检查，目的是找出这种特定致病因素的作业机理，或某种职业病的发病原因。

职业病调查不仅能反映职业病发病、患病情况，为职业病防治研究提供必要资料，而且还能起到及时发现职业病和职业禁忌患者的作用。

四、伤亡事故统计

工业事故、上下班交通事故及职业病造成受伤害者伤痛及死亡，也给用人单位和社会带来沉重的经济负担。从经济角度看，如果将间接损失计算在内，则损失事实上要大得多。据统计，在欧洲事故发生所带来的间接损失的总数为保险费的两倍；而在美国甚至更大些。

（一）伤亡事故统计目的

职业安全卫生措施的制定与实施是减少事故而采取的一个实际步骤。为此，凡能说明事故的原因和类型、发生在任何一个工业部门或任何职业中的伤害或职业病的严重性等详细分类的统计数字，都很有参考价值。国际劳工局在 1929 年《防止工业事故建议书》（第 31 号）中就指出，编制职业伤亡统计是预防职业危害的第一步。职业伤亡统计、分析资料可为政府的劳动监察部门、工业组织、从事职业安全和卫生工作的机构以及管理部门等提供最重要的资料；而工伤保险方案的制定和实施，也必须以有关危害的特点及发生率等方面的数据为基础。

（二）伤亡事故统计的基本任务

事故统计的基本任务是：对每件具体事故进行统计调查；测定一定时间、一定范围内事故发生的情况；利用数理统计等方法，对一定时间、一定范围内事故发生的情况、趋势以及事故参数的分布等进行分析、归纳和推断。

（三）数据的编制

各国因立法不同，因而工业伤害统计的编制方法也不一样。据 ILO 编著的《职业安全与卫生百科全书》统计，各国一般由以下机构负责编制伤害统计资料。

1. 国家统计局

有些国家规定必须向国家统计局呈报事故正式报告书；有些国家的统计局则通过抽样调查取得资料。

2. 赔偿机构

有些国家规定事故赔偿是强制性的，但没有相应的国家机构，政府的监督部门向私营保险公司、互利会、职业保险协会等机构收集必要的资料。

3. 国家保险和社会保障机构

根据企业主或在有些国家中根据受伤害工人呈报的事故索赔报告而编制统计表，但其数据似乎更侧重于财务方面而非事故原因方面。

4. 劳动监督部门

根据企业送交的事故报表编制统计表。但这种资料可能不包含失去工作能力的持续期或伤残程度等细节。

5. 事故预防机构

有些国家的事故预防机构采用与劳动监督部门相类似的方法；有些国家，这些机构的统计资料来源和社会保险、社会保障机构等的资料来源相同。有些大企业还有自己的安全组织负责编制其事故统计、分析资料。

（四）事故统计的标准化与比较的度量

1. 事故统计的标准化

“职业伤害”一词至今尚无国际性的意义。但 1962 年第 10 届国际劳动统计学家会议通过的、至今仍适用的决议，确定了新的职业伤害统计基本标准及其定义。

（1）死亡。导致死亡的事故。

（2）终身伤残。导致肉体上或精神上永久性限制或损害的事故。

（3）暂时性伤残。导致失去工作能力除事故发生当日外至少满 1 天的事故。

（4）其他情况。导致失去工作能力的持续时间少于上列第（3）项规定的事故，不包括终身伤残。

目前，许多国家都将事故统计的标准化作为本国制定准则的基础。

2. 比较的度量

工业事故只有同就业、工时、产量等数据同时加以考虑时，才能在统计期限之间、行业之间和国家之间做出正确可靠的比较。

（1）事故频率。是单位事故数相对于实际工时数的一个表达式。1962 年第 10 届国际劳动统计学家会议通过的决议建议，工业事故的频率计算公式如下：

$$\text{事故频率}=\frac{\text{事故总数}}{\text{实际工时总数}}\times 10^6$$

（2）事故发生率。对那些不知道实际工时数的国家，决议建议，工业事故发生率的计算公式如下：

$$\text{事故发生率}=\frac{\text{事故总数}}{\text{平均暴露人数}}\times 1\,000$$

（3）事故严重率。其目的在于指出工业事故造成的丧失工作能力方面的损失，计算时，最好分别计算出主要行业、不同性别及不同年龄组的严重率。计算公式如下：

$$\text{事故严重率}=\frac{\text{损失的工作日总数}}{\text{实际工时总数}}\times 1\,000$$

（五）国家标准 GB 6441—86《企业职工伤亡事故分类》中的相关指标

国家标准 GB 6441—86 中包括：反映伤亡事故的次数规模的总量指标、反映伤亡事故造成的工时损失指标以及反映伤亡事故的严重程度的指标。

1. 反映伤亡事故的次数规模的总量指标

（1）伤亡事故次数。一定时期内发生工伤事故的次数的总和。

（2）伤亡总人数。一定时期内因伤亡事故而造成的人员受伤和死亡的总人数。按此指标计算时，同一人在同一时期内，先后因工受伤二次或更多次，累计时只按 1 人计算。

（3）伤亡总人次数。一定时期内，因伤亡事故而造成的人员负伤及死亡的总人次数。这一指标与上一指标的区别是，同一人在同一时期内因工负伤几次，就累计几人次。

2. 反映伤亡事故造成的工时损失指标

(1) 轻伤。指损失工作日在1日以上（含1日）低于105日的失能伤害。

(2) 重伤。指相当于表定损失工作日等于和超过105日的失能伤害。各伤害部位累计数值超过6 000日者，仍按6 000日计算。

(3) 死亡。等于损失工作日6 000日。计算公式如下：

$$N = P(L_{退} - L_{亡})$$

式中　N——损失工作日数；

P——年工作日数（取300）；

$L_{退}$——平均退休年龄（取55岁）；

$L_{亡}$——死亡于伤亡事故者平均年龄。

3. 反映伤亡事故严重程度的一些指标

(1) 适用于企业以及各省、市、县上报伤亡事故时使用的计算方法

1) 千人死亡率。表示某时期内，平均每千名职工中，因伤亡事故造成死亡的人数。公式如下：

$$千人死亡率=\frac{死亡人数}{平均职工人数}\times 1\ 000$$

2) 千人负伤率。表示某时期内平均每千名职工中，因伤亡事故造成的负伤人数总数。公式如下：

$$千人负伤率=\frac{重伤与轻伤人数之和}{平均职工人数}\times 1\ 000$$

3) 千人重伤率。表示某时期内，平均每千名职工中，因伤亡事故造成的重伤人数。公式如下：

$$千人重伤率=\frac{重伤人数}{平均职工人数}\times 1\ 000$$

(2) 适用于行业、企业内部事故统计分析使用的计算方法

1) 伤害频率。表示某时期内，每百万工时，事故造成伤害的人数。伤害人数指轻伤、重伤、死亡人数之和。公式如下：

$$百万工时伤害率（A）=\frac{总伤害人数}{实际总工时}\times 10^6$$

2) 伤害严重率。表示某时期内，每百万工时，事故造成的损失工作日数。公式如下：

$$伤害严重率（B）=\frac{总损失工作日}{实际总工时}\times 10^6$$

3) 伤害平均严重率。表示每人次受伤害的平均损失工作日。公式如下：

$$伤害平均严重率（N）=\frac{B}{A}=\frac{总损失工作日}{总伤害人数}$$

（3）适用于以吨、立方米产量的计算单位的行业、企业使用的计算方法

$$百万吨死亡率=\frac{死亡人数}{实际产量（t）}\times 10^6$$

$$万立方米木材死亡率=\frac{死亡人数}{木材产量（m^3）}\times 10^4$$

（六）伤亡事故的统计分析

对伤亡事故的统计分析工作十分重要。它是事故分析的一部分，是事故的宏观分析方法，可采用文字分析、数字统计分析、图表统计分析及建立事故档案等方法进行。

1. 图表分析

下面简单介绍几种常用的事故统计分析方法。

（1）主次图。主次图亦称排列图或帕累托分析法，是意大利经济学家帕累托（Pareto）博士统计分析社会财富占有分布情况使用的方法。在可靠性分析、质量管理等方面，这种方法得到了广泛的应用。近年来，也开始用于事故统计分析。这是一种按某一事故因素数量多少的顺序依次排列的条形图与累计百分比曲线图相结合的坐标图解方法。在安全管理工作中，可利用排列图来寻找影响安全生产的各种问题并按分析目的，从事故发生场所，事故类型，发生时间，受伤害人的工种、年龄、工龄，事故带来的损失价值等各个方面的原始数据入手，搜索事故发生的规律，寻找主要矛盾，确定安全工作的中心及预防事故的重点。

（2）事故率曲线与事故严重度曲线。这是根据千人事故率来绘制的，是以曲线形式来比较单位或部门间事故状况的分析方法，也有用事故严重率来绘制的。

（3）事故管理图。亦称事故控制图，分计量控制图和计数值控制图两类。计量控制图包括单值控制图、平均值和极差控制及中位数等。计数值控制图包括事故率控制图、事故次数控制图等。

2. 文字分析

在事故调查基础上，除填写伤亡事故报告外，企业内部应结合工作总结，采用周报、月报、季报等形式，总结安全生产情况，提出当前主要的问题及改进措施，定期报送领导和通报有关部门，供领导掌握情况、指导工作；必要时，可向全体职工通报安全生产情况，开展安全生产教育。

3. 数字统计

用一些简单的数据，如伤亡事故次数、伤亡人数、事故频率、歇工天数、事故严重度、损失价值等，概括地说明事故情况，开展安全生产教育。

4. 建立事故档案

事故档案是工厂生产技术管理档案内容之一。为了进行事故分析、比较和查核，技术安全部门应将伤亡事故明细登记表和月、季、年度事故分析资料整理归档。重伤以上事故和一些典型的事故（轻伤或未遂事故）应逐个建立档案，包括事故调查分析、处理资料和现场照片等内容。

（七）职业病统计

1. 职业病统计的原则

进行职业病统计时，必须遵循以下原则：

（1）严格区分法定职业病与其他疾病之间的界限。

（2）对患有职业病的患者，应弄清是职业性伤害所致，还是与职业无关的其他原因致病。

（3）职业病统计是以诊断确诊的职业病病例为对象，因而一般是自诊断确诊之日起进行统计。对于尚未确诊，处于检查阶段的病例，不能进行统计。

2. 职业病统计的主要指标

（1）职业病发病人数、例数和发病率。职业病发病人数是指一定时期内新患职业病人数的总和，它反映了职业病发病的人员规模。

职业病发病例数是指一定时期内新发生的职业病病例数的总计，它反映了职业病发生的规模。

职业病发病率是反映一定时期内从事某种职业、工种或作业的职工中某种职业病新发病程度的相对指标。计算公式为：

$$\text{某种职业病发病率}=\frac{\text{报告期某种职业病发病例数}}{\text{报告期某种作业职工平均人数}}\times 1\,000‰$$

（2）职业病患病人数、例数和患病率。职业病的患病数指标与发病数指标不同，后者关注的是病的“发生”，而前者则关心的是病是否“痊愈”。在调查时点尚未痊愈的，无论是否在本期发病的，都要计入患病率中。

职业病患病率是反映一定时点上（或时期内）从事某种职业、工种或作业的职工中患有某种职业病的普遍程度的相对指标。计算公式为：

$$\text{某种职业病患病率}=\frac{\begin{array}{c}\text{报告期末（或报告期内）}\\\text{某种职业病患病例数}\end{array}}{\begin{array}{c}\text{报告期末某种作业职工人数}\\\text{（或报告期平均人数）}\end{array}}\times 1\,000‰$$

考虑到调查受检率的影响，在受检率较低时，可计算受检人群患病率来替代一般患病率指标。其计算公式为：

$$\text{某种职业病调查受检人患病率}=\frac{\text{受检人群中某种职业病患病例数}}{\text{实际受检人数}}\times 1\ 000‰$$

（3）职业病治愈人数和治愈率。职业病治愈人数是指一定时期内职业病患者中经过治疗和休养而痊愈的人数累计，反映职业病治疗的总成果。

职业病治愈率是指一定时期内职业病治愈人数与同期的患病人数的比值，表明了职业病的治愈程度和治疗效果。计算公式如下：

$$\text{某种职业病治愈率}=\frac{\text{报告期某种职业病治愈人数}}{\text{同期该种职业病患病人数}}\times 1\ 000‰$$

$$\text{职业病总治愈率}=\frac{\text{报告期职业病总治愈人数}}{\text{同期职业病患病总人数}}\times 1\ 000‰$$

（4）职业病死亡人数和病死率。职业病死亡人数是指一定时期内因职业病导致死亡的人数累计，反映职业病致死的总规模。

职业病病死率是指一定时期内的职业病死亡人数与同期的职业病患病人数的比值，表明职业病患者的死亡频率，同时也反映了各种职业病对职工生命的危害程度。计算公式如下：

$$\text{某种职业病病死率}=\frac{\text{报告期某种职业病死亡人数}}{\text{报告期该种职业病患病人数}}\times 1\ 000‰$$

$$\text{职业病总病死率}=\frac{\text{职业病总死亡人数}}{\text{报告期职业病患病总人数}}\times 1\ 000‰$$

（5）职业病发病工龄。该统计数据可以揭示出作业、工种、工作环境、工作年限等因素与职业病之间的关系，为改善劳动环境条件、改进劳动管理、合理安排和适时调整职工的工作岗位，防止和减少职业病的发生和蔓延提供可靠的依据。通常计算如下几种职业病发病工龄：最高发病工龄、最低发病工龄、平均发病工龄等。

（6）受检率统计。应接受检查人数、实际接受检查人数等。

五、伤亡事故经济损失分析

（一）人身伤害损失

工伤事故使受伤害人蒙受物质上的损失，其中包括医疗费用和为期或长或短的工资损失（如果本人还有兼职，则其收入损失更大）；尤为重要的是，他们还会遭受到肉体与精神上的双重折磨，并可能延续很长一段时间。概括起来，这些后果包括以下几方面：

1. 医药费、救护车费或其他交通费、住院费或家庭护理费、付给救护人的报酬及假肢费等以及康复费用。

2. 缺勤期间的直接工资损失。

3. 如果伤害妨碍受伤害人在事业或工作上的晋升，则会影响其未来的收入。

4. 由事故造成的永久性身体或精神障碍，诸如肢体残缺、跛足、失明、丑陋的伤疤或毁容、智力衰退等，可能缩短寿命，并使受伤害人身心遭受折磨。受伤害者为调整生活必然要进一步增加支出。

5. 如果家属为照料受伤害人而不得不放弃职业，则家庭收入减少，会造成经济困难。

6. 家庭中其他人员焦虑不安，有害于他们的前途，尤其是儿童。

工伤保险可使受伤害人得到现金补助和实物补助。这些补助是弥补物质损失的重要组成部分。

（二）社会承担的损失

如果把国民经济作为一个整体加以考虑，就必须承认，所有社会成员之间是相互依赖的，个人事故的后果必将影响他人。这些影响对社会总的生活会有不良的作用，其中包括：

1. 由于事故对人和物质所产生的不良影响，使国民生产总值下降。其影响的大小随国家可利用的人力资源和物质资源而变化。

2. 支付给事故受害者的赔偿费，提供安全防护措施所需款项都是额外的开支。社会通过社会保障来履行这些义务，而此项行政管理费用则由社会承担。

上述种种费用，使数额可观的资本不能再用于生产性投资。当然，在预防性行动上的花费亦可产生正的经济效益，即减少事故总次数及其损失。此外，为确保人—机可靠性而对机械和仪器制定较高的安全标准；为普遍提高人们的安全意识，增强防护知识，举办参加工作前的人员的普及教育等，这些预防事故的开支往往也都是在企业生产费用之外进行的。

（三）经济损失

根据国家标准 GB 6721—86《企业职工伤亡事故经济损失统计标准》，企业发生伤亡事故所引起的经济损失，包括直接经济损失和间接经济损失。

1. 直接经济损失

直接经济损失指因事故造成人身伤亡及善后处理支出的费用和毁坏财产的价值。直接经济损失的统计范围包括：

（1）人身伤亡后所支出的费用。包括医疗费用（含护理费用），丧葬及抚恤费用，补助及救济费用以及歇工工资。

（2）善后处理费用。包括处理事故的事务性费用，现场抢救费用，清理现场费用以及事故罚款和赔偿费用。

（3）财产损失价值。包括固定资产损失的价值和流动资产损失价值。

2. 间接经济损失

间接经济损失指因事故导致产值减少、资源破坏和受事故影响而造成其他损失的价值。间接经济损失的统计范围包括：停产、减产损失价值，工作损失价值，资源损失价值，处理环境污染的费用，补充新职工的培训费用，其他损失费用。

3. 伤亡事故经济损失计算方法

（1）经济损失计算公式

$$E = E_d + E_i$$

式中 E——经济损失，万元；

E_d——直接经济损失，万元；

E_i——间接经济损失，万元。

（2）直接经济损失的几项计算方法

1）人身伤亡后所支出的费用

• 医疗费。计算公式如下：

$$M = M_b + \frac{M_b}{P} D_c$$

式中 M——被伤害职工的医疗费，万元；

M_b——事故结案日前的医疗费，万元；

P——事故发生之日至结案之日的天数，日；

D_c——延续医疗天数，指事故结案后还需继续医治的时间，由企业劳资、安全、工会等按医生诊断意见确定，日。

上述公式是测算一名被伤害职工的医疗费公式，一次事故中多名被伤害职工的医疗费应累计计算。

• 抚恤费。根据《工伤保险条例》第 37 条规定，职工因工死亡，其直系亲属按照下列规定从工伤保险基金领取丧葬补助金、供养亲属抚恤金和一次性工亡补助金：

①丧葬补助金为 6 个月的统筹地区上年度职工月平均工资。

②供养亲属抚恤金按照职工本人工资的一定比例发给由因工死亡职工生前提供主要生活来源、无劳动能力的亲属。标准为：配偶每月 40%，其他亲属每人每月 30%，孤寡老人或者孤儿每人每月在上述标准的基础上增加 10%。核定的各供养亲属的抚恤金之和不应高于因工死亡职工生前的工资。

供养亲属的具体范围由国务院劳动保障行政部门规定。

③一次性工亡补助金标准为48～60个月的统筹地区上年度职工月平均工资。具体标准由统筹地区的人民政府根据当地经济、社会发展状况规定，报省、自治区、直辖市人民政府备案。

被伤害职工供养未成年直系亲属，抚恤费累计统计到16周岁（普通中学在校生累计到18周岁）。

被伤害职工及供养成年直系亲属补助费抚恤费累计统计到我国人口的平均寿命68周岁。

• 补助费。有关伤残职工补助金，《工伤保险条例》做出了专门的规定：

第33条规定，职工因工致残被鉴定为一级至四级伤残的，从工伤保险基金按伤残等级支付一次性伤残补助金，标准为：一级伤残为24个月的本人工资，二级伤残为22个月的本人工资，三级伤残为20个月的本人工资，四级伤残为18个月的本人工资。

第34条规定，职工因工致残被鉴定为五级、六级伤残的，从工伤保险基金按伤残等级支付一次性伤残补助金，标准为：五级伤残为16个月的本人工资，六级伤残为14个月的本人工资。

第35条规定，职工因工致残被鉴定为七级至十级伤残的，从工伤保险基金按伤残等级支付一次性伤残补助金，标准为：七级伤残为12个月的本人工资，八级伤残为10个月的本人工资，九级伤残为8个月的本人工资，十级伤残为6个月的本人工资。

• 歇工工资。计算公式如下：

$$L = L_q(D_a + D_k)$$

式中 L——被伤害职工的歇工工资，元；

L_q——被伤害职工日工资，元；

D_a——事故结案日前的歇工日，日；

D_k——延续歇工日，指事故结案后被伤害职工还需继续歇工的时间，由企业劳资、安全等与有关单位酌情商定，日。

上述公式是测算一名被伤害职工的歇工工资的计算方法，一次事故中多名被伤害职工的歇工工资应累计计算。

2）财产损失价值计算

固定资产损失价值按下列情况计算：报废的固定资产，以固定资产净值减去残值计算；损坏的固定资产，以修复费用计算。

流动资产损失价值按下列情况计算：原材料、燃料、辅助材料等，均按账面值减去残值计算；成品、半成品、在制品等，均以企业实际成本减去残值计算。

(3) 间接经济损失的几项计算方法

1) 停产、减产损失价值，按事故发生之日起到恢复正常生产水平时止，计算其损失的价值。工作损失价值计算公式：

$$V_{\mathrm{w}} = D_{\mathrm{L}} \frac{M}{SD}$$

式中 V_{w}——工作损失价值，万元；

D_{L}——一起事故的总损失日数，日（死亡 1 名职工按 6 000 个工作日计算，受伤职工视伤害情况按 GB 6441—86《企业职工伤亡事故分类》中附录 B 确定）；

M——企业上年税利（税金加利润），万元；

S——企业上年平均职工人数，人；

D——企业上年法定工作日数，日。

2) 补充新职工的培训费用计算：技术工人的培训费用每人按 2 000 元计算；技术人员的培训费用每人按 10 000 元计算；补充其他人员的培训费用，视补充人员情况参照上述两项酌情确定。

4. 经济损失的评价指标

(1) 千人经济损失率计算公式

$$R_{\mathrm{s}} = \frac{E}{S} \times 1\,000‰$$

式中 R_{s}——千人经济损失率；

E——全年内经济损失，万元；

S——企业平均职工人数，人。

(2) 百万元产值经济损失率计算公式

$$R_{\mathrm{v}} = \frac{E}{V} \times 100\%$$

式中 R_{v}——百万元产值经济损失率；

E——全年内经济损失，万元；

V——企业全年总产值，万元。

5. 经济损失程度分级

一般损失事故：指经济损失小于 1 万元的事故。

较大损失事故：指经济损失大于 1 万元（含 1 万元）小于 10 万元的事故。

重大损失事故：指经济损失大于 10 万元（含 10 万元）小于 100 万元的事故。

特大损失事故：指经济损失大于100万元（含100万元）的事故。

6. 事故总损失费用估算

国外的企业一级事故损失费包括各项事故预防费用及损失费。这些费用和损失的总额各企业不会相同，这种差别主要取决于各工业部门或各种行业所具有的特殊危险性，以及安全措施的实施程度。许多学者试图算出事后费用，而不去估算在初始阶段为把事故预防作为生产系统的一部分而支付的初期费用。现引用其中几位学者的论点：

海因利希提议把费用分为“直接费用”（尤其是保险费）和“间接费用”（制造商直接承担的费用）两种。

西蒙茨提议把费用分为“保险的”费用和“非保险的”费用两种；康普斯把费用分为一般费用和个人费用两种。

沃拉克提议按生产成本分析所含各项目来划分费用，即劳务、机器设备、保养维修和时间等。

前三位学者所阐述的两种费用，尽管定义不同，但却有许多共同点。鉴于总费用估算困难，因此，人们试图将间接费用（“未保险的费用”或“个人”费用）表示为直接费用（“保险的”费用或“一般”费用）的一个倍数来估出总费用的适当数值。海因利希就是试图获得总费用数值的第一人，他认为间接费用相当于直接费用的4倍，换言之，总费用等于直接费用的5倍。这种估值并非适应于所有企业，而且即使同一企业，在一段时间内也有所不同。在许多工业国家的许多工业部门中，这一数值约在1～7倍之间。

本章小结

职业伤害轻者可引起职工缺勤，重者可导致残废和死亡，且涉及的大都是18～60岁的青壮年劳动力。因此，许多国家都将事故预防机制纳入工伤保险制度中：在生产过程中，采取各项措施及相应的活动，避免人身或设备事故，创建安全、健康的生产和操作环境而最终促进经济发展，提高职工生命质量，同时亦可减少工伤保险基金的支出。

本章从事故预防机制、职业病及其预防机制、事故管理、工伤事故及职业病统计分析、工伤事故经济损失分析等方面做了较为详细的介绍。

复习思考题

1. 事故预防机制包括哪些措施？
2. 职业性有害因素主要有哪些？
3. 谈谈你对我国职业安全卫生现状的看法，并提出改进建议。

第八章

劳动能力鉴定

■学习要点

职工因工伤残，其工作、生活能力将会受到影响，劳动能力鉴定就是有关部门对伤残职工劳动能力损失程度或致残程度等级做出鉴别和评定。不同的伤残等级，所需要的补偿是不同的，而劳动能力鉴定结果就是确定伤残职工享受相应工伤保险待遇的依据。劳动能力鉴定这项工作涉及范围广，技术要求强，争议案件多。因此，它是工伤保险工作中一项重要的工作。通过本章内容的学习，学生应了解劳动能力鉴定的概念，为什么工伤保险要进行劳动能力鉴定，我国一般的评残程序。

■关键概念

劳动能力鉴定　伤残等级　工伤认定

▶第一节　劳动能力鉴定概述

一、劳动能力鉴定的概念

（一）基本概念

1. 劳动能力鉴定

劳动能力鉴定有广义和狭义之分。广义的劳动能力鉴定是指任何自然人无论何种原因导致劳动功能发生障碍，由劳动能力鉴定委员会根据用人单位、职工本人或亲属的申请，组织劳动能力鉴定医学专家，根据国家制定的评残标准，确定劳动能力丧失程度的一种综合评定的制度。狭义的劳动能力鉴定是指工伤保险制度规定的劳动能力鉴定，即劳动能力鉴定委员会根据国家标准《劳动能力鉴定　职工工伤与职业病致残等级》对工伤职工的劳动功能障碍程度和生活自理障碍程度的一种综合评定的制度，对劳动能力损失程度的评价①。本章中所提到的“劳动能力鉴定”是指由于工伤所造成的丧失工作能力的鉴定，又称为工伤评残或职业伤害造成的失能鉴定。

2. 劳动能力损失程度

国际上通行以丧失工作能力（简称失能）来代替劳动能力损失程度这一概念。1980 年国际劳工组织在一次国际研讨会上概述了丧失工作能力的概念。丧失工作能力是指个人因身体或精神受到损害而导致本人工作能力严重减弱的状况。丧失工作能力可能是暂时的，也可能是永久的；可能是部分丧失，也可能是完全丧失；可能是先天的，也可能是由于职业原因造成的，或由于非先天、非职业病的其他疾病或身体机能失常的原因造成的。

（二）劳动能力鉴定与工伤认定之间的关系

工伤认定与劳动能力鉴定是工伤保险制度中的两个重要环节。在工伤保险待遇支付程序上，首先要对受伤害人员是否属于工伤保险范畴有明确的结论，再对其进行劳动能力鉴定。也就是说，工伤认定程序是劳动能力鉴定程序的前置程序，没有工伤认定就无从启动劳动能力鉴定程序。

然而，劳动能力鉴定又不仅只服务于工伤保险制度。有时伤残不属于工

---

① 陈刚主编，劳动能力鉴定标准应用指南．北京：中国劳动社会保障出版社，2007

伤保险调整范围，也需要进行劳动能力的鉴定，以确定从其他途径获取赔偿的数额。在一些不属于工伤保险制度调整的雇佣劳动中的人身伤害，不能进行工伤认定，但可通过诉讼程序落实赔偿责任，通过委托方式进行劳动能力鉴定。

二、劳动能力鉴定的原则与特点

（一）劳动能力鉴定的原则

劳动能力鉴定工作是一项政策性和专业性都很强的工作。只有做到以事实为依据，以法律法规和相关政策、标准为尺度，才能做到定性正确、定量准确，才能做到公平公正科学，切实维护职工和用人单位双方的合法权益。因此，劳动能力鉴定工作应遵循以下几条原则：

1. 坚持客观、公正的原则

劳动能力鉴定的结论由劳动能力鉴定委员会做出，并向群众公开。只有坚持客观公正的原则，才能保证劳动能力鉴定的客观、公正、合理，才能抵制各种主观因素对劳动能力鉴定的影响，克服随意性和暗箱操作。

2. 切实维护工伤职工合法权益原则

劳动能力鉴定的正确结论是确定职工工伤保险待遇的前提和基础。因此，劳动能力鉴定工作的结果直接关系到工伤职工的切身利益。

3. 严格坚持劳动能力鉴定工作人员的回避制度

回避可以由申请人提出，也可以由与申请人有利害关系的劳动能力鉴定委员会组成人员或者专家自行提出。

（二）劳动能力鉴定的特点

1. 劳动能力鉴定属于劳动能力鉴定和相关医学鉴定的有机结合

劳动能力鉴定是专门针对职业伤害中的劳动者进行的医学和劳动能力的鉴定，劳动能力鉴定结论既体现了医学专家就受害人人身所受到的损害的纯医学判断，也体现了根据法定的伤残程度标准而做出的劳动能力高低的评估，是两者的有机结合①。

2. 劳动能力鉴定结论在工伤保险中有较强的目的性

劳动能力鉴定是工伤保险法律制度中的重要内容，是进行工伤补偿的基础性工作，是劳动者享受工伤待遇的必经程序。正确的劳动能力鉴定结

---

① 郑尚元. 工伤保险法律制度研究. 北京：北京大学出版社，2004. 93

论，明确了劳动者受伤害的程度，确定了工伤者的伤残等级，是工伤职工享受工伤待遇的重要依据。没有劳动能力鉴定结论，将无法落实当事人的工伤保险待遇标准。劳动能力鉴定的目的就是为职业伤害的受害人做出职业能力的综合性评价，通过该项评价机制确定受害者的身体失能情况和从事职业劳动能力的情况，并根据当事人的上述情况确定工伤保险待遇水平。

▶第二节　国外劳动能力鉴定概况

一、概述

（一）工伤失能

国际劳工组织认为，丧失工作能力在期限和严重程度上是有明显不同的，基本可分为永久完全失能、永久部分失能、暂时完全失能和暂时部分失能。

1952 年，第 35 届国际劳工组织大会采纳了《社会保障（最低标准）公约》（第 102 号公约）。该公约第 32 条规定，意外事故必须包括因工作造成的意外事故或规定的疾病：

1. 病态。

2. 根据国家法律或条例的规定，由于病态而造成不能工作并停发工资的。

3. 全部丧失挣钱能力，或部分丧失这种能力，但超过规定程度，并且很可能永久失能的，或已引起失能……

工伤所造成的伤残妨碍或严重降低了受害者从事工作的能力，当然在一定程度上，障碍程度往往又取决于受害者的年龄、性别、社会和文化因素，不同国家的文化、社会、经济、环境等对失能的后果有不同的影响。

（二）失能鉴定的方法

在国际上对劳动能力鉴定通常有两种评价体系，一种是劳动能力测试，另一种是致残程度测试。

劳动能力测试这一评价标准的优点是比较客观、可比性强；缺点是评价指标多，操作复杂。比如，以色列的《国民保险法》规定：在判定丧失工作能力的方面，不考虑任何疾病、缺陷、天灾、事故或确定受到伤害而丧失工作能力以前存在的任何原因，也不考虑任何缺陷、不足或由于疾病、事故引起的缺陷，或在工作中受伤以后但不是由于工作中受到伤害而产生直接结果的其他任何原因。可见，它是采用与普通健康人进行的全面综合比较，来确定被测试者劳动能力的大小，而不仅仅限于一次工伤的人体损害范围。

致残程度鉴定标准，是按器官损伤、功能障碍、医疗依赖三个方面将工伤、职业病伤残程度分解为相应等级，用分级来反映不同致残程度的相对严重性，从而达到评价伤残职工劳动能力，反映劳动能力损害程度。通过列表的形式使鉴定工作难度有所降低，便于在实践中运用，但也存在过于机械，有时难以准确测试不同行业受害员工的致残程度和受影响的程度的问题。我国的职工工伤与职业病致残程度鉴定标准就是采用这种方法。

二、工伤所致失能的鉴定

上述《社会保障（最低标准）公约》在因工伤而导致失能的鉴定方面规定，对于很有可能永久完全或部分丧失收入能力或者相应的失能者，必须给予补偿待遇，且部分失能者的补偿待遇必须与规定给予完全丧失赚取收入能力者或相应能力丧失者的补偿待遇有一个适当的比例。

在实践中，短期或暂时完全失能的鉴定相对容易一些，可以采用正规的医疗方法判断一个人在遭受意外事故后还能否工作，但要鉴定工伤的长期影响，在实践中还会有困难。在以色列的《国民保险法》中就规定了工伤残疾的"稳定等级"和"不稳定等级"，以区别对待短期与长期失能。有些基本因素可以用来鉴定工伤造成的失能大小，主要因素有人身能力丧失、职业能力丧失、一般工作能力丧失、失能的程度、失能的永久性与非永久性等，各国在实际运用中各有不同的理解和侧重点。

人身能力丧失是指因工伤而使个人人身的适应性受到损害。各国通常的做法是制定丧失能力表、册，来比对鉴定。鉴定中要考虑由于申请人可能的才能丧失引起的各种能力丧失情况，要考虑鉴定其本人的当时状况，还要将其与同年龄、同性别、身体与精神状况均正常的人进行比较。

职业能力丧失与职业特点有密切关系，因此职业能力丧失的鉴定通常是通过在特定范围内评定职业病或意外事故的方式进行的。

一般工作能力丧失是指受害职工在劳动力市场上失去获取新工作而取得相应收入的能力。与职业能力丧失相比，一般工作能力丧失更强调失能的普遍影响，但在原企业与受害者继续保持劳动关系的情形下却没有明显的意义。

▶第三节　劳动功能伤残程度

一、我国劳动能力鉴定所依据的鉴定标准

（一）建国以来相关鉴定政策沿革

根据相关劳动保障法律、法规，劳动鉴定工作从建国以来就由专门的组织机构负责。1953年的《劳动保险条例》及实施细则规定，职工因工负伤致残和因病或非因工负伤致残的，其残废状况的确定与变更，由残废审查委员会审定。1957年有关部门发布的《医务劳动鉴定委员会组织通则》中改称为“医务劳动鉴定委员会”。1958年和1978年国务院两次制定的“关于职工退休、退职办法”中统称为劳动鉴定委员会。1989年劳动部《关于健全劳动鉴定委员会和工作制度的通知》中再次要求各地建立健全劳动鉴定委员会，并要求各省、市、县劳动部门要有专人负责做好残废评定的基础工作。

1994年、1996年原劳动部相关文件明确规定各级劳动鉴定委员会的职责范围。1996年《企业职工工伤保险试行办法》中规定，省、地（市）、县（市）级劳动鉴定委员会由当地劳动、卫生等行政部门和工会组织的有关人员组成。劳动鉴定委员会的办公室设在同级劳动行政部门，负责劳动鉴定的日常工作。劳动鉴定委员会应当委托有条件的医疗卫生机构或者聘请具有鉴定资格的医生组成专家组进行伤残等级和护理等级鉴定，也可以设立劳动鉴定检查中心开展鉴定工作。

（二）工伤评残标准的演变

工伤保险制度改革前，各省市参照革命军人评残条件进行工伤评残。伤残军人评残条件定为4等6级：特等、1等、2等甲级、2等乙级、3等甲级、3等乙级。从特等到二等甲级属于完全或大部分丧失劳动能力范围①。但实践中发现，军人伤残与职工的工伤与职业病残情有较大区别，用军人评残标准难以准确评定职工的伤残情况。1978年国家有关部门授权各省市结合本地情况制定地方性评残标准。到20世纪80年代末，全国在试点地区进行工伤保险改革，北京、天津、河北、辽宁、湖北、江西、海南、广东等省、市结合

① 孙树菡主编. 工伤保险. 北京：中国人民大学出版社，2000. 106

当地的实际情况制定了劳动鉴定的组织管理办法，提出了以工伤评残划分10个等级为特点的地方性试行标准，为后来制定有关的国家标准提供了宝贵的经验。

《职工工伤与职业病致残程度鉴定》（GB/T 16180—1996），是从1989年10月开始研究制定的。当时作为国家科委重点课题立项，受劳动部和卫生部共同委托，中国预防医学科学院劳动卫生与职业病研究所牵头，由来自全国十多所医院、劳动卫生职业病研究所和劳动部门的几十位专家教授组成联合攻关小组，在借鉴世界卫生组织以及美国、英国、日本等国家分级原则和基准，参考已有的国家相关文件、医学技术相关标准和地方评残标准的基础上，1992年由劳动部、卫生部、全国总工会以劳险字［1992］第6号文发布在全国试行。在其后三年间，经全国20余个省、市、自治区试用，累积了10余万份试用案例的经验，在此基础上进一步进行修订。1996年3月14日，国家技术监督局批准作为国家标准颁布，于同年10月1日起实施。这是我国第一部工伤和职业病评残国家标准，填补了过去的空白，使劳动鉴定和工伤评残在总结了几年来全国的试行经验后，走上规范化、法制化的轨道。

（三）与《工伤保险条例》相配套的鉴定标准

依据《工伤保险条例》规定：“劳动能力鉴定标准由国务院劳动保障行政部门会同国务院卫生行政部门等部门制定。”由此可见，与《工伤保险条例》相配套的劳动能力鉴定标准还需另行制定。2006年11月2日由国家质量监督检验检疫总局、国家标准化管理委员会发布《劳动能力鉴定　职工工伤与职业病致残等级》（2007年5月1日实施）代替了《职工工伤与职业病致残程度鉴定》。

二、我国伤残等级的划分

我国劳动能力鉴定是将劳动功能障碍程度和生活自理障碍程度合二为一的，新的标准增加了“医疗依赖的分级判定”。劳动能力鉴定结论是以一定等级为标志的结论性意见，“等级”是劳动能力鉴定的结论和目标，所以伤残等级的确定成为劳动能力鉴定的最关键因素。

《劳动能力鉴定　职工工伤与职业病致残等级》根据器官损伤、功能障碍、医疗依赖及护理依赖四个方面将工伤、职业病致残等级分为五个门类，划分为十个等级。

（一）伤残等级划分的依据

《劳动能力鉴定　职工工伤与职业病致残等级》依据工伤致残者于判定伤

残等级技术鉴定时的器官损伤、功能障碍及其对医疗与护理的依赖程度，适当考虑一些由于伤残引起的社会心理因素影响，如一些特殊残情造成的心理障碍或生活质量的损失，对伤残程度进行综合判定分级。

1. 器官损伤

器官损伤是工伤的直接的后果，但职业病不一定有器官缺损。

2. 功能障碍

工伤后功能障碍的程度与器官缺损的部位及严重程度有关，职业病所致的器官功能障碍与疾病的严重程度相关。对功能障碍的判定，应以评定伤残等级技术鉴定时的医疗检查结果为依据，根据评残对象逐个确定。

3. 医疗依赖

医疗依赖是指工伤或职业病致残后，在医疗期满后仍然不能完全脱离治疗者。

（1）特殊医疗依赖。指工伤致残后必须终身接受特殊药物、特殊医疗设备或装置进行治疗者。

（2）一般医疗依赖。指工伤致残后仍需接受长期或终身药物治疗者。

4. 护理依赖

护理依赖是指工伤或职业病致残后，因生活不能自理需依赖他人护理者。生活自理范围主要包括进食，翻身，大、小便，穿衣、洗漱和自我移动这五项。按照护理依赖的程度，将其划分为三级：五项均需护理者为完全护理依赖；三项需要护理者为大部分护理依赖；一项需要护理者为部分护理依赖。护理依赖可能随时间的推移而有所变化。

5. 心理障碍

心理障碍是指一些特殊残情，在医疗期满后，在器官缺损或功能障碍的基础上虽不造成医疗依赖，但会在心理上产生负面影响，影响其生活质量和正常的工作和学习。在评定残情时，应适当考虑这些后果。

（二）门类划分

按照临床医学分科和各学科间相互关联的原则，《劳动能力鉴定　职工工伤与职业病致残等级》对残情的判定划分为五个门类。

第 1 门类：神经内科、神经外科、精神科门；

第 2 门类：骨科、整形外科、烧伤科门；

第 3 门类：眼科、耳鼻喉科、口腔科门；

第 4 门类：普外科、胸外科、泌尿生殖科门；

第 5 门类：职业病内科门。

（三）伤残等级

根据工伤职业病致残和造成失能的情况，划分出十个伤残等级，最重的为一级，最轻的为十级。对于同一器官或系统多处损伤，或一个以上器官同时受到损伤者，应先对单项伤残程度进行鉴定。如几项伤残等级不同，以重者定级；两项以上等级相同，最多晋升一级。根据《劳动能力鉴定 职工工伤与职业病致残等级》的规定，十级伤残等级共列出了572种伤残情形，基本划分如下：

1. 一级

器官缺失或功能完全丧失，其他器官不能代偿，存在特殊医疗依赖，或完全或大部分护理依赖的24种情形归入此类。

2. 二级

器官严重缺损或畸形，有严重功能障碍或并发症，存在特殊医疗依赖，或大部分护理依赖的42种情形归入此类。

3. 三级

器官严重缺损或畸形，有严重功能障碍或并发症，存在特殊医疗依赖，或部分护理依赖的49种情形归入此类。

4. 四级

器官严重缺损或畸形，有严重功能障碍或并发症，存在特殊医疗依赖，或部分护理依赖或无护理依赖的57种情形归入此类。

5. 五级

器官大部分缺损或明显畸形，有较重功能障碍或并发症，存在一般医疗依赖，无护理依赖的73种情形归入此类。

6. 六级

器官大部分缺损或明显畸形，有中等功能障碍或并发症，存在一般医疗依赖，无护理依赖的73种情形归入此类。

7. 七级

器官大部分缺损或畸形，有轻度功能障碍或并发症，存在一般医疗依赖，无护理依赖的72种情形归入此类。

8. 八级

器官部分缺损，形态异常，轻度功能障碍，存在一般医疗依赖，无护理依赖的74种情形归入此类。

9. 九级

器官部分缺损，形态异常，轻度功能障碍，无医疗依赖或者存在一般医疗依赖，无护理依赖的54种情形归入此类。

10. 十级

器官部分缺损，形态异常，无功能障碍，无医疗依赖或者存在一般医疗依赖，无护理依赖的54种情形归入此类。

《劳动能力鉴定 职工工伤与职业病致残等级》更多地体现了医学上对工伤职工的生理和心理的残障程度进行的科学定性，而没有相对准确地显示其劳动能力，只是在此基础上大致划分了工伤职工丧失劳动能力的程度，分为三个等级：完全丧失劳动能力，凡伤残鉴定为一级至四级的，可确定为完全丧失劳动能力；大部分丧失劳动能力，凡伤残鉴定等级为五级、六级的，可确定为大部分丧失劳动能力；部分丧失劳动能力，凡伤残鉴定等级为七级至十级的，可确定为部分丧失劳动能力。

当然，以上只是对现有工伤和职业病的基本概括，但由于职业病随着职业分类的变化、生产技术的发展，会产生新类型的职业病，如电脑辐射、移动电话辐射造成的伤害和职业病等，有待逐步列入工伤和职业病范围。

从《职工工伤与职业病致残程度鉴定》的实践看，医学鉴定成分十分充分、详尽，而劳动能力或职业能力的鉴定却相对不足。这种鉴定标准体现了传统社会人身伤害程度确定赔偿额度的理念，强调了对工伤职工人身伤害的经济补偿，而没有测算劳动能力，也就是职业能力下降程度高低评价不健全，在新的标准中有了进一步改进。

▶第四节　我国劳动能力鉴定机构和鉴定程序

一、劳动能力鉴定机构

劳动能力鉴定委员会是劳动能力鉴定的组织机构。在《工伤保险条例》发布前，我国的劳动能力鉴定委员会分为省、地（市）、县（市）三级，各级按照职责权限有不同的分工。在《工伤保险条例》实行后，我国劳动能力鉴定委员会从组织上重新分为两级，即：设区的市级劳动能力鉴定委员会和省、自治区、直辖市劳动能力鉴定委员会。其职责分别为：设区的市级劳动能力鉴定委员会受理劳动能力的初次申请并作出鉴定意见；省、自治区、直辖市劳动能力鉴定委员会受理再次鉴定申请并做出最终鉴定结论。省、区两级鉴定，简化了程序，便于工伤职工申请再次鉴定，明确了工伤职工申请劳动能力鉴定的程序，避免了过去鉴定时间过长的情况。

劳动能力鉴定委员会由劳动保障行政部门、人事行政部门、卫生行政部门、工会组织、经办机构代表以及用人单位代表组成。劳动能力鉴定委员会的常设办事机构设在劳动保障行政部门，负责劳动能力鉴定的日常工作。

《工伤保险条例》第 25 条规定："设区的市级劳动能力鉴定委员会收到劳动能力鉴定申请后，应当从其建立的医疗卫生专家库中随机抽取 3 名或者 5 名相关专家组成专家组，由专家组提出鉴定意见。设区的市级劳动能力鉴定委员会根据专家组的鉴定意见做出工伤职工劳动能力鉴定结论；必要时，可以委托具备资格的医疗机构协助进行有关的诊断。"劳动能力鉴定委员会建立医疗卫生专家库，一是为了储备医疗卫生专家名录，以便进行劳动能力鉴定时提供足够的随机抽取的医疗卫生专家；二是体现劳动能力鉴定的公平、公正。如厦门市劳动能力鉴定委员会设立内科、外科、职业病和一般肢残外伤（五级至十级）等四个医疗技术鉴定组，对伤病人员提出劳动能力鉴定意见。同时，还设立医疗技术复审组，对申请复审的劳动能力鉴定提出复审意见，医疗技术复审组由市劳动能力鉴定委员会聘请有关的医疗卫生专家组成。

根据《工伤保险条例》的规定，列入专家库的医疗卫生专业技术人员应当具备下列条件：

1. 具有医疗卫生高级专业技术职务任职资格

这里的"医疗卫生高级专业技术职务任职资格"，是指根据国家有关规定，经考试或考核取得副高以上职称的医疗卫生专业技术资格。

2. 掌握劳动能力鉴定的相关知识

由于劳动能力鉴定是一项专业性强、技术含量高、政策复杂的综合性工作，因此，要求列入专家库的医疗卫生专业技术人员应当具备工伤和职业病评残的专业知识，掌握社会保险政策法规，以及与劳动能力鉴定相关的其他知识。

3. 具有良好的职业品德

公正、客观地反映工伤职工的劳动能力，是从事鉴定的医疗卫生专业技术人员应当具备的品德，这种品德表现在工作要实事求是，严格按照法律和相关政策规定和评残标准，依照程序，区别轻重，合理提出专家鉴定意见，避免随意性。在工作态度上应当科学严谨，高度负责。

工伤职工的劳动能力鉴定必须经过具有医疗经验的专家做出鉴定意见后，劳动能力鉴定委员会才能做出劳动能力鉴定结论。现行劳动能力鉴定制度中设置了回避制度。《工伤保险条例》中规定，劳动能力鉴定委员会组成人员或者参加鉴定的专家与当事人有利害关系的，应当回避。

二、劳动能力鉴定程序

（一）劳动能力鉴定程序启动的条件

劳动能力鉴定程序是指劳动能力鉴定从申报到鉴定，并做出鉴定结论的工作程序。劳动能力鉴定是对劳动者受到工伤后对伤残失能程度做出的判定结论，并依此确定相应的工伤保险待遇。作为一种能力鉴定，需要以科学的方法，在合理的时间内做出科学的结论。

《工伤保险条例》第 21 条规定："职工发生工伤，经治疗伤情相对稳定后存在残疾、影响劳动能力的，应当进行劳动能力鉴定。"启动鉴定程序应保证满足下列条件：

1. 必须有工伤的发生。需要鉴定的工伤必须符合《工伤保险条例》中规定的构成工伤条件，对于因非工伤而致残的，不在此列。

2. 该工伤经治疗伤情相对稳定。在发生工伤后立即进行劳动能力鉴定是不科学的，其原因是：首先，对工伤无法确定其是否存在劳动能力功能障碍；其次，在病情不稳定情况下的鉴定结论不准确。因此，要求经治疗伤情相对稳定。这里仅要求是相对稳定，并不要求病情不再发生变化。

3. 工伤导致了残疾或影响劳动能力。如果该工伤发生后，并不导致职工残疾，也不影响劳动能力的情况，则不需要就此进行劳动能力鉴定。出现残疾或影响劳动能力，是进行劳动能力鉴定的前提。

（二）劳动能力鉴定申请程序

《工伤保险条例》第 23 条规定："劳动能力鉴定由用人单位、工伤职工或者直系亲属向设区的市级劳动能力鉴定委员会提出申请，并提供工伤认定决定和职工工伤医疗的有关资料。"由此可见，劳动能力鉴定申请程序包括以下要素：

1. 申请权主体

根据《工伤保险条例》第 23 条的规定，一是由用人单位向设区的市级劳动能力鉴定委员会提出；二是由工伤职工本人直接向设区的市级劳动能力鉴定委员会提出申请；三是如果工伤职工本人由于伤残程度或其他原因无法亲自提出申请，其直系亲属也可以代其向设区的市级劳动能力鉴定委员会提出申请。

2. 申请文件

因工负伤劳动能力鉴定，一般应提交工伤认定结论、《工伤证》和工伤职工选定的工伤医疗机构出具的诊断证明及按照《医疗事故处理条例》规定复印或复制的病历及检查报告等资料。因患职业病的劳动能力鉴定，一般应提供卫生局批准承担职业病诊断工作的医疗机构出具的职业病诊断书，以及职工工伤认定表、就诊病历、检查报告等资料。

3. 申请费用

《工伤保险条例》第 12 条规定："工伤保险基金存入社会保障基金财政专户，用于本条例规定的工伤保险待遇、劳动能力鉴定以及法律、法规规定的用于工伤保险的其他费用的支付"。工伤职工进行劳动能力鉴定的费用支出从工伤保险基金中列支。而根据《职业病防治法》，职业病的诊断鉴定费用由用人单位承担。

劳动能力鉴定是以一定的时间为临界点的。只是确定了劳动能力鉴定结论做出的期限，从停工留薪 12 个月的规定可以大体推导出劳动能力鉴定的时间。《工伤保险条例》第 25 条规定："设区的市级劳动能力鉴定委员会应当自收到劳动能力鉴定申请之日起 60 日内做出劳动能力鉴定结论，必要时，做出劳动能力鉴定结论的期限可以延长 30 日。劳动能力鉴定结论应当及时送达申请鉴定的单位和个人。"

（三）劳动能力鉴定程序

根据《工伤保险条例》的有关规定，劳动能力鉴定应当按照以下程序开展：

1. 提出申请

由符合申请条件的工伤职工或其家属，或用人单位向当地劳动能力鉴定委员会提出申请。

2. 材料审查

当地劳动能力鉴定委员会在接到申请后，对申请资格条件及相关材料进行初审。

3. 组织鉴定

劳动能力鉴定委员会受理劳动能力鉴定申请后，应当从医疗卫生专家库内随机抽取 3 名或 5 名专家组成专家组进行鉴定。

4. 现场鉴定

医疗专家组进行现场鉴定，向工伤职工询问有关的病情，并做必要的临床检查，形成鉴定意见。医疗专家组认为需要做进一步医学检查的，劳动能力鉴定委员会办公室书面告知用人单位或职工。用人单位或职工应在接到书面告知书规定期限内将检查结果报到劳动能力鉴定委员会办公室，否则视为未提出申请。职工做进一步医学检查和补正检查结果的时间不计算在劳动能力鉴定工作时限内。在提出劳动能力鉴定申请之日起的90日内，职工没有按照劳动能力鉴定委员会办公室指定的时间、地点参加劳动能力鉴定的，视为未提出申请。

5. 做出劳动能力鉴定的期限

《工伤保险条例》第25条规定："设区的市级劳动能力鉴定委员会应当自收到劳动能力鉴定申请之日起60日内做出劳动能力鉴定结论，必要时，做出劳动能力鉴定结论的期限可以延长30日。劳动能力鉴定结论应当及时送达申请鉴定的单位和个人。"

上述规定表明：劳动能力鉴定的组织是由市级劳动能力鉴定委员会组织的，具体工作是该委员会的办事机构进行的，而省级劳动能力鉴定委员会不直接受理当事人的劳动能力鉴定申请。

6. 再次鉴定

根据《工伤保险条例》第26条规定，劳动能力鉴定结论做出后，职工对设区的市级劳动能力鉴定委员会做出的鉴定结论不服的，可以在收到该鉴定结论之日起15日内，向省、自治区、直辖市劳动能力鉴定委员会提出再次鉴定申请。省、自治区、直辖市劳动能力鉴定委员会做出的劳动能力鉴定结论为最终结论。

7. 劳动能力鉴定复查

职工发生工伤事故后，对伤残程度进行劳动能力鉴定，但鉴定过后，可能出现病情加重或减轻等情形，为此，我国工伤保险法律制度设置了劳动能力复查程序。《工伤保险条例》第28条规定："自劳动能力鉴定结论做出之日起1年后，工伤职工或者其直系亲属、所在单位或者经办机构认为伤残情况发生变化的，可以申请劳动能力复查鉴定。"劳动能力鉴定复查制度的建立避免了工伤职工伤残程度和劳动能力鉴定结论"一次定终身"现象的发生，客观上考虑到了工伤职工的伤残情况变化的可能性，保证鉴定结果具有最大程度的合理性。

劳动能力鉴定的结果在实际工作中有重要的作用，是工伤保险和劳动者权益保护的重要政策依据。自劳动能力鉴定制度实施以来，较好地解决了职工"闹工伤"的问题，也在很大程度上摆脱了人情关、关系网，有效地控制了劳动能力鉴定的主观随意性。进行工伤伤残鉴定，为确定和支付伤残职工工伤保险待遇提供了依据。

本章小结

职工因工伤残，其工作、生活能力将会受到影响，劳动能力鉴定就是有关部门对伤残职工劳动能力损失程度或致残程度等级做出鉴别和评定。不同的伤残等级，所给予的补偿是不同的，劳动能力鉴定结果就是确定伤残职工享受相应工伤保险待遇的依据。劳动能力鉴定这项工作涉及范围广、技术要求高，因此，它是工伤保险工作中一项重要的工作。

本章介绍了劳动能力鉴定的概念，劳动能力鉴定与工伤认定的关系等内容，简述了我国目前的劳动能力鉴定的组织机构、评残程序及评残标准。

复习思考题

1. 为什么要进行劳动能力鉴定?
2. 劳动能力鉴定与工伤认定的关系如何?
3. 国际上通用的两种工伤评残评价体系是什么?
4. 简述我国的工伤评残鉴定程序。
5. 简述我国的工伤评残分级原则。

案例讨论 1

洪某手指离断伤评残

洪某，男，21 岁，系某中外合资企业的外来工，在操作机器时不慎工伤，致左手拇指远节、食指中远节离断伤，由于送医院救治及时，医院为其做了左手拇指远节断指再植手术。某指定诊断医院对其伤情的诊断结论是：左手拇指远节断指再植术后瘢痕畸形愈合、短缩，指间关节僵直、功能完全丧失；左手食指中远节外伤性缺如、残端愈合。

劳动能力鉴定委员会根据《劳动能力鉴定标准》，评定其为七级残疾。单位对此不服，向省劳动能力鉴定委员会申请再次鉴定，最后省劳动能力鉴定委员会做出维持市劳动能力鉴定委员会“七级残疾”的鉴定结论。

鉴定分析与结论：根据《劳动能力鉴定标准》“七级”第 17 款“一拇指指间关节畸形，功能完全丧失”，以及“九级”第 17 款“一手食指 2～3 节缺失”的规定，遵循“以重者定级”的原则，市劳动能力鉴定委员会评定洪某为七级残疾是正确的。洪某“左手拇指指间关节僵直、功能完全丧失”的伤情十分重要，是评残时必须考虑的主要指标。

案例讨论 2

一次评残是否定终身?

江风，原从事铸工工作 35 年。1999 年 10 月，经省职业病防治院确诊为Ⅰ期尘肺伴肺功能轻度损伤。2000 年 5 月，经省劳动能力鉴定委员会评定为伤残等级六级。2003 年 12 月，经省职业病防治院再一次确诊为尘肺Ⅱ期，重度混合性通气障碍。在这种情况下，江风的伤残等级还能变更吗?

鉴定分析与结论：工伤保险有关制度规定，随着伤情的变化，伤残等级亦应定期复查变更，工伤待遇也应相应调整。因为即使医疗期满后，有一些工伤职工的伤病仍在不断地发展变化中，有的可能变轻了，有的可能加重了，尤其是肺部、心脏、血液、肝脏、肾脏等疾患容易发生变化。从本案中的尘肺病的特殊性来讲，因为目前医学上还没有普遍有效的根治办法，患了尘肺病一般不可逆转，特别是在天气、季节变化时，病情往往加重，经过治疗可以缓解，从某种意义上讲病情加重是不可避免的。另外，对于伤残情况发生变化的，申请劳动能力复查鉴定的，有一定的时间限制，要求是上次劳动能力鉴定结论做出之日起 1 年后。《工伤保险条例》之所以规定 1 年的观察期，主要是防止当事人过于频繁地提出复查鉴定，干扰正常的鉴定工作。对于本案，根据省职业病防治院的诊断结果，江风可以向当地市劳动能力鉴定委员会申请复查鉴定，劳动能力鉴定委员会经过复查鉴定后，伤残情况确实发生变化的，按照新的伤情给出伤残等级。

第九章

工伤康复

■学习要点

工伤保险制度100多年的历程，已经逐渐建立起预防—补偿—康复三位一体的完善的体系。对工伤职工不仅要给予积极的工伤治疗和经济补偿，而且还要进行康复治疗，康复医学应运而生。现代意义上的康复还应包括教育康复、社会康复和职业康复。

■关键概念

医学康复　教育康复　社会康复　职业康复　工伤康复

▶第一节　工伤康复基础知识

一、康复的基本概念

（一）康复的定义

康复（rehabilitation）一词原意是"复原""恢复原来的权利、资格、地位、尊严"等。现代康复的定义，就是使残疾者最大限度地恢复其身体、精神、社会、职业和经济的能力（1942年，全美康复讨论会）。

进入20世纪80年代，康复的目标更侧重在使残疾人能够重返社会，因此，世界卫生组织康复专家委员会于1981年给康复下了新的定义：康复指应用各种措施以减轻残疾的影响和使残疾人重返社会（community-reentry）。康复不仅指训练残疾人使其适应周围的环境，而且也指调整残疾人周围的环境和社会条件以利于他们重返社会（WHO，1981）。

（二）康复的内涵

1. 康复的对象

康复的对象主要是残疾人，以及有各种功能障碍以至于影响正常生活、学习和工作的慢性病者、老年病者。

2. 康复的领域

康复的内涵是个很广泛的范畴，其服务领域既有医学部分，也有超出医学范围的内容。康复的各种措施包括医学的、教育的、职业的、社会的、工程的一切手段，分别称为医疗康复（medical rehabilitation）、教育康复（educational rehabilitation）、职业康复（vocational rehabilitation）、社会康复（social rehabilitation）、康复工程（rehabilitation engineering），从而构成全面康复（comprehensive rehabilitation）。全面康复是现代康复必须遵循的原则。全面康复的概念可以从两个方面来理解。首先，对于具体的残疾人的整体功能而言，从身体上、精神上、职业上和社会生活上进行全面的、整体的康复。康复的对象不仅是有功能障碍的肢体和器官，而更重要的是整个人，所以说，全面康复就是整体康复。此外，对于残疾人的康复工作内容而言，在医学康复、教育康复、职业康复和社会康复等领域都得到综合康复称为全面康复。也就是说医学康复、教育康复、职业康复和社会康复等内容构成全面康复。

关于全面康复的概念两方面的意义是一致的，内容是统一的，残疾人只有得到各个康复领域的综合康复才能获得整体性的全面康复。康复又是一个新形成的概念，是一种具有重要意义的指导思想，应该贯穿于整个医疗体系中，形成一种观念来指导医学思维和医学实践，这对日常的医疗行为是十分有益的。

(1) 医疗康复。通过医学的手段，使残疾人或功能障碍者能最大限度地改善和补偿其功能，最大限度地改善其身体功能，最大限度地改善或提高其生活自理能力。医疗康复的手段主要包括临床诊疗、康复功能评定和各种康复治疗。

(2) 教育康复。通过特殊教育与训练的手段，提高残疾人或功能障碍者的素质和能力。这些能力包括智力、日常生活操作能力、职业技能以及适应社会的心理能力等方面。教育康复包括两个方面的内容：

1) 对残疾者实施系统教育。

2) 对不能进入普通学校接受教育的残疾人，应开设特殊教育学校或特殊班，如智障学校、盲人学校、聋哑学校等。

(3) 职业康复。使残疾人获得、保持适当的职业并能得到提升的机会，从而促进他们参与或重新参与社会。残疾人的职业康复包括职业评估、职业咨询、职业训练和职业指导等内容。

(4) 社会康复。从社会学的角度，推进残疾人的医疗、教育和职业等方面全面康复，并保障残疾人的合法权益。

社会康复涉及的问题十分广泛，主要有以下几个方面：

1) 消除社会环境中的物理性障碍，建立无障碍环境，包括住宅、公共建筑及设施、道路交通的无障碍通行等，为各类残疾人提供方便。

2) 制定有关的法律、法规，保障残疾人的合法权益、人身安全和尊严不受侵犯，确立残疾人在社会中的平等地位和待遇，改善残疾人的经济条件和生活质量。

3) 提供残疾人参与社会的各种条件，如组织各种文化、体育活动。

4) 宣传社会主义人道主义思想，建立扶残、助残的社会风尚。

3. 康复的措施

康复的措施包括所有能消除或减轻身心功能障碍的措施，不但使用医学科学的技术，而且也使用社会学、心理学、工程学等方面的技术和方法。

4. 康复的目标

康复的目标不仅是训练残疾、残障者提高其受损器官功能，以适应环境；还需要环境和社会作为一个整体来参与，以利于他们重返社会。这要求残疾、残障者本人，其家庭及所在社区，均参与康复服务计划的制定和实施。康复必须渗透到整个医疗系统，包括预防、早期识别、门诊、住院和出院后的医疗计划中。

（三）康复与康复医学

1. 康复医学的定义

康复医学是一门以功能为中心（function-oriented）和以残疾为中心（disability-oriented）的医学。康复医学是利用医学的手段，对因各种原因而导致一定功能障碍的躯体残疾者进行处理，并尽可能恢复其身体功能，促进其重返社会的医学学科。

2. 康复与康复医学的区别与联系

康复的概念及内涵均比康复医学广泛。康复的服务对象为一切有功能障碍的残疾者，包括肢体残疾和听力语言残疾、智力残疾等，而康复医学只处理跟肢体残疾有关的功能障碍患者；康复的手段包括所有能减轻残疾者功能障碍的措施，包括医学的、教育学的、职业的以及社会学的等方面，而康复医学只采用医学或医学工程学的手段和方法。

二者又有内在的联系。康复包含了康复医学，康复医学是康复的重要内容和分支，二者的目标均为使残疾者重返社会。

3. 康复医学与治疗医学（临床医学）

过去人们曾一直把医学分为预防、医疗、康复三个部分，因此，康复医学又被称为第三医学。目前，WHO 将医学分为保健医学、预防医学、治疗医学和康复医学四类。因此，按现代医学的观点，康复医学应被称为第四医学。由 WHO 的分类可以看出，康复医学（Rehabilitation Medicine）已不再从属于治疗医学（Curative Medicine），而是现代医学学科的一个独立的分支。康复医学与治疗医学的区别及联系见表 9—1。

表 9—1　　康复医学与治疗医学的区别及联系

	治疗医学	康复医学
对象	一般疾病	暂时或永久性功能障碍的残疾者
目的	治愈疾病	最大限度地恢复功能，促使重返社会
方法	药物、手术为主	以物理疗法、作业疗法、言语疗法等功能恢复训练方法为主，假肢、矫形器、辅助用具等补偿技术为辅，配合药物或手术

4. 我国康复医学的发展

在古代，我国民间就利用按摩和温热治疗疾病。汉代已用医疗体操或运动疗法来进行医疗保健，马王堆汉墓出土的《导引图》中绘有医疗体操多种，名医华佗的《五禽戏》是世界上最早的医疗体操的形式之一。同样，我国古代的武术也早已被世界公认为最早的运动疗法。

我国现代康复医学的建立是从20世纪80年代初期开始的。1982年年底，中山医科大学率先在全国成立物理医学与康复医学教研室，并在医疗系开设康复医学选修课。1984年，中山医科大学又率先在全国设置康复医学硕士研究生培训点。1988年，集康复医疗、教学、科研和培训于一体的大型康复中心——中国康复研究中心于北京建成。1990年，第七届全国人民代表大会常务委员会第十七次会议通过的《中华人民共和国残疾人保障法》中对康复有明确规定，将残疾人的全面康复纳入法制轨道。1992年，卫生部正式将康复医学科列入各级综合医院中必设的临床科室之一，并于1996年发出《关于发布〈综合医院康复医学科管理规范〉的通知》（卫医发［1996］第13号），对综合医院康复医学科的建设进行规范管理。

长期以来，卫生系统、民政系统和中国残疾人联合会等政府部门和社会团体都开展了相应的康复服务，并相继成立了“中国康复医学会”“中华医学会物理医学与康复学会”“中国民政系统康复医学研究会”以及“中国残疾人康复协会”等学术团体。

随着我国社会经济的不断进步和工业生产的发展，各种工业意外及交通意外也呈上升趋势，工伤致残人数也不断增加，导致大量工伤人员劳动能力丧失，给社会、家庭和个人造成了极大的损失。工伤康复的任务是利用医疗康复及职业康复的手段，最大限度地恢复工伤职工的身体功能，并尽可能恢复他们的职业劳动能力，从而促进他们重返社会。在劳动部颁布的《企业职工工伤保险试行办法》（劳部发［1996］266号）中，明确提出工伤康复是工伤保险的三大任务之一。目前，在全国部分省市尝试开展工伤康复工作，力图探索出一条适合我国国情的工伤康复发展之路。广州工伤康复中心是我国第一家工伤康复专门机构，总建筑面积为7 000平方米，设有120张康复床位。康复中心引进先进的康复技术和设备，主要为广州市广大工伤职工提供医疗康复和职业康复等服务。

二、残疾的基本概念

自有人类以来就有残疾和残疾人，残疾问题是全球普遍存在的社会问题。据我国第二次全国残疾人抽样调查统计，我国共有各类残疾人8 000多万人。

（一）残疾的定义

残疾（Disability）是由伤、病等原因在人体上遗留的固定症状，是指因伤、病等因素造成明显的身心功能障碍，以至于不同程度地丧失正常生活、学习和工作能力的一种状态。

残疾人（Disabled Person）是指因心理、生理及人体结构的缺损导致功能丧失或不正常，不能以正常方式生活、工作和学习的人。包括具有视力残疾、听力残疾、语言残疾、肢体残疾、运动障碍、智力残疾、精神和行为异常、心肺功能不全、多重残疾和其他残疾的人。

（二）残疾的层次和发展

世界卫生组织按照残疾的性质、程度和影响，将残疾分为残损（组织器官缺损）、残疾（个体能力障碍）和残障（社会能力障碍）三个不同的发展层次类别，即 ICIDH 标准（International Classification of Impairment, Disabilities&Handicaps），其中 I 代表残损（Impairment），D 代表残疾（Disability），H 代表残障（Handicap）。这是根据疾病对个体生存主要能力的影响，进行不同侧面的分析，根据能力丧失的情况制定对策。将人们从“病因—病理—表现”的医学生物学模式引导出来，对各类康复工作人员起了重要的指导作用。

1. 残损

残损是指心理上、生理上或解剖结构上或功能上的任何丧失或异常，是生物器官系统水平上的残疾。可分为以下几类：

（1）智力残损。

（2）其他心理残损。

（3）语言残损。

（4）听力残损。

（5）视力残损。

（6）内脏（心肺、消化、生殖器官）残损。

（7）骨骼（姿势、体格、运动）残损。

（8）畸形。

（9）多种综合的残损。

每一类残损中又有许多细分项目。

2. 残疾

残疾是由于残损使能力受限或缺乏，以至于人不能按正常的方式和在正常范围内进行活动，是个体水平上的残疾。其核心是能力，特别是自理生活或（和）就业能力的减弱或丧失，以至于独立生活发生困难。残疾可分为以下几类：

（1）行为残疾。

（2）交流残疾。
（3）生活自理残疾。
（4）运动残疾。
（5）身体姿势和活动的残疾。
（6）技能活动残疾。
（7）环境适应残疾。
（8）特殊技能残疾。
（9）其他活动方面的残疾。

3. 残障

残障是由于残损或残疾，而限制或阻碍一个人完成正常的（按年龄、性别、社会和文化等因素）社会作用，是社会水平的残疾。其特征是残疾人的行为和所处的地位与他自己或其所处的群体的期望之间不协调。因此残障是残损和残疾的社会表现，它反映个体由于残损或残疾而在文化、社会、经济、环境等方面的各种后果。可分为以下几类：

（1）定向识别（时、地、人）残障。
（2）身体自主残障（生活不能自理）。
（3）行动残障。
（4）就业残障。
（5）社会活动的残障。
（6）经济自立残障。
（7）其他残障。

ICIDH是按多重目的进行分类，便于各学科、各部门使用。新版已被大家广泛采用，如商业保险、社会保障、劳动教育、经济、社会政策和一般立法。

下面以工业意外造成截瘫的患者为例说明残疾的发展层次：

某一建筑工人，在工作时脚手架突然倒塌，该工人从三楼摔下，造成胸12（T12）的不完全性损伤，为残损（组织器官缺损）；如果该工人未能得到及时的抢救、临床治疗和康复治疗，残损进一步发展，双下肢不完全性瘫痪，肌肉萎缩、畸形，不能独立行走，需坐轮椅或扶杖步行，为残疾/失能（个体能力障碍）；如该工人未进行及时的康复治疗，残疾进一步发展，双下肢完全瘫痪，肌肉严重萎缩、关节畸形，长期卧床，该工人不仅个人生活完全不能自理，且不能参加社会生活及工作，为残障（社会能力障碍）。

（三）残疾的分类

1. 按器官系统进行的残疾分类

（1）感官残疾（sensory disabilities）。如视力残疾、听力残疾。

（2）神经残疾（neurological disabilities）。如神经系统疾患引起的瘫痪、感知觉缺失等。

（3）肌肉骨骼残疾（musculoskeletal disabilities）。由骨、关节、肌肉损伤引起的残疾，如关节强直、肢体缺失、畸形等。

（4）心肺残疾（cardiopulmonary disabilities）。由心脏病、肺部疾患引起的心或肺功能不全。

2. 按病因进行的残疾分类

（1）伤残。由外伤、创伤引起的残疾。

（2）病残。由疾病引起的残疾。

（3）发育性残疾。由发育缺陷引起的残疾，如先天性肢体缺陷、精神发育迟滞等。

3. 国务院于1987年制定的我国残疾人的分类标准（5类）

（1）视力残疾：盲、低视力。

（2）听力语言残疾：聋、重听、单纯语言残疾。

（3）智力残疾（4级）。

（4）肢体残疾（4级）。

（5）精神残疾（4级）。

（四）工伤残疾

工伤残疾指劳动者在生产过程中遭受工伤事故或职业病危害后，虽经积极治疗仍不能复原，以致造成永久性的身体功能部分或全部丧失。工伤残疾与一般残疾的根本区别在于残疾的主体为劳动者，残疾的原因为工伤事故或职业病。

确定工伤残疾必须具备两个条件：第一是必须经劳动保障行政部门确认为工伤，即残疾的原因是工伤造成的；第二是该工伤对职工身体和功能所造成的影响必须达到一定的伤残评定标准。为了更好地对职工工伤后的伤残失能程度做出科学的判定结论，国家质量技术监督局于1996年制定了《职工工伤与职业病致残程度鉴定》（GB/T 16180—1996）。2006年11月2日由国家质量监督检验检疫总局、国家标准化管理委员会发布《劳动能力鉴定 职工工伤与职业病致残等级》（GB/T 16180—2006，2007年5月1日实施）代替了前述标准。

三、工伤康复的基本概念

（一）工伤康复的概念

随着社会经济的不断发展和工业生产的进步，各种工业意外不断增加。

工伤不仅严重影响了工伤职工个人及家庭生活，也由此造成了大量社会劳动力的丧失，严重影响了社会的进步和工业的发展，以恢复劳动者的身体功能和职业劳动能力为主要目标的工伤康复就显得非常重要。因此，当19世纪后期，在西方各国相继实施工伤保险制度来分散工伤风险的同时，也高度重视工伤康复的作用，以降低工伤所造成的损失和保障工伤职工的基本权益。

工伤康复是利用现代康复的手段和技术，为工伤残疾人员提供医疗康复、职业康复等服务，最大限度地恢复和提高他们的身体功能和生活自理能力，尽可能恢复或提高伤残职工的职业劳动能力，从而促进伤残职工全面回归社会和重返工作岗位。工伤康复是工伤保险的重要组成部分，是“以人为本”科学发展观的重要体现。建立预防、补偿、康复相结合的工伤保险体系，是我国工伤保险事业发展的方向。

（二）工伤康复的特点和内涵

从工伤康复的定义可以总结出工伤康复的特点和内涵：

1. 工伤康复是将康复学应用在一个特定的群体——工伤职工中，从而实实在在地体现工伤保险对工伤职工利益的有效保护。工伤康复的服务主体是工伤职工，即因工伤事故或职业病而引起残疾或功能障碍，并经劳动保障行政部门确认的工伤职工。

2. 工伤康复的最终目标是使工伤职工全面回归社会和重返工作岗位，因此，除采用医疗康复的手段和技术，以提高工伤职工的身体功能和生活自理能力之外，更大量地采用职业康复的技术和方法，以促进工伤职工尽快重返工作岗位。

3. 由于工伤康复体现工伤保险职能，依托于工伤保险体系，因此具有较强的政策性和社会性，同时，工伤康复作为康复学的独立分支，又有较强的专业技术性。因此，要较好地实施工伤康复，必须建立相应的服务管理体系和技术支持体系。

4. 工伤康复作为工伤保险制度的组成部分，同样具有工伤保险的属性和基本原则，即具有一定的补偿性和强制性。

5. 对于工伤职工而言，工伤康复实际上是一种工伤的待遇，只不过这种待遇不是以补偿金的形式，而是通过为工伤职工提供的各种康复服务来体现的。因此，不仅工伤职工的各项康复服务的费用和成本由工伤保险基金支付，许多国家甚至用工伤保险基金直接投资兴建专门的工伤康复中心或医院，以保障工伤康复服务的提供。

（三）工伤康复的基本内容

工伤康复的工作内容主要包括工伤的医疗康复和职业康复。

工伤的医疗康复主要是利用各种临床诊疗和康复治疗的手段，改善和提高工伤职工的身体功能和生活自理能力，包括物理治疗、作业治疗、言语治疗、义肢矫形、心理治疗、中国传统康复治疗等六大治疗支柱。

工伤的职业康复使工伤残疾职工重新恢复职业劳动能力，并根据他们的职业兴趣和身体功能，从事一些力所能及的职业劳动，从而促使他们重新回归社会。职业康复主要包括职业评定、职业咨询、职业训练以及职业指导等四个方面的工作内容。

工伤康复的工作内容还包括工伤的功能评估和伤残评定，包括各种体能、电生理诊断、心肺功能、运动功能、心理、认知功能、言语功能、生活自理能力、职业劳动能力和伤残等级的诊断评估等。同时，由于工伤事故不仅造成了工伤职工身体功能和职业劳动能力的丧失，也对工伤职工的心理造成了极大的创伤，因此，工伤心理康复在工伤康复中具有独特的地位。另外，工伤康复不仅包含了复杂的技术工作，同时也是一项系统的社会工程，因此，社会康复也应该成为工伤康复工作的重要环节。

▶第二节　工伤康复在工伤保险中的作用和地位

随着社会经济的不断发展和工业生产的进步，各种工业意外不断增加，工伤致残人数也不断增加，由此造成了大量社会劳动力的丧失，严重影响了社会的进步和工业的发展，以恢复劳动者的身体功能和职业劳动能力为主要目标的工伤康复就显得非常重要。

党的十六大提出了全面建设小康社会的宏伟目标，十六届三中全会又提出了“坚持以人为本，树立全面、协调、可持续的发展观，促进经济社会和人的全面发展”的要求。工伤保险作为我国社会保险的核心制度之一，全面保障了工伤职工的基本权益，分散了用人单位的工伤风险，因此，对推动社会主义市场经济的发展起到了重要的作用，也是实现全面建设小康社会的重要保障。工伤康复作为工伤保险的重要职能之一，在我国处于起步和探索阶段，在新时期全面建设小康社会和促进人与社会和谐发展的历史进程中，究竟如何定位和发挥作用，不仅是我们必须认真思考和回答的问题，更是关系到我国工伤康复事业能否和怎样持续发展的重大课题。

一、工伤康复是全面建设小康社会的必然要求

我国是一个职业危害比较严重的国家，近十几年来每年因各类事故死亡人数都在10万人左右。从我国公布的工伤事故和职业危害的统计数据来看，工伤致残人数在逐年增加，1993年为3.77万人，1994年为5.83万人，1995年为7.05万人，1996年为10.12万人，1997年为12.49万人，1998年为15.76万人。近年来，随着社会经济和工业生产的不断发展，全国因工伤致残或造成身体功能障碍的人员人数呈逐年上升态势。据不完全统计，全国因工伤致残的职工总数目前已超过了100万人。

对工伤职工个人而言，由于工伤造成了职工劳动能力的降低或丧失，自身的缺陷和障碍使其在自由的市场竞争中处于不利地位。工伤人员往往正当青壮年，他们多是家庭的主要经济来源的提供者。每件工伤事故的背后，都对一个或连带几个家庭形成灾难，绝大部分工伤职工及其家庭因工伤而致残，因残疾而致贫，是造成贫困人群的主要因素之一。我们必须深刻认识到，没有工伤职工这一特殊困难群体的小康，就不是真正意义上的全面小康。因此，工伤职工的生活水平和生活质量问题，将直接影响全面建设小康社会目标的实现。

劳动是创造人类社会物质和精神财富的源泉，就业是个体获得生活资料最重要的途径，我国全面建设小康社会目标的实现是通过广大人民群众的劳动和就业来创造的。在我国的社会保障体制下，虽然工伤保险制度给予了工伤职工一定的经济补偿和基本生活保障，但无论从社会保险的公平与效率的原则，还是从我国现阶段的社会经济发展水平来看，单纯的工伤补偿难以使工伤职工达到小康生活水平。因此，尽可能恢复工伤职工的身体功能和职业劳动能力，促使他们重返工作岗位，并通过自己的劳动创造更多价值和获得更多的生活资料，是工伤职工及其家庭能否实现小康目标的关键。而这一目标的实现，正是通过工伤康复来达到的。国外的经验和国内的实践表明，90%以上的工伤职工通过工伤康复是可以重返工作岗位的。面对如此庞大的工伤人群，大力发展工伤康复事业是全面建设小康社会的必然要求。

二、工伤康复是工伤职工回归社会、实现人的全面发展的需要

坚持以人为本，是党中央提出的科学发展观的本质和核心。工伤保险是针对工业化社会客观存在的工伤事故和职业危害所强制采取的保障劳动者基本权益的一项社会保险。工伤保险的服务对象是工伤职工这一特殊困难群体，因此更要体现人文关怀，发展工伤保险事业的本质和核心应该坚持以工伤职

工为本。社会不仅应接纳和理解工伤职工，而且有责任营造一个良好的社会环境和条件，使工伤职工能够重新回归社会，实现全面发展。工伤康复不仅要恢复工伤职工的身体功能，消除他们回归社会的物理障碍，更要恢复他们的职业劳动能力，促使他们重返工作岗位，从而使工伤职工以社会财富创造者的平等身份，有尊严和自信地参与社会生活。在工伤保险的三大职能中，如果说工伤补偿是保障工伤职工基本权益、使工伤职工实现生存权的需要，那么，工伤康复则是工伤职工重新融入社会、实现人的全面发展的需要。因此，工伤康复显示出党和政府对工伤职工这个弱势群体的关怀，体现了党和政府全心全意为人民服务的宗旨，是党中央、国务院“以人为本”的新的科学发展观这一理念在工伤保险中的具体体现。

三、从人道主义和人权保障的角度理解工伤康复的价值取向

工伤是人类工业生产和社会经济发展不可避免的劳动风险，而工伤职工则是这种发展过程中不可避免要付出代价的承载者。我们对工伤现象的解释不仅要从个体的角度去理解其偶然性，更要从人类社会发展的角度去理解它的必然性。正是由于工伤职工用鲜血甚至生命付出的“前提性贡献”，推动了人类工业生产和社会经济的发展。工伤康复事业是人道主义事业，也是人权保障事业，发展工伤康复事业同样需要“在平等中注入一些合理性，在效率中注入一些人道”（阿瑟·奥肯：《平等与效率：重大的抉择》）。认识工伤康复的意义，不仅要看其经济价值，还要看其社会意义；不仅要看其对工伤职工生存和发展的个体意义，还要看其对维护社会公正和稳定的整体意义；不仅要从促进经济和社会发展的角度去理解，更要从实践人道主义、促进社会安定文明进步的角度去理解。

四、工伤康复是落实国务院《工伤保险条例》，保障工伤职工基本权益，体现我国社会保障制度优越性的重要举措

工伤保险是世界上普遍建立的社会保障制度之一，我国于20世纪50年代开始建立工伤保险制度，于90年代进行工伤保险制度的改革，并于1996年出台了《企业职工工伤保险试行办法》（劳部发［1996］266号）。该《试行办法》突破了原有企业保险的管理模式，首次将工伤康复纳入工伤保险范畴，规定各级人民政府应逐步发展职业康复事业，帮助伤残职工恢复身体功能和职业劳动能力。2004年1月1日开始施行的国家《工伤保险条例》，更明确规定了工伤保险的目标之一是“促进工伤预防和职业康复”，并对“工伤康复治疗”和“假肢、矫形器和康复辅助器具装配”等的费用做出了原则规定。因

此，工伤康复是落实国务院《工伤保险条例》，保障工伤职工基本权益，体现我国社会保障制度优越性的重要举措。

五、工伤康复是降低工业意外和职业伤害所造成的损失，合理控制工伤保险基金支出，分散工伤风险的有效途径

工伤医疗康复一方面能有效地预防残疾和各种并发症、后遗症的发生和发展，减少工伤职工的后续治疗，降低治疗费用；另一方面能提高工伤职工的生活自理能力和伤残等级，减少后期赔偿的开支，降低工伤保险基金的支出。

更为重要的是，在医疗康复的基础上开展职业康复，最大限度地恢复工伤职工的职业劳动能力，从而降低因工伤而造成的人力资源丧失（工伤减员）的影响，其所产生的社会经济价值是显而易见的。

综上所述，从单纯经济补偿向与工伤预防、医疗康复及职业康复相结合的转变，是现代工伤保险的显著标志之一，也是社会文明和进步的标志。我们必须大力发展工伤康复事业，构建预防、康复、补偿一体化的新型工伤保险体系。

▶第三节　工伤康复工作的基本内容

工伤康复涵盖的内容广泛，既包括了工伤残疾预防、工伤医疗康复、工伤职业康复等技术工作，也包括了工伤康复政策、工伤康复标准以及工伤康复管理等社会工作。概括来说，工伤康复主要包括工伤残疾预防、工伤医疗康复、工伤职业康复、康复辅助器具配置以及工伤康复管理等方面的工作。

一、工伤残疾预防

（一）工伤残疾预防的目的

残疾预防是工伤康复的重要组成部分，其基本目标是改善工伤职工的身心、社会、职业功能，预防残疾的发生、发展和各种严重并发症、合并症，保持现有功能或延缓功能衰退，使工伤职工能最大限度地和正常人一样过着积极的有生产性和创造性的生活。

（二）工伤残疾（亦称工伤康复预防）的三级预防体系

工伤残疾预防从层面上可分为一级预防、二级预防和三级预防。

工伤康复的一级预防是安全生产，预防工伤事故的发生。但是，工伤总是不可完全避免的，一旦发生工伤事故，造成了职工组织器官和功能的缺损，则要采取积极的救治和康复措施，防止工伤职工出现永久性的残疾，这就是工伤康复的二级预防；工伤职工不可避免地出现永久残疾时，则要采取积极的康复措施，预防工伤职工出现社会能力障碍（残障），这就是工伤康复的三级预防。具体预防措施如下：

1. 一级预防

一级预防是指通过加强安全生产宣传教育、改进生产设备和生产环境、注意精神卫生等措施，减少工伤事故和职业病，从而减少各种残损的发生。

（1）目的。减少各种病损的发生。

（2）效果。最为有效，可降低残疾发生率70%。

（3）措施。预防各种致残因素，防止意外事故；加强安全生产、卫生宣传教育；改进生产设备；注意精神卫生等。

2. 二级预防

二级预防是指一旦发生工伤事故或职业病，造成了职工组织器官和功能的缺损，则要采取积极的措施，防止由于残损而导致工伤职工出现生活自理能力和职业劳动能力的永久性丧失（失能），并尽可能促使工伤职工重返工作岗位。本阶段的措施包括积极的医疗救治，以及尽可能早的医疗康复和职业康复干预。

（1）目的。限制或逆转由病损造成的残疾。

（2）效果。可降低残疾发生率10%～20%。

（3）措施。早期发现、早期治疗。适当的药物治疗；基本及时的手术治疗：如创伤、骨折等；早期的康复治疗介人。

3. 三级预防

三级预防是指当工伤职工出现个体能力障碍时（失能），则要采取积极的康复措施，防止工伤职工由失能转化为社会能力障碍（残障），并尽可能减少失能、残障给个人、家庭和社会造成的影响。本阶段采取的措施主要包括社会康复，以及适当的临床治疗和医疗康复，以预防各种严重并发症和合并症的发生。

（1）目的。防止失能转化为残障。

（2）效果。减少失能、残障给个人、家庭和社会造成的影响。

（3）措施。康复医疗如运动治疗、作业治疗、心理治疗、语言治疗以及假肢、支具、辅助器、轮椅等；教育康复、职业康复、社会康复，还包括应有的社会教育。

值得指出的是，在工伤残疾的三级预防体系中，二级预防具有双向逆转的特性。如措施得当，工伤职工伤情可以向好的方向发展，从而避免出现永久性的残疾。否则，将出现不好的结局，导致残障的出现。而且，在我国现行的工伤保险管理中，二级预防的阶段正好处在工伤医疗期（停工留薪期）内，对于工伤职工医疗期的确定和伤残等级的评定具有关键的作用。

另外，必须正确理解工伤预防和工伤残疾预防的区别和联系。一方面，两者都是为了减少工伤事故和职业病的发生，以及降低由此而造成的影响和损失。因此，两者的目标可以说是一致的。另一方面，工伤预防作为工伤保险的基本职能之一，注重从政策、管理、体制等方面，发挥工伤保险对工伤事故和职业病的整体预防功能，是预防的政策、整体层面；而工伤残疾预防，则是从相关残疾预防的技术和方法方面，针对工伤职工个体，预防其残疾的发生和发展，是预防的技术、个体层面。

二、工伤医疗康复

工伤医疗康复主要包括康复评定和康复治疗，其中，康复评定是基础，一切康复治疗都要在康复评定的基础上进行。而康复治疗是医疗康复的核心，工伤职工的康复目标均需要通过康复治疗来实现。

（一）工伤康复评定

1. 康复评定的目的

工伤康复评定是对工伤职工残疾的性质、范围、类别及严重程度做出判断，为估计预后、制定和调整康复治疗方案、评估治疗效果以及提出进一步全面康复计划提供依据。工伤康复评定也是工伤职工伤残等级评定和职业劳动能力鉴定的科学依据。

康复评定是针对工伤职工的功能障碍和存在问题而做出的科学、客观的评价，其主要目的有以下几方面：

（1）了解功能状况。用客观的方法有效和准确地对工伤职工功能障碍的性质、范围、类别、严重程度做出判断。

（2）估计预后，制定和调整康复治疗方案。

（3）评估治疗效果，为提出进一步的康复计划提供依据。

（4）工伤康复评定也是工伤职工进行伤残等级评定和职业劳动能力鉴定的科学依据。

2. 康复评定的内容

工伤康复评定包括功能评估和伤残评定，即各种体能、电生理诊断、心肺功能、运动功能、心理、认知功能、言语功能 、生活自理能力、职业劳动能力和伤残等级的诊断评估等。完整的评定应了解以下内容：

（1）病史。包括现病史、过去史、发育史、心理行为史、职业史、家庭与社会生活史。

1）现病史应了解的内容

①工伤发生的时间、原因、发展过程。

②对日常生活活动、工作、学习、社会活动的影响。

③治疗适应情况。

2）过去史应了解的内容

①过去伤病是否遗留功能障碍。

②过去伤病所致功能障碍与本次之间有无影响。

③全身各系统，重点是心血管、呼吸、神经、肌肉骨骼系统的状况，以评估康复训练所需的残存功能。

（2）体格检查。检查出与正常结构和功能不相符合的体征以及与继发性功能障碍有关的体征。继发性功能障碍不是原发的直接后果，而是治疗过程中出现或者缺乏适当的预防措施的结果。评估残存的能力，明确康复训练的重点目标。

（3）综合功能检查。即运用康复评定检查方法，着重各种综合能力检查，如转移能力、平衡能力、步态、日常生活活动能力、心理状态、语言能力、职业能力、社会生活能力等。

（4）专科会诊。如遇语言、精神障碍、骨科情况复杂者，进行耳鼻喉科、神经科、精神科、骨科等专科会诊。

（5）实验室检查、影像检查等。

（6）汇总资料，写出康复评定报告。包括：有无残疾；残疾部位（肢体、盲、聋、哑、智力、精神、内脏或多种）；残疾分类（残损、残疾、残障）；残疾程度（分级）；残疾对生活、学习及劳动能力的影响；康复需求的建议（包括医疗康复、教育康复、职业康复、社会康复等诸多方面）。

3. 常用的康复评定项目

（1）运动功能检查。如关节活动范围、肌力、平衡功能、步态分析等。

（2）日常生活活动能力评估。如 Bathel 指数、功能独立检查等（FIM）。

（3）言语交流能力评估。如听力、说话能力、书写及计算能力等。

（4）心肺功能及体能测定。

（5）神经肌肉电生理检查。如肌电图、神经传导速度测定等。

（6）社会生活能力评估。

(7) 认知功能评估。

(8) 职业劳动能力评估。

(9) 生存质量评估。

4. 康复评定和工伤职工伤残等级鉴定的区别和联系

职工发生工伤，伤情相对稳定后存在残疾，影响劳动能力的，应当进行劳动能力鉴定。劳动能力鉴定，又叫职工工伤与职业病致残程度的鉴定，是指劳动能力鉴定委员会组织专家，依据劳动能力鉴定标准，对工伤职工劳动功能障碍程度和生活自理障碍程度进行鉴定。而康复评定是针对工伤职工的功能障碍和存在问题而做出的科学、客观的评价。康复评定与劳动能力鉴定既有本质区别，又有一定的联系。

(1) 劳动能力鉴定的结论是工伤职工享受工伤保险待遇的依据，涉及工伤职工的切身利益，具有很强的政策性，因此，劳动能力鉴定的结论是由劳动能力鉴定委员会做出的，鉴定费用由工伤保险基金支付。

(2) 康复评定是由康复专业人员进行的，其目的是了解工伤职工功能状况、估计预后、评估康复治疗效果，为制订进一步的康复计划提供依据。

(3) 康复评定同时也为工伤职工进行劳动能力鉴定提供科学依据。

(二) 康复治疗的种类和服务范畴

康复治疗是康复医学的主要内容，是康复医学区别于一般临床医学的最主要特征之一。根据康复评定所明确的功能障碍及其程度制定康复目标和设计治疗方案，综合协调地运用一切治疗手段来完成治疗方案。工伤医疗康复主要是利用各种临床诊疗和康复治疗的手段，改善和提高工伤职工的身体功能和生活自理能力。

1. 康复治疗的常用技术

康复治疗主要是利用各种临床诊疗和康复治疗的手段，改善和提高工伤职工的身体功能和生活自理能力。

(1) 恢复与增强。是指通过各种康复训练促使患者受损或减弱的功能得到最大限度的恢复和提高。比如骨折后关节挛缩、僵硬的患者经过关节松动术治疗可以恢复其关节活动范围，肌肉萎缩患者可以通过肌力训练技术增强肌肉的力量等。

(2) 代偿与重建。当患者受损的功能无法进一步恢复时，可采用代偿的方法来提高其能力。比如偏瘫患者经过生活自理能力（ADL）训练后可以通过一些技巧动作和健侧肢体代偿完成日常生活自理，四肢瘫痪患者可以通过肌腱转移手术重建其手的抓握功能等。

(3) 补偿与替代。当患者某一器官或组织及其功能部分或完全缺损时，可采用补偿或者替代的方法和技术使其重新获得功能。比如听力受损患者可以使用助听器补偿其听觉功能的不足，下肢截肢患者可以装配假肢而重新获得步行功能等。

2. 康复治疗的常用方法

康复治疗最为常用的治疗方法包括以下11个方面的内容：

(1) 物理疗法（physical therapy）。物理疗法包括运动疗法、物理因子疗法和水中运动治疗。

1）运动疗法。是指通过徒手或借助器械让伤残职工进行的各种改善功能的运动方法。包括体位变换、姿势改变、关节活动度和肌力的维持与增强、改善或增强运动的协调性、改善机体平衡等，这些能有效地、有针对性地、循序渐进地改善丧失或减弱的运动功能，同时可以预防和治疗肌肉萎缩、关节僵直、骨质疏松、局部或全身畸形等并发症。

2）物理因子疗法，简称理疗。是指利用电、光、声、磁、冷、热和力等物理因子治疗的方法。这些物理治疗对炎症、疼痛、痉挛和局部血液循环障碍有着较好的效果；压力可防止瘢痕的增生，局部冷疗对关节病和急性损伤有效。

3）水中运动治疗，简称水疗。是利用水的各种物理特性作为治疗手段，改善和提高伤残职工的功能，预防各种并发症的发生。如利用水的浮力和阻力进行运动治疗，可以改善和提高伤残职工的运动功能和平衡能力，利用水的温度刺激，改善伤残职工的关节活动度和缓解痉挛等。此外，烧伤的水疗能达到清洁创面、促进愈合以及软化瘢痕、减轻粘连的独特疗效。

从事物理疗法的康复治疗技术人员称为物理疗法师或物理疗法士（PT）。

(2) 作业疗法（occupational therapy）。为使伤残职工的功能恢复，有目的、有针对性地通过日常生活活动、职业劳动、文娱活动和认知活动中选择一些作业进行训练，使伤残职工缓解症状，改善功能的治疗方法。具体的作业治疗训练项目应根据伤残职工的性别、年龄、兴趣、原来的职业和身体功能障碍的情况进行选择。作业治疗的内容包括：日常生活活动训练、功能性作业治疗、心理作业治疗、就业前评定和训练等。如在日常生活方面一般可选进食、梳洗、穿衣、从床上转移到轮椅上等活动；在职业劳动方面一般可选木工、纺织、刺绣、工艺品制作等；在文娱方面可选做七巧板、书法绘画、棋类等。对活动困难的伤残职工，还要为他们制作自助器具。对装配假肢、矫形器、轮椅等伤残职工，要训练他们学会使用等。

从事作业疗法的康复治疗技术人员称为作业疗法师或作业疗法士（OT）。

（3）语言矫治（speech therapy）。是对脑外伤、脑卒中后等引起的语言交流障碍的伤残职工进行评定，并进行训练和矫治的方法。常见的语言障碍有：听觉障碍、语言发音迟缓、失语症、言语失用、构音障碍和口吃，通过评定，明确诊断，决定治疗的方案和具体计划，再有针对性地选用语言康复治疗方法恢复其交流功能。

从事语言治疗的康复治疗人员称语言疗法师或语言疗法士（ST）。

（4）心理辅导与治疗。多数身有残疾的工伤职工常因心理创伤而存在异常心理状态。心理辅导与治疗是指通过观察、谈话、实验和心理测验（性格、智力、意欲、人格、神经心理和适应能力等）对伤残职工进行心理功能评定后，再通过心理咨询和心理治疗的方法来调整工伤职工的心理状态和心理功能。常用的心理治疗有精神支持疗法、暗示疗法、行为疗法、松弛疗法、催眠疗法和音乐疗法等。

从事心理疗法的康复治疗人员称为心理治疗师。

（5）我国传统康复治疗。在我国还可发挥传统医学的优势，将中药、针灸、推拿按摩、气功、武术、五禽戏、八段锦等治疗手段合理地应用于治疗中，促进功能康复。

从事中医康复治疗的人员称中医康复医师或技师。

（6）康复工程。康复工程是应用现代工程学的原理和方法，研制康复器械以减轻、代偿或适应伤残职工残疾的科学。内容包括：康复评定设备、功能恢复训练器械、假肢、矫形器等功能代偿用品、功能重建用品、康复工程材料、装饰性假器官、无障碍建筑的设计等。

从事康复工程工作的人员称康复工程师、假肢师、矫形师及假肢矫形师（PO）。

（7）文体治疗（recreation therapy）。体育和文娱活动不但可以增强肌力和耐力，改善平衡和运动协调能力，还可增强自信心。伤残职工选择一些力所能及的文体活动进行功能训练，可以在娱乐和竞争中得到功能恢复。

从事文体治疗的康复治疗人员称文体治疗师（RT）。

（8）康复护理（rehabilitation nurse）。是用护理学的方法照料伤残职工，除临床护理手段外，采用与日常生活活动密切相关的运动治疗、作业治疗的方法，帮助伤残职工进行自理生活功能训练、心理护理以及护理指导等。康复护理不同于一般临床护理，其突出的特点是以恢复伤残职工的生活自理能力和职业劳动能力为目标，并千方百计地使伤残职工从被动地接受他人的护理转变为自我护理。

从事康复护理工作的康复护理人员称为康复护师或康复护士（RN）。

(9) 社会服务 (social work)。工伤职工社会服务的目的是帮助伤残职工尽快熟悉和适应社会环境，并帮助他们解决在重新融入社会生活时所面临的困难。包括在治疗期间协调伤残职工与各专业成员的关系；在出院后进行随访，帮助他们协调与单位、家庭以及社会有关部门的关系，最大限度地帮助他们争取合法权益，促进他们重新回归社会。

从事社会服务的康复服务人员称为社会工作者 (SW)。

(10) 药物治疗。药物治疗不仅是临床医学的重要措施，同时也是康复医学的重要治疗方法，其主要目的是预防各种合并症、并发症的发生，以及预防残疾的发生、发展。

(11) 手术治疗。随着现代医学的不断发展，康复医学和其他医学也不断交叉融合。最近，有的学者提出了一个新的名词和领域：围康复手术。围康复手术是在康复医学领域内进行的手术治疗，其主要目的是矫正畸形和改善功能，包括各种矫形手术和修复重建、功能重建手术等。

3. 康复治疗新概念

(1) 康复治疗的层次。根据工伤功能障碍的性质和程度的不同，可分别在不同的层次上进行康复治疗。

1) 急性期伤残职工预防继发性残疾的康复措施。在医院由护理人员或由康复科派治疗师到病区，对继发性残疾采取康复性措施。

2) 住院恢复期伤残职工康复锻炼。对骨折、周围神经损伤等住院伤残职工，在术后或固定后，要进行包括日常生活活动、肌力、耐力、关节活动等康复训练。

3) 住院康复治疗的残疾伤残职工、慢性病及老年病者，尤其是脑血管意外、颅脑损伤、脊髓损伤、严重骨关节疾患、截肢后的伤残职工，需进行较长时间的住院康复治疗。

4) 门诊康复治疗。伤残职工出院后尚有明显功能障碍或残疾者，须继续在门诊进行康复治疗。

5) 社区康复治疗。出院或离开门诊康复治疗后，可接受社区康复治疗和训练。

6) 家庭康复治疗或自我康复锻炼。出院后或离开门诊康复治疗后，或社区康复训练一段时间后，由伤残职工在家自行维持性或巩固性的康复锻炼。

7) 职业康复。未到退休年龄，经治疗后功能明显恢复，可重新参加工作的伤残职工，经职业康复机构康复训练后，在身心功能上做好就业准备，这是最后的康复治疗阶段。

(2) 康复治疗的早期介入。在国际上，工伤保险一个普遍遵循的原则就是："先治疗康复、后评残补偿"。这一原则将康复问题放在了评残、补偿的前面。也就是说，在处理工伤事故时，更应该注重对工伤职工进行医疗康复和职业康复，最大程度地减轻其生理和心理痛苦，使其重返工作岗位、回归社会、提高生活自理能力。

工伤康复的关键则是康复治疗的早期介入。康复曾被认为是一种后续治疗，以往，康复治疗大都是在针对导致残疾的伤病特异治疗告一段落并转送至康复机构之后才开始进行。许多伤残职工因此丧失了早期康复的宝贵时机，甚至发生了续发性障碍而进一步增加了康复的难度。现今的观点已经改变。为了获得最佳的治疗效果，康复治疗必须在伤病发生后尽早开始，预防性康复措施应该完全融入伤病急性期的治疗之中，特别是引起严重残疾而治疗过程又相当漫长的伤病，例如颅脑外伤、脊髓损伤、烧伤、截肢等，如长期卧床、静止不动可导致废用综合征，如肌肉无力、萎缩、关节挛缩畸形、直立性低血压、心肺功能下降、褥疮等，这些情况都将有碍于随后为恢复功能所进行的努力，某些情况还可能演变为不可逆性，成为永久性障碍。因此康复治疗的早期介入，无论是对降低伤残职工的神经功能缺损程度，提高生活自理及运动功能，还是防止合并症的发生都有重大意义。康复医学应该贯穿于整个伤病防治过程之中，尽早开始功能锻炼有助于功能和能力的尽早恢复。但也应强调，伤病的特异治疗和康复治疗的结合需要根据伤残职工的具体情况全面考虑，因为任何康复措施均涉及某种程度的活动，康复措施的强度应该取决于伤残职工的体质情况和伤残的稳定状况。

三、工伤职业康复

（一）职业康复的概念和基本原则

1. 职业康复的概念

职业康复是使工伤职工保持并获得适当的职业，从而促进他们参与或重新参与社会［国际劳工组织《（残疾人）职业康复和就业公约》（第159号）］。职业康复的目标是使工伤职工恢复就业能力，取得就业机会，并能通过自己的劳动，获得相应的报酬，从而获得经济上的独立和人格的尊严，在实际意义上融入社会。

2. 职业康复工作的重要意义

工伤和职业病是人类工业生产和社会经济发展不可避免的劳动风险，而工伤职工则是这种发展过程中不可避免要付出代价的承载者，社会不仅应接纳和理解工伤职工，而且有责任给予必要的补偿。而使工伤职工恢复职业劳动能力、重返工作岗位或重新劳动就业，则是社会给予工伤职工最高层次的补偿。劳动是创造人类社会物质和精神财富的源泉，工作是个体获得生活资料最重要的途径。在我国的社会保障体制下，社会工伤保险给予了工伤职工较为完善的福利保障，但工伤职工同样有劳动和工作的要求、实现自立的愿望，他们拥有平等的劳动就业权利。在这里，劳动就业和重返工作岗位已不再单纯是工伤职工实现生存权的需要，更是工伤职工融入社会、实现人的全面发展的需要。劳动和工作使工伤职工以社会财富创造者的平等身份，有尊严和自信地参与社会生活，通过自己的劳动创造更多的价值和获得更多的生活资料，全面提高生活质量。而职业康复作为全面康复的重要组成部分，在工伤职工重返工作岗位与回归社会生活中发挥着巨大的作用。职业康复即通过职业评定、职业培训、职业咨询和职业指导，使工伤职工逐步成为一个经济独立和人格完善的人。

职业康复作为全面康复的重要组成部分，在伤残职工就业与回归社会生活中发挥着巨大的作用。工伤造成了伤残职工身体功能和职业劳动能力的丧失，往往因此而造成了工伤减员。但是，我们在评估工伤事故的经济损失时，只是评价事故本身所带来的直接经济损失，而往往忽视了工伤减员所带来的间接经济损失。从全面分析人的生命经济价值出发，工伤减员的间接经济损失包含两个基本部分，第一是不能为社会创造价值的劳动损失，其次是工伤职工培训费用的损失。

经调查，我国职工参加工作的平均年龄为 20 周岁，平均退休年龄为 58 岁，正常职工的工作年限是 38 年。广州市对 380 例工伤职工的分析资料显示，工伤职工平均年龄为 38.6 岁，损失的劳动时间为 20 年，如果按企业年人均利税 1.5 万元计算，则工伤减员的平均劳动损失为 30 万元。另外，据推算，在我国一般城镇，职工从出生到高中毕业，平均约需培养费用 6 万元。因此，一名具有高中文化程度的职工，其工伤减员的间接经济损失约为 36 万元。

在医疗康复的基础上开展职业康复，最大限度地恢复工伤职工的职业劳动能力，从而降低工伤减员的发生，其所产生的社会经济价值是显而易见的。职业康复的成功与工伤职工的情况及自身努力，家人的支持、社会的接纳和帮助，职业康复配套政策的完善等是密切相关的。但是，目前对这方面的研究非常缺乏，需要我们进一步深入地探索和研究。

3. 职业康复的基本原则

国际劳工组织在 1985 年《残疾人职业康复的基本原则》（Basic Principles of Vocational Rehabilitation of the Disabled，ILO，1985）中，明确规定了职

业康复的基本原则包括以下六个方面：

（1）掌握工伤职工的身体、心理和职业能力状况。

（2）就工伤职工职业训练和就业的可能性进行指导。

（3）提供必要的适应性训练、身心机能的调整以及正规的职业训练。

（4）引导从事适当的职业。

（5）提供需要特殊安置的就业机会。

（6）工伤职工就业后的跟踪服务。

（二）职业康复的流程

职业康复包括职业评定、职业咨询、职业训练和职业指导四个连续的过程，职业康复流程图如图 9—1 所示。

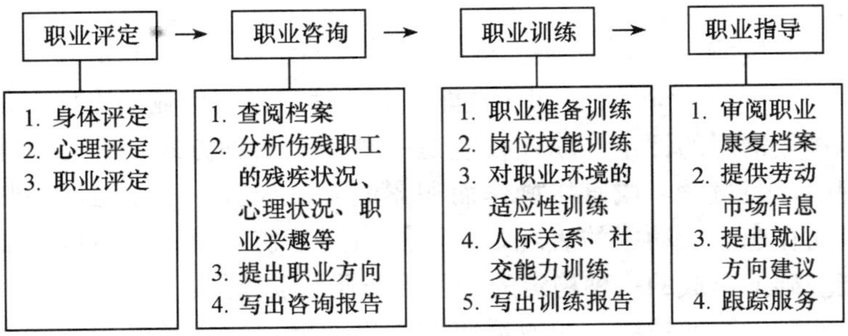

图 9—1　职业康复流程图

（三）职业康复的工作内容

1. 工伤职业评定

职业评定是职业康复过程中非常重要的一个环节，其目的是考察伤残职工的作业水平和适应职业的潜在能力。为了预测和判断伤残职工的就业潜在能力，必须对职业的基本特征以及伤残职工的兴趣、个性、气质、价值观、态度、身体能力、耐力、学习及工作的适应性进行评定。职业评定的主要内容有：

（1）体能评定（Physical Function Assessment）。是指针对伤残职工身体状况进行的评定工作，这种评定与常规的身体检查不同，其主要目的是确定与职业活动相关的身体机能的发展水平，从而为其就业提供科学的依据。检查项目包括：残疾类型、残疾程度、残疾原因、上下肢功能、适应性体位、坐位、立位耐力、平衡体位、步行能力、躯干动作、手功能、视力、听力、会话能力等。

通过这些评定，可以对伤残职工的职业适应能力与职业适应性、职业潜力进行分析，从而为其职业发展提出科学建议。

（2）心理评定。与职业康复相关的心理评定主要包括社会心理评定和智力测定。

1）社会心理评定（Social-psychological Assessment）。社会心理评定主要是对伤残职工的就业意向和处理社会问题的能力进行评估。常采用心理测量的方法，如利用伤残职工就业意向调查表、伤残职工就业动机调查表等。

2）智力评定（Intelligence Assessment）。韦氏智力测验，从常识、领悟、算术、相似性、背数、字汇、数字符号、填图、积木图案、图片排列、物体拼凑等11个方面进行评定，评定结果经过转换成标准分，进一步换算成智商。以智商表示被评定者智力发展水平，以智力剖面图表示被试者智力结构上的特点。

（3）职业技能、职业适应性与作业能力评定（Evaluation of Vocational Skill，Fitness and Ability）。职业技能、职业适应性与作业能力评定是对伤残职工实际作业情况的评定。职业技能是一种职业活动方式，它是个体在职业活动过程中，通过学习或直接操作而积累起来的经验。职业适应性是个体职业能力倾向在职业活动中的表现，作业能力则是伤残职工在掌握作业知识与作业技能基础上形成的一种稳定的个体性作业活动特征。

对伤残职工职业技能、职业适应性与作业能力评定是采用实际操作评定的方法，即根据产品工艺和生产流程的要求，对作业者的作业表现进行实际测量，从而评定其职业技能、职业适应性与作业能力。

值得特别注意的是，职业能力是一种综合性的能力，不仅包括知识、技能、体力、智力等方面，还包括人的意志、情感等非智力因素。自身缺陷使工伤职工的某些职业劳动能力受到限制和损害，但通过发挥其他器官的作用，调动人的代偿功能和潜能，可以使受限制和损害的能力得到最大的弥补。判断工伤职工的职业劳动能力，应着眼于他能干什么，而不是不能干什么；应看他能以自己的方式干什么，而不是限于所谓的正常方式，这是评定工伤职工职业劳动能力的一个基本立场。

2. 职业培训

职业培训是围绕工伤职工所希望的职业目标，在技能、工作速度和效率、职业适应性等方面进行的培训。其主要目的是使工伤职工建立自信心和产生工作愿望，掌握必需的职业知识和技能，并提高工伤职工对工作的适应能力和开发工伤职工的职业技能。

工伤职工由于存在着不同程度的残疾或功能障碍，在职业培训过程中，一定要根据其身体功能和职业兴趣，选择合适的项目进行针对性的训练，有时也需要选择某些生活和工作辅助器具，来帮助工伤职工完成职业活动。

对伤残职工进行就业前培训和职业培训，是帮助伤残职工从事职业活动的有效方法。

（1）就业前培训

就业前培训是指受训者掌握与特定职业相关的基础知识与技能，这些知识与技能是从事特定职业活动的基础，其重点是使伤残职工掌握从事职业活动所必须的能力和态度。具体内容包括以下能力的培养和训练：

1）一般能力。口头、书面指示的遵守性；记忆速度、质量；手指的灵巧性、协调性；示范能力与管理能力等。

2）工作态度与成绩。包括工作的计划性、主动性、自觉性；遵守规章制度的能力；技术熟练程度；具有洞察力、创造力等。

3）工作耐性。包括对工作体位和体力的耐受力、对环境的适应能力及抗干扰能力等。

4）社会性。包括个人修养、协调能力、交流能力的培养。

职业培训是上岗前的培训，要求伤残职工掌握一定的职业所要求的知识和作业技能，从而适应职业活动的要求。

（2）常见的职业培训项目

1）计算机及中英文打字训练。工伤职工手指运动功能有障碍，可装配辅助支具，将一支铅笔插入支具中，带橡皮头的一端朝下，接触键盘即可击键，重点培训输入法等；上肢功能不受限的职工，可进行计算机应用及程序设计等训练。

2）线编织训练。对手功能较好的伤残职工可进行织毛衣、饰物、工艺品训练。

3）日常家用电器维修训练。适于手功能较好的伤残职工。

4）剪裁及缝纫培训。

5）手工艺品制作训练。如雕刻、制陶等。

6）管理及教授技巧培训。适于有丰富的相关工作经验和技能的伤残职工，各损伤平面均可进行。

7）销售技巧培训。对有条件从事零售业的工伤职工进行相关培训，如销售技巧、沟通技巧、相关法规政策学习等。

3. 职业咨询

职业咨询的目的是针对职业评定得到的资料、工伤职工的特殊情况和就业相关的问题，进行综合考察，帮助工伤职工解决重返工作过程中出现的问题。工伤职工的职业咨询与普通人的职业咨询的主要区别在于要求考虑到残疾对个体职业活动的影响和限制，同时由于他们职业选择的领域比较狭窄，所以更要注意工伤职工对其职业活动的适应能力。职业咨询包括以下四个步骤：

（1）查阅康复档案。

（2）填写咨询表格。

（3）了解就业要求。

（4）写出咨询报告。

4. 职业指导

职业指导即根据工伤职工的情况，提供有关劳务市场、就业方向等信息，还要针对工伤职工进行职业工作领域中出现的问题提供跟踪服务。职业指导的目的是帮助工伤职工选择职业、选读职业课程、介绍就业、增进职业效率。工伤职工职业指导的工作内容包括：

（1）审阅职业康复档案。了解工伤职工的身体状况、智力、特殊能力、兴趣爱好、性格气质等身心特点，并了解工伤职工的家庭背景、经济情况、学业成绩、课外活动等。

（2）提供劳动力市场信息。包括：职业性质、求职的最低要求、工资待遇、工作条件、提升的可能性。

（3）提出就业方向建议。根据工伤职工的个人特点和劳动力市场的需要，提出工伤职工职业选择的具体建议。

（4）跟踪服务。工伤职工从事一定的职业后，需要进行职业培训和再培训服务工作，并对工伤职工就业情况进行评定。

四、工伤心理康复

（一）心理康复概述

人是心理和躯体的复合体。由于意外伤残对工伤职工躯体巨大的打击，在其心理和行为上会产生一系列的变化，我们称之为心理障碍。严重的心理障碍，不但可以引起持续、严重的生理活动紊乱，而且可以影响其他康复治疗的实施而导致整个康复失败。对工伤职工的心理问题进行干预，不仅可以解决工伤职工本身所具有的心理和行为问题，而且可以改善其心理和情绪状态，从而提高康复的整体效果，促进工伤职工回归家庭和社会。因此，心理康复在整个进程中起着举足轻重的作用。由于残疾后，医疗、康复、社会和心理诸多问题混淆在一起，单单心理医生或某一方面人员都很难解决这些问题，必须建立工伤职工——家属——社会（单位）——康复人员（包括医生、护士、心理工作者、物理疗法师、作业疗法师、言语疗法师和社会工作者等）的治疗联盟，共同解决这些问题。

（二）工伤职工常见的心理障碍

1. 角色认知冲突

伤残的突然发生，工伤职工失去正常生活、学习和工作的能力，这些残酷的现实往往使其一时难以接受，不承认自己已有伤残。这种心理状态多发生在急性致残的工伤职工中。但也有部分伤残职工急性期能接受治疗，进入恢复期却拒绝锻炼。有人称之为“情绪休克”。这种心理的维持时间一般不长，一旦事实说明伤残职工已有伤残而无可争辩时，幻想的健康不能代替现实，伤残职工的心理状态常会发生改变而出现其他表现。

2. 压抑与抑郁

因存在不同程度的功能缺损，工伤职工常会情绪低落，悲伤沮丧，自信心降低，自我价值感丧失，程度有轻有重，各人不一。轻者感到心情压抑、苦闷、郁郁寡欢，兴趣减少、心灰意冷；重者会痛不欲生，深感绝望，终日以泪洗面，感到前途一团漆黑，生不如死，频繁地出现自杀意念，甚至付诸行动。

3. 焦虑与烦躁

工伤职工受伤导致伤残后常变得烦恼、狂躁不安、固执、嫉妒，容易怪罪于人：如果某某不要我做这件事，或某某若能阻止我做这件事，就不会引起伤残的后果。因此，对某某怨恨、责怪、气愤，甚至企图报复。有的则埋怨医师救治不力，或谴责家属照顾不周，或迁怒于单位领导安排不当。还有忽然爆发性发作极端情绪，如大喊大叫、痛哭流涕、摔打物品，并拒绝他人劝说，甚至打骂亲人。

4. 自责与自卑

工伤职工由于自身的缺陷或存在的障碍，不能正常参与家庭生活和社会生活，普遍存在自卑心理，认为低人一等，例如烧伤导致容面毁损的工伤职工，不敢出门，不敢到公共场所，不愿抛头露面。还有的不恰当地、过多地谴责自己，认为如果不是自己这样或那样，就不会有现在的结果，今后不能很好地照顾家庭，工作能力不能与以前相比，感到对不起家人，因而深感内疚和自责。

5. 依赖与退缩

过分依赖别人帮助和照料，任性、懒惰、自暴自弃，向周围人提出各种不合理要求，缺乏自主自强的信念，甚至不愿意通过功能锻炼来达到个人生活自理或减少对别人的依赖，影响功能康复。认为自己有伤残，别人照顾他是天经地义的事。即使是自己力所能及的事也不想做、不愿做。工伤职工变得以自我为中心，把一切事物及周围人们都看做是为他的利益而存在的，不考虑别人的处境和需要，只想到满足自己的欲望。

6. 多疑与敌意

由于身体功能有缺损，有些工伤职工就会特别敏感多疑，怀疑环境对他不利。例如耳聋工伤职工会怀疑人们在议论他，在耻笑、诽谤甚至恶意中伤他；失明者会怀疑有人捉弄他，使他上当受骗。也有一些伤残者可能会对周围的人产生怀疑，怕有人看他笑话，讽刺、讥笑他。也有的由于自卑而认为别人都在歧视自己，对别人产生敌意，待人态度蛮横、不讲理，好争执。

7. 孤僻自闭

人的孤独感是在不同时间和空间中普遍存在的。但工伤残疾造成学习、生活、社交的障碍，使工伤职工不适应、不了解外部世界的情况，缺乏社会群体意识和社会交往、合作的能力，其孤独感更为强烈、持久。他们常以隐蔽思想、封闭感情的方式抵制、对抗社会上的歧视和偏见，从而导致孤僻自闭性格的形成。这会使他们陷入异常悲观的境地，很难有精力和情绪留心外面的世界。

8. 急于康复

对伤残的康复操之过急，迫切希望和要求自己缺损的机体功能在短时间内完全恢复，急于求成；或伤残虽有改善仍不满足，过分地注意自己身体的各种感觉和不适，特别强调自己要有丰富的营养和较长时间的睡眠，躯体的任何不适会使工伤职工焦虑不安，要求医务人员立即设法为其消除。这样的工伤职工容易加重疑病、睡眠障碍、焦虑和抑郁等症状。

9. 过分索赔

过分索赔的心理多见于无责任过失的工伤者。由于预期的赔偿金额过高，故常常夸大损伤的严重程度，主诉症状与客观症状不符。这种心理又负性影响他们的康复进程，以至于迁延难愈，赔偿纠纷与伤残损害相互促进，恶性循环。

（三）心理疗法在工伤康复中的应用

1. 认知疗法

认知疗法是通过改变人的认知过程和从这一过程中所产生的观念来纠正人们的心理障碍，矫正不良的情绪和不良的行为。认知治疗者要帮助工伤职工的认知和思维活动，调节纠正错误的认知，安排特定的学习过程，从而改变工伤职工的不良情绪和不良行为。认知疗法可使工伤职工认识到自身的各种潜能和需要，帮助他们冷静、全面地看问题，认识到自身尚存的功能、能力和内在价值，认识到机体功能通过训练是可以改善的，从而找到自己努力的方向，逐步消除对他人的依赖性，尽早投入到康复训练中去。认知治疗不仅能使工伤职工减轻或消除抑郁、焦虑症状，而且由于工伤职工消除了错误认知、树立了正确认知，故可防止抑郁等心理障碍症状的复发。

2. 支持疗法

由于身体上和心理上的双重打击，很多工伤职工处于精神崩溃的边缘，因此及时给予心理上的支持是非常必要的。支持疗法一般是指医生合理地采用劝导、启发、同情、支持、解释、提供保证以及改变环境等方法，帮助工伤职工认识问题、消除顾虑、改善环境、提高信心，从而促进心身健康。给予工伤职工同情，从工伤职工的角度准确了解他们的内心感受，进行安慰和鼓励，满足其需要；让工伤职工与他人分担情感反应，可以采用各种活动使其注意力分散；应用医学知识恰如其分地给予工伤职工保证、建议和指导，以增强其信心和勇气。一般来说，凡是有丧失感的工伤职工，对于医生的言语支持，都会有一定的积极反应。由于工伤职工的个性、年龄、经历、伤残状况、康复阶段等不同，支持的方式也应有所区别。

3. 集体疗法

集体心理治疗，简称集体疗法，指治疗者同时对许多工伤职工进行治疗，而这些工伤职工在工伤经历、工伤状况等方面常常具有一定的共性。这种方法的优点是能节省治疗所需的人力，也能利用集体的力量产生积极效应。因住院治疗、康复训练使工伤职工与社会隔离，人际关系疏远，容易使他们感到孤独、自卑。请一些具有类似创伤、治疗后康复较好、已重新回归社会并有一定工作成就的工伤职工讲述自己的经验、体会，以激励其他工伤职工，同时讲授者本人的社会价值也得到体现；把患有同类伤病的工伤职工组织起来，建立同盟或协会，互相交流经验、互相勉励，共同树立和疾病斗争的信念。同时也可提高社交能力，为最后回归社会起到重要作用。

4. 放松疗法

放松疗法又称松弛疗法、放松训练，它是一种通过训练有意识地控制自身的心理生理活动、降低唤醒水平、改变机体紊乱功能的心理治疗方法。“放松疗法”就是训练一个人，使其能随意地把自己的全身肌肉放松，以便随时保持心情轻松的状态。渐进性的放松训练是对抗焦虑的一种常用方法，可治疗各种焦虑性神经症，且对各系统的身心疾病都有较好的疗效。

5. 家庭疗法

家庭成员是工伤职工最亲近的人员，他们的态度、鼓励对工伤职工影响极大。家庭对缓解工伤职工的抑郁情绪有重要作用，他们积极的态度会激起工伤职工战胜疾病的信念，坚强他们的意志，在心理上获得抚慰，也能从客观物质生活条件方面得到改善，从而调动其主动治疗的积极性。因此，家庭是心理康复治疗中要强调的一个方面。

6. 人格障碍的治疗

人格的再建是一项艰巨的工程。心理治疗必须个体化，不同类型人格障碍工伤职工应采用不同种类的心理治疗。例如：偏执性人格障碍者，应学会与周围的人建立良好的关系，养成信任别人和对事物进行客观分析的态度，以免产生不应有的多疑；强迫性人格障碍者，应学会使自己放松的方法，不拘泥于小事；被动攻击性人格障碍者，则应学会正确地表达自己的情绪。

7. 音乐疗法

音乐能直接影响一个人的内在感情，能使一个人感到自我满足，还是一种非语言的沟通工具，因此能诱发工伤职工的活动力，促进其综合运动机能。应根据不同的对象选择音乐进行治疗，如抑郁和自卑的工伤职工应选择激昂、亢奋的音乐，躁狂和焦虑的工伤职工应选择安静、放松的音乐。

还有其他心理治疗方法，如分析性心理治疗、内观心理治疗、森田心理治疗、戏剧治疗等，还可运用气功通过自我训练、放松入静，以及暗示睡眠等一些的相关方法，对伤残职工都是有益的。在心理治疗过程中，通常会综合应用各种方法。

另外，表达性的心理治疗是借助语词（引导伤残职工通过回忆再现引起疾病的精神创伤，让他将郁积在内心深处的痛楚体验全部倾吐来）和非语词性（姿势、行为、动作来发泄心理能量，如击打沙袋、玩具动物等以宣泄内心愤怒）取得内心平衡，这些都是可以选择的心理应付策略方法，可使工伤职工重新恢复心身健康。

综上所述，心理治疗是工伤职工康复过程中不可缺少的步骤。让工伤职工渐渐承受生理和心理上的创伤和障碍，自强自信，积极乐观地面对困难，以良好的心态弥补身体的缺陷，对工伤职工的早日回归社会有至关重要的意义。

五、康复辅助器具的配置

为了方便残疾人的生活和劳动，需要制作一些简单器具来弥补其已失去的功能，这些为残疾人制作的功能代偿器具称之为残疾人辅助器具（Assistive Devices for Disabled Persons)，如为肢残者装配的假肢和矫形器等。但是，随着科学进步和医疗条件的改善，人口老龄化已是世界趋势。实际上许多老年人在视力、听力、智力、语言以及肢体功能等方面或多或少存在障碍，他们也需要器具的帮助来实现生活自理和提高生活质量。单纯的残疾人辅助器具已不足以涵盖这一学科的服务对象和服务内容。康复的目的正是提高残疾人和老年人的肢体功能和生活自理能力，提高生存质量，使他们重返社会。因此，许多学者将残疾人辅助器具称为康复辅助器具（Rehabilitation Assistive Devices)。

（一）康复辅助器具的作用和分类

1. 康复辅助器具的作用

由于残疾人和功能障碍患者自身的缺陷和不足，以致他们不能很好地参与社会生活。如盲人由于视觉功能的障碍，不能获得外界的视觉信息，而影响了他们正常的社会生活；瘫痪患者由于肢体运动功能的障碍，而不能正常的行走和参与社会生活。正是由于这些缺陷和不足，成为残疾人重返社会的物理障碍。康复辅助器具的出现，在某种程度上消除或减轻了残疾人的缺陷和不足，克服了他们自身的功能障碍，因而在一定程度上消除了残疾人重返社会的物理障碍，实现残疾人的平等、参与和共享。如可以利用盲杖和电子导向装置为盲人指引方向，用语音计算机则更是将普通计算机的视觉和文字信息转换成语音信息，从而使盲人能够像健全人一样在信息高速公路上奔驰；瘫痪患者可以利用轮椅、助行器和拐杖等代步工具，来达到参与社会的目的。而截瘫步行器的开发和利用，则更是使部分截瘫的患者能够像健全人一样自如地行走。因此，可以说，康复辅助器具是残疾人、老年人和功能障碍患者重返社会的媒介和桥梁。

2. 康复辅助器具的分类

康复辅助器具可以按不同的方法进行分类。传统上，习惯按残疾的性质来进行分类，即不同性质的残疾人需要不同的辅助器具。如视力残疾人需要助视器和导盲装置等辅助器具；听力残疾人需要助听器和其他聋人辅助器具；肢体残疾人需要假肢、轮椅等移动辅助器具等。

根据国际辅助器具分类（ISO 9999：1992）及我国残疾人辅助器具分类标准（GB/T 16432—1996），将辅助器具分为 10 主类，122 次类，622 种辅助器具。

（1）用于治疗和训练的辅助器具。如防褥疮辅助器具、康复治疗器具等。

（2）矫形器和假肢。如上、下肢矫形器和假肢等。

（3）生活自理和防护辅助器具。如如厕辅助器具、穿脱衣服辅助器具等。

（4）个人移动的辅助器具。如各种轮椅、拐杖、盲人导向装置、升降辅助装置以及各种特制汽车、改装汽车等。

（5）家务管理辅助器具。如饮水和进食辅助器具、清洁辅助器具等。

（6）家庭和其他场所使用的家具及适配件。如各种栏杆、扶手、可调节高度的家具、轮椅升降台等。

（7）通信、信息和信号辅助器具。如助视器、助听器、书写辅助器、盲人用语音计算机及各种计算机软、硬件改装等。

（8）产品和物品管理辅助器具。如吸着杯、防滑垫、抓握器、工具固定器等。

（9）用于环境改建的辅助器具和设备、工具和机器。如减振器、光线控制器等。

（10）用于休闲娱乐的辅助器具。如各种适合残疾人的玩具、游戏用具等。

以上康复辅助器具的国际和国家标准分类，其优点是能反映出各种辅助器具在功能上的联系和区别，便于我们进行分类和管理。但是，在实际操作和康复专业分工上，大部分国家和地区则是将上述分类中的假肢和矫形器作为一种康复的手段或方法，纳入康复治疗的范畴；将用于治疗和训练的辅助器具纳入康复专用设备的范畴。

由于工业意外最常导致工伤职工的肢体残疾或功能障碍，因此，我们将重点介绍假肢、矫形器以及其他辅助日常生活或就业需要的康复辅助器具。

（二）假肢的分类

假肢（prosthesis）是用于弥补截肢者肢体缺损和代偿其失去的肢体功能而制造、装配的人工肢体。

1. 按假肢的主要用途分

（1）装饰性假肢。只有装饰作用，而无实际功能。

（2）功能性假肢。既有假肢外形又能代偿部分功能。

（3）作业性假肢。一般没有肢体外形，主要用于代偿肢体功能，以辅助截肢者完成某些特定的作业。

（4）运动假肢。残疾人运动员比赛专用假肢。

2. 按假肢的结构分

（1）壳式假肢。又称外骨骼式假肢，由制成人体肢体形状的壳体承担假肢外力。

（2）骨骼式假肢。又称内骨骼式假肢，特点是假肢的中间为类似骨骼的管状结构，外包海绵物，最外层覆盖肤色袜套或人造皮，外观较好，调整假肢对线也容易。

3. 按假肢的安装时间分

（1）临时假肢。用临时接受腔和假肢的一些其他基本部件装配而成的简易假肢，用于截肢的早期康复，促进残肢定型之用。

（2）正式假肢。为正常长期使用而制作的完整假肢。

4. 按截肢的部位分

（1）上肢假肢。包括肩离断假肢、上臂假肢、肘离断假肢、前臂假肢、腕离断假肢、掌骨截肢假手、假手指。

（2）下肢假肢。半骨盆假肢、髋离断假肢、大腿假肢、膝离断假肢、小腿假肢、塞姆假肢、半足假肢。

据统计，由于截肢手术的不当和外科医生缺乏对假肢的了解，国内约有10%的截肢病人在初次安装假肢时需对残肢进行手术修整。另外，由于不少截肢病人术后没有及时得到残肢的护理导致装配前残肢肿胀尚未消除，往往装配假肢时需要重新进行残肢包扎，以促使残肢定型，既浪费了患者的时间，又影响了残肢功能的发挥。且我国的假肢行业较多注意了产品的制作，相对忽视安装的效果和质量，一是假肢的生产与临床没有紧密结合，产品不符合生物力学原理和截肢患者的生理要求；二是假肢的装配与截肢患者的适合性检查、功能训练脱节，对残肢也未做必要的训练，以致假肢的使用没有达到相应的标准。因此，我们必须大力加强假肢制作、装配与临床及康复的紧密结合，在医院（特别是康复医院）而不是单纯在假肢厂开展假肢的装配服务，无疑对截肢者的全面康复将提供更专业和完善的条件。

（三）矫形器

矫形器（orthosis）又称支具，是用于人体四肢、躯干等部位，通过力的作用以预防、矫正畸形、治疗骨骼、关节、肌肉和神经疾患并补偿其功能的器械。在发达国家，矫形器的应用早已成为康复治疗的重要手段之一。

1. 矫形器的作用

对矫形器的要求是治疗效果好、构造简单、轻便、耐用、安全可靠、无压痛或其他不良副作用、不影响固定范围以外的关节功能、透气好、易保持清洁、穿戴时不引人注目、价格低廉，其中尤以治疗效果最为重要。矫形器的治疗作用有：

（1）稳定和支持。通过限制关节异常活动，稳定关节，恢复其承重功能。

（2）固定和保护。通过对病变肢体或关节的固定和保护，达到止痛、缓解肌肉痉挛、促使炎症消退或骨折愈合的目的。

（3）预防、矫正畸形。预防或矫正由于肌力不平衡或静力作用引起的骨与关节的畸形。

（4）减轻轴向承重。减免肢体局部承重，促使病变愈合。

（5）帮助肢体功能障碍的病人进行肌肉锻炼，以恢复部分生活自理能力。

（6）改善功能。通过矫形器改善患者功能，提高其生活自理能力。

2. 矫形器的分类

（1）按装配部位可分为上肢矫形器（upper extremity orthosis）、下肢矫形器（lower extremity orthosis）、脊柱矫形器（spinal orthosis）。

（2）按矫形器的作用可分为固定式矫形器、矫正式矫形器、免荷式矫形器、补偿式矫形器。

（3）按矫形器的主要制作材料可分为塑料矫形器、金属矫形器、皮制矫形器、碳纤矫形器、树脂矫形器、布制矫形器。

（4）按所治疗的疾病可分为脊髓灰质炎后遗症用矫形器、马蹄内翻足矫形器、脊柱侧弯矫形器、先天性髋脱位矫形器、骨折治疗矫形器、股骨头无菌性坏死矫形器等。

（四）工伤康复辅助器具

1. 常见的工伤康复辅助器具

（1）轮椅。包括机动轮椅、电动轮椅、护理者推动轮椅、手动轮椅等，其中手动轮椅最为常用。

（2）助行器具。用于支撑体重、保持平衡和行走的辅助器具称助行器具，包括助行架和各类拐杖、外部动力助行器等。

（3）个人卫生辅助器具。包括洗澡椅、坐便椅等。

（4）自助具。指利用患者残存功能，凭自身力量即可独立完成日常生活活动的辅助器具。包括吃饭、穿衣、洗澡、书写、交流等自助具。

2. 辅助器具的选配

康复辅助器具选配必须由专业人员经严格的评定、使用前后训练、必要的环境改建、安全指导和随访才能完成，不适当的辅助器具或使用不当不仅造成资金的浪费，还可能导致残疾加重，甚至带来严重的安全问题。所以康复辅助器具需进行严格管理，规范流程，以最大限度地发挥辅助器具的功能和减少不必要的浪费。

六、工伤社会康复

工伤康复的根本目的是为了使工伤职工能够融入社会，重新参与社会生活。因此，在工伤职工全面康复的过程中，社会康复是一个非常重要的内容。

（一）社会康复的定义

现代医学从生物医学模式向“生物—心理—社会”模式的转变，使人们意识到大量社会学所研究的社会问题，往往与疾病伤残有密切的联系。社会康复运用社会学的理论和方法研究残疾人和其他康复对象的康复问题，是康复医学与社会学交叉的学科，并与医学伦理学、社会医学、社会心理学、医学社会学等密切相关。其主要目的是利用社会康复的手段，减轻残疾造成的后果，尽量提高残疾人的活动功能，改善其生活自理能力，并使其充分参与社会生活，使残疾人的权利、资格和尊严最终与健全人在事实上达到平等。社会康复的措施，有些是针对残疾者本身的，有些则是社会整体性的，如法律政策、无障碍设施、良好和谐的社会环境等。

（二）工伤社会康复工作的内容

在工伤康复领域内，工伤社会康复具有特殊重要的意义，它涉及到工伤职工康复权益的保护，以及创造和谐的社会环境以促进工伤职工重返工作岗位和重新参与社会生活。工伤社会康复工作的主要内容包括：

1. 政府建立和完善工伤康复的政策法规体系，制定工伤康复相关管理制度，以保护工伤职工的合法康复权益，使其享有同健全人一样的社会物质生活条件和工作机会。

2. 消除社会和家庭的物理障碍，推进残疾人无障碍环境的设计和改造。特别要根据工伤职工的身体情况，对工伤职工的工作环境及工具进行改造，以促进工伤职工回归工作岗位。

3. 消除社会对伤残职工的歧视和偏见，建立一种和谐的社会环境，鼓励伤残职工自强不息，增加生活的勇气和适应能力，通过自身的努力改善生活质量。

4. 组织伤残职工参加社会文化、体育和娱乐活动，支持伤残职工自己的社团活动，通过组织伤残职工的运动会、文艺表演等活动，提高伤残职工参与社会的勇气和能力。

5. 开展社会康复个案服务，为工伤职工建立社会康复档案，了解工伤职工社会康复的需求和存在的困难，帮助工伤职工解决各种各样的社会问题，重新参与社会生活。

工伤全面康复示意图如图 9—2 所示。

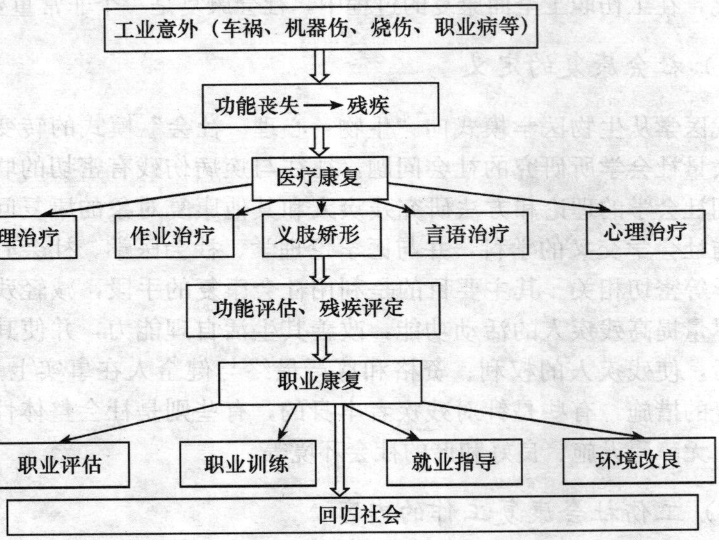

图 9—2　工伤全面康复示意图

▶第四节　工伤康复的国际发展趋势

一、工伤康复的起源

工伤是工业化进程中企业和职工难以避免的劳动风险，指劳动者在生产劳动或者其他职业活动中因意外事故和职业病造成的伤残或死亡。一般而言，意外事故必须与劳动者从事的工作或职业的时间和地点相关，而职业病必须与劳动者从事的工作或职业的环境、接触有害有毒物质的标量和时间有关。

随着社会经济的不断发展和工业生产的进步，各种工业意外不断增加。工伤不仅严重影响了工伤职工个人及家庭生活，也由此造成了大量社会劳动力的丧失，严重影响了社会的进步和经济的发展。以恢复劳动者的身体功能和职业劳动能力为主要目标的工伤康复就显得非常重要。在 19 世纪后期，西方各国相继实施工伤保险制度来分散工伤风险，同时，也高度重视工伤康复的作用，以降低工伤所造成的损失和保障工伤职工基本权益。

1884 年，作为世界上第一部工伤保险国家立法，德国颁布了《工伤保险法》。该部法规明确了工伤保险的三大职能，即预防、康复和补偿，并明确了工伤康复的目标是恢复工伤职工的工作和社会活动能力。一百多年来，工伤康复作为工伤保险的基本职能已得到了越来越多的国家的支持和认可。而且，工伤康复工作也逐步纳入了相关国际公约，如在1952年国际劳工组织第102号《社会保障（最低标准）公约》中指出：社会保障部门应该确保残疾者的康复工作；在1964年国际劳工组织第121号《工伤事故和职业病津贴公约》中指出：不仅要为工伤人员提供康复设施，而且要为工伤人员重新就业创造条件。

随着工伤保险工作的不断发展，各国都建立了比较完善的工伤康复服务管理体系和技术体系。而且，随着工伤康复专业技术水平的逐步提高和服务范围的不断拓展，20世纪80年代，工伤康复已逐渐发展成为一个独立的学科。

工伤所造成的残疾即工伤残疾。确定工伤残疾必须具备两个条件，第一是必须经劳动保障行政部门确认为工伤，即残疾的原因是工伤造成的；第二是该工伤对职工身体和功能所造成的影响必须达到一定的伤残评定标准。为了更科学地对职工工伤后的伤残失能程度做出判定结论，中国国家质量技术监督局于1996年制定了《职工工伤与职业病致残程度鉴定》（GB/T 16180—1996）。2006年11月2日国家质量监督检验检疫总局、国家标准化管理委员会发布《劳动能力鉴定 职工工伤与职业病致残等级》（GB/T 16180—2006）并于2007年5月1日起实施（前述标准废止）。

二、国际劳工组织关于工伤康复的规定

（一）《社会保障（最低标准）公约》（第102号公约）

1952年，国际劳工组织在日内瓦召开第35届大会，讨论并通过了《社会保障（最低标准）公约》（Convention Concerning Minimum Standards of Social Security，C102，ILO，1952）。该公约从医疗、疾病、失业、工伤以及养老、生育、家庭等方面，规定了缔约国应提供的社会保障最低待遇标准。该公约第六部分专门规定，职工在“发生工业意外或职业病”时，社会保障部门应提供相应的“工伤待遇”（Employment Injury Benefit），包括职业伤亡补贴和医疗、职业康复服务。与工伤康复相关的条款为：

1. 该公约第34条规定：“工伤医疗服务”的目的是恢复和提高工伤职工的身体功能和劳动能力。

2. 该公约第35条特别规定：

（1）社会保障部门应与医疗部门合作，提供综合职业康复服务，以促进伤残职工重新获得适当的工作。

（2）国家应立法，确保社会保障部门为伤残职工提供职业康复服务。

（二）《（残疾人）职业康复建议书》（第 99 号建议书）

1955 年，国际劳工组织在日内瓦召开了第 38 届大会，讨论并通过了《（残疾人）职业康复建议书》（Recommendation Concerning Vocational Rehabilitation of The Disabled，R99 号建议书，ILO，1955）。该建议书对职业康复的定义、服务范围、原则方法、庇护就业以及残疾儿童、青少年的职业康复进行了明确的规定。该建议书第六章“医疗部门与职业康复机构的合作”中规定：

1. 以确保临床治疗，甚至假肢的提供，最终促进残疾人的就业。
2. 以确保残疾人在最早期及最合适的阶段获得职业康复服务。
3. 提供工作能力评估。

另外，该建议书还规定，应消除伤残职工对工伤补偿的依赖，以增加残疾人就业的机会。

（三）《工伤事故和职业病津贴公约》（第 121 号公约）

1964 年，国际劳工组织在日内瓦召开了第 48 届大会，大会讨论并通过了《工伤事故和职业病津贴公约》（Convention Concerning Benefits in The Case of Employment Injury，C121 号公约，ILO，1964）。该公约第 10 条规定，各成员国应为工伤职工提供尽可能的医疗服务，以“保持、恢复或提高工伤职工的身体功能和工作能力”。第 26 条规定，所有成员国应为工伤职工提供康复设施，如果不能满足上述要求，成员国也应采取措施，为工伤职工就业寻求办法。

（四）《（残疾人）职业康复和就业公约》（第 159 号公约）

1983 年，国际劳工组织在日内瓦召开第 69 届大会，讨论并通过了《（残疾人）职业康复和就业公约》（Convention Concerning Vocational Rehabilitation and Employment，C159 号公约，ILO，1983）。考虑到《（残疾人）职业康复建议书》于 1955 年实施以来，各成员国在职业康复的需求、服务范围和组织以及职业康复的立法和实践等方面发生了较大的改变，也考虑到 1981 年为“国际残疾人年”，为了促进残疾人的“全面参与和平等”（Full Participation and Equality），国际劳工组织特制定了该公约。该公约第一部分“（职业康复和就业）的定义和范畴”，明确了职业康复的目的是“使残疾人获得并保持适当的职业，促进残疾人融入或重新融入社会”。该公约第二部分“制定残疾人职业康复和就业政策的原则”，规定了所有成员国应采取旨在保障使所有残疾人得到职业康复的政策，以促进残疾人在公开劳动力市场的就业机会。该公约并指出，这些政策是建立在伤残职工和普通职工机会平等的基础上，旨在为伤残职工创造平等机会的特殊措施不应被视为对其他职工的歧视。

（五）《（残疾人）职业康复和就业建议书》（第 168 号建议书）

1983 年：国际劳工组织在日内瓦召开第 69 届大会，讨论并通过了《（残疾人）职业康复和就业公约》的同时，讨论并通过了《（残疾人）职业康复和就业建议书》（Recommendation Concerning Vocational Rehabilitation and Employment（Disabled Persons），R168 号建议书，ILO，1983）。该建议书指出，各国的医疗卫生机构和其他社会机构应与职业康复机构密切协作，为残疾人提供尽可能早的职业康复服务。各成员国应采取措施，促使残疾人获得就业机会，包括：鼓励雇主为残疾人提供职业培训和改善工作环境和工具，创造残疾人公开就业的条件；为不能公开就业的残疾人设立庇护工场；免除残疾人福利企业、康复中心的各种税费等。该建议书还对职业康复的社区参与、职业康复人才的培养以及雇主和残疾者本人在职业康复中各自的职责等进行了明确的规定。另外，该建议书还规定，社会保障部门应对职业康复服务，以及残疾人的职业培训、安置和就业等提供组织保障和财政支援。

三、世界各国工伤康复的实践

随着工伤保险制度的发展，工伤康复工作在工伤保险体系中的作用也越来越重要，许多国家正在积极发展职业康复事业，并纳入了国家社会发展计划。下面对几个主要工业国家的工伤康复制度做简要介绍。

（一）德国工伤康复简介

德国是世界上第一个建立工伤保险制度的国家，在 1884 年德国工伤保险立法之初，已经确定了“预防优先”和“注重康复”的原则。德国的工伤保险机构将工伤康复工作摆在了工作的重要位置，而且，德国政府也将工伤康复服务的成效，即有多少工伤职工通过职业康复重返工作岗位，作为评判工伤保险制度是否成功和对工伤保险的效益原则进行衡量的重要标志。目前，全德国的工伤保险机构（同业公会）共拥有 11 家专门的工伤医院，分布于全国各个地区。这些医院的所有建筑、设备等由同业公会共同出资建设，由所有同业公会拥有和共同管理。这些工伤医院的另一个特点是，它们不但提供工伤的抢救治疗，更要为工伤职工提供医疗康复和职业康复服务，而且非常注重职业康复的“早期介入”，它们的一个口号是“在病床上即开始职业康复服务”，以利于工伤职工尽快回归工作岗位。

（二）英国工伤康复简介

英国于1897年颁布《工伤保险法》，这是一种雇主责任制形式的工伤保险制度。1948年，英国按照社会保险的原则建立了新的工伤保险制度。英国现行的工伤保险制度是在1986年修订的，包括了工伤预防、赔偿和康复三个部分。目前，全英国有15个工伤康复中心，为因工致残工人服务，它旨在恢复工伤人员的职业劳动能力，指导工伤职工再就业。各中心每年共接收约一万名工伤人员，为他们提供灵活性较强的职业康复课程，以满足每个工伤职工的不同要求。职业康复的时间一般为8周，以恢复工伤职工对工作的适应能力。

（三）美国的工伤康复简介

美国的工伤保险制度在发达国家中起步较晚，直到1908年联邦政府才颁布《劳工伤害赔偿法》，尔后该法推动了各州工伤保险立法的正式实施。美国的工伤康复制度，也是建立在工伤保险体系的基础上的。美国各州的工伤康复制度不太一致，但均很重视工伤康复的实施，许多州（如哥伦比亚州、威斯康星州、北卡罗里那州等）甚至建立了专门的工伤康复机构。相对其他国家，美国的工伤康复制度有以下一些特点：

1. 几乎每个州都建立了工伤康复委员会，统筹该州工伤职工的医疗和职业康复事项。

2. 高度重视工伤康复工作，工伤职工可申请工伤康复，康复期最长可达到80个星期。

3. 工伤职工应严格按照康复治疗程序，如无理拒绝接受康复治疗，工伤保险部门将有权拒绝支付有关工伤赔偿。

4. 高度重视工伤康复的统计分析工作，工伤康复委员会每年都要发表年度报告。如明尼苏达州1999年年度报告数据表明，共有5 600名工伤职工接受了康复治疗，受伤后接受职业康复的平均时间为4.6个月，职业康复平均期限为7.3个月，75%的工伤职工恢复了工作，其中46%重返原工作岗位。而哥伦比亚州1999年的报告则表明，共有12 000名工伤职工接受了职业康复，职业康复费用占全年工伤保险基金的4%。

（四）日本的工伤康复制度

全日本共有39所专门的工伤医院，1.2万张床位，占日本医院床位总数的1%。这些工伤医院与其他医院的不同点：

1. 由工伤保险机构兴办，医院工作人员的工资开支靠门诊和住院费收入支付，而基础设施建设、设备购置等则由工伤保险基金支付。

2. 除提供医疗康复服务之外，更特别提供职业康复服务，并最终使工伤职工能尽快回归工作岗位。另外，日本的工伤保险机构都提供资金支持工伤康复技术的科研工作。

▶第五节　我国工伤康复的发展

一、我国工伤康复的任务预测

我国是一个职业危害比较严重的国家，近十几年来每年因各类事故死亡人数都在10万人左右。从我国公布的工伤事故和职业危害的统计数据来看，工伤致残人数在逐年增加，1993年为3.77万人，1994年为5.83万人，1995年为7.05万人，1996年为10.12万人，1997年为12.49万人，1998年为15.76万人。近年来，随着工业的发展，全国因工伤致残或造成身体功能障碍的人员人数更是呈上升态势。据不完全统计，目前全国因工伤致残的职工总数累计已超过了100万人。

严重的职业危害给国民经济造成巨大的损失，据专家保守估计，近几年全国因工伤事故和职业病造成的经济损失约占GDP的2%，2001年因事故造成的损失约在1 800亿元人民币以上。因工伤致贫问题还较严重，直接影响全面建设小康社会目标的实现。

国外的经验和国内的实践表明，90%以上的工伤职工通过工伤康复是可以重返工作岗位的。面对如此庞大的工伤人群，可以预见，我国工伤康复的任务将是十分繁重和艰巨的。

二、我国工伤康复的现状和发展模式

由于我国的工伤康复事业还处于起步阶段，工伤康复从理念、政策以及实际操作上都在进行探索。目前，全国各地都在摸索适合本地区社会经济水平的工伤康复发展的道路，并逐步形成了以下三种模式：

1. 兴建工伤康复专门机构

在一些工伤保险参保职工人数较多、工伤保险基金结余较大且康复人才及康复技术较集中的大中城市或地区，采取工伤保险基金提留的方式筹集基金，兴建专门的工伤康复机构。如广州市率先建立了工伤康复医院，江西南昌市等地建立了工伤康复中心。

2. 利用社会资源，合作发展工伤康复事业

利用社会的康复资源和工伤保险基金的资金优势，合作兴办工伤康复机构，共同发展工伤康复事业。如新疆乌鲁木齐市、广东肇庆市、河南郑州市等，选择康复基础较好的医疗单位合作，投入工伤保险基金，用于康复设备购置和康复场地的准备等。

3. 委托医疗机构，提供工伤医疗康复服务

如北京、深圳等地，提取专门的工伤康复经费，用于委托指定医疗机构承担工伤职工的医疗康复服务。

三、我国工伤康复存在的困难和不足

经过近年来的实践，我国的工伤康复工作已取得了初步的成绩，但也暴露了一些存在的困难和不足，主要体现在以下几个方面：

1. 社会对工伤康复的认识严重不足，参保企业和工伤职工康复意识缺乏

职工发生工伤后的最重要目标就是追讨工伤补偿金。广州市的调查资料显示，是选择康复后的低补偿还是不进行康复的高补偿，很多工伤职工选择了后者，有的甚至拒绝工伤康复治疗。

2. 社会康复资源不能满足工伤职工日益增长的康复需求

由于我国康复医学起步较晚、起点低，无论从康复基础设施、康复技术以及康复专业人才等方面，都显得严重不足。而且，社会康复机构所提供的仅是一般的医疗康复服务，工伤职业康复尚处于空白。因此，工伤康复的巨大需求和康复资源的严重不足形成明显反差，严重阻碍了工伤康复事业的进一步发展。

3. 工伤康复机构的定位和有关经费问题仍然未能解决

作为直接为广大工伤职工提供服务的工伤康复专门机构，却由于政策原因不能从工伤保险基金中提取有关人员经费，工伤康复机构的定位尚不明确。定位和经费问题不能及时解决，将严重影响刚起步的工伤康复事业的生存和发展。

4. 工伤康复配套政策仍然不够完善

随着工伤康复工作的发展，也不断出现了一些新的问题，如：工伤康复的目标是恢复和提高工伤职工的生活自理能力和职业劳动能力，当工伤康复的目标达到以后，工伤职工是否需要重新评残？存在医疗和护理依赖的工伤职工，如果领取一次性待遇并终结工伤保险关系，各种后遗症和旧伤复发的

后续治疗和康复怎样解决？在安装和配置假肢及辅助器具时，除需要考虑其价格因素外，是否需要考虑其使用寿命？

5. 工伤康复早期介入未能有效实施

工伤康复的关键是早期康复介入，但因此而涉及工伤治疗医院、参保企业和工伤职工的利益，目前缺乏强有力的政策支持来协调三者之间的关系。

6. 工伤职工的再就业面临一定的阻力

在目前就业情况的压力下，工伤职工虽然恢复了一定的职业劳动能力，但在体能上仍然存在一定的困难，并因此往往不能重新回归工作岗位。

四、我国工伤康复的发展趋势

在多数国家，工伤保险机构在提供医疗康复和职业康复服务方面所面临的要求越来越高，责任越来越大。一些国家正在积极发展职业康复事业，并纳入了国家社会发展计划。如全日本共有 39 所专门的工伤医院，床位 1.2 万张，占日本医院床位总数 1%。而德国的同业公会则有 11 家专门的工伤医院，分布在全国各个地区。这些工伤医院与其他医院的不同点主要体现在：第一，由工伤保险机构兴办，医院工作人员的工资开支靠门诊和住院费收入，而基础设施建设、设备购置等则由工伤保险基金支付；第二，除提供医疗康复服务之外，更特别提供职业康复服务，并最终使工伤职工能尽快回归工作岗位。另外，许多国家工伤保险机构都提供资金支持工伤康复技术的科研工作。

国外的经验和国内的实践表明，90%以上的工伤职工通过工伤康复是可以重返工作岗位的。面对如此庞大的工伤人群，发展工伤康复事业具有特别重要的意义。目前，我国工伤保险参保人数已超过了 1 亿人，工伤保险基金也有了较多的结余，可以预计，工伤康复将面临一个前所未有的发展机遇。结合我国国情分析，今后我国工伤康复的发展趋势有以下方面：

1. 大力发展工伤康复事业，构建预防、康复、补偿一体化的新型工伤保险体系，并根据工伤保险的职能和总体目标，将工伤康复事业纳入到国家经济和社会发展的总体规划之中。

2. 对全国和各地工伤职工的总量、伤残程度、区域分布、病种划分以及康复需求科学预测，并根据各地的社会经济和康复发展水平，做出科学的分析和论证报告，提出我国工伤康复事业的整体发展规划。

3. 根据工伤保险基金承受能力和收支平衡的原则，合理确定工伤康复待遇水平，并制定相应的国家技术标准，如康复治疗项目目录、职业康复项目目录、假肢矫形器及康复辅助器具目录等。

4. 建立并完善工伤康复管理体系。工伤康复事业既是一项复杂的技术工作，更是一项系统的社会工程。因此，有必要建立并完善工伤康复管理体系，依托我国现有的工伤保险管理架构，对工伤康复对象确认、工伤康复早期介入、工伤康复费用支付等康复流程实施有效的管理。

5. 建立不同模式的工伤康复服务体系：

（1）充分利用卫生资源，建立工伤康复网络。目前，部分综合医院也开展了康复治疗，为了充分利用卫生资源，可以选择康复水平较高、康复服务开展较好的综合医院，作为工伤康复合作医院，并明确工伤康复专门机构与康复合作医院的各自职能。

（2）加强区域合作，建立区域康复中心。在全国选择康复基础较好，工伤保险基金雄厚的中心城市，建立区域康复中心，并利用其康复资源优势，为周边地区的工伤职工提供康复服务，为各地康复工作的开展进行工伤康复专业技术人才和管理人才的培养和储备工作。

6. 开展工伤康复特别是职业康复领域的科研协作和课题研究，并积极拓展国际合作和交流，使我国的工伤康复事业不断学习先进国家的有益经验，不断取得新的发展。

■ 本章小结

工伤是工业化进程中企业和职工难以避免的劳动风险，工伤不仅严重影响了工伤职工个人及家庭生活，也由此造成了大量社会劳动力的丧失，严重影响了社会的进步和工业的发展。以恢复劳动者的身体功能和职业劳动能力为主要目标的工伤康复就显得非常重要。而且随着工伤保险制度的发展，工伤康复工作在工伤保险体系中的作用也越来越重要，许多国家正在积极发展职业康复事业，并纳入了国家社会发展规划。本章介绍了国内外工伤康复的基本情况，康复的内涵及外延，在介绍我国工伤康复发展情况的同时，也指出了其不足之处以及发展方向。

现代康复的定义，就是使残疾者最大限度地恢复其身体、精神、社会、职业和经济的能力。进入 20 世纪 80 年代，康复的目标更侧重在使残疾人能够重返社会。因此，工伤保险已不仅仅只是“补偿”，而且还包括“预防”和“康复”。康复的目标是提高工伤残疾者的生活质量，恢复其独立生活、学习和工作的能力，使其能在家庭和社会中过有意义的生活，能重返社会。

工伤康复包括医疗康复、教育康复、职业康复和社会康复。工伤康复主要包含工伤残疾预防、工伤医疗康复、工伤职业康复、康复辅助器具配置以及工伤康复管理 5 个方面的工作。康复的措施包括所有能消除或减轻身心功能障碍的措施，不但使用医学科学的技术，而且也使用社会学、心理学、工程学等方面的技术和方法。

工伤康复在我国还处于发展阶段，要适时地、因地制宜地逐步开展和完善工伤康复工作，并使之制度化。

复习思考题

1. 什么是工伤康复？现代工伤康复主要包括哪些内容？
2. 工伤保险制度为什么要涵盖工伤康复？工伤康复的作用和意义是什么？
3. 国外工伤康复有哪些值得借鉴的做法？

第十章

工伤保险监督管理

■学习要点

学习了解国外工伤保险监督管理体系、我国劳动保险监督检查的沿革、现行工伤保险监督检查制度的基本情况。学习工伤保险监督管理及相关工作可能涉及的法律责任及处罚管理，从而对我国工伤保险监督管理工作有一个基本的了解。

■关键概念

社会保险经办机构　社会保险基金监督委员会

工伤保险的属地管理

▶第一节　国外工伤保险监督管理体系简介

由于工伤保险是社会保险各险种中保障项目最多、待遇最优厚、服务最周到的险种，因此，更需要完备的组织机构来进行监督管理。工伤保险的组织机构随国家政治性质、经济条件和历史传统等的不同而有所差异。

工伤保险监督是对工伤保险基金及其管理行为的监督，即依国家有关法律、法规和政策对工伤的发生和确定，工伤待遇的给付，工伤基金的收支，基金运营管理的合法性、真实性、有效性实施的监督检查①。工伤保险制度实施的监督分广义上的监督和狭义上的监督，是现代政府对安全、健康和环保管制的重要组成部分②。广义上的工伤保险监督不仅对工伤保险基金的筹集、支出和财务管理进行监督，同时，对其他工伤保险事务也要实施监督；狭义上的工伤保险监督仅指工伤保险基金监督。此外，工伤保险监督还分为专门机构监督与社会监督。从管理形式来分，有三种类型，即：由政府直接（集中或分级）管理；由政府指定中央部门监督，依靠自治性的各种协会管理；由政府立法，由各级工会管理③。

政府直接监督管理是世界上广为采用的一种管理形式，日本、英国等100多个国家都可归入这种类型。在日本，劳动省负责进行集中监督管理，通过都、道、府、县劳动基准局和都、道、府、县劳动标准监察局实施；英国是由卫生与社会保障部负责，通过地区和地方办事机构管理工伤保险费和补助金。

采用政府指定中央部门监督，依靠自治性的各种协会管理方式的国家主要集中在欧洲地区，以法国、德国等国家为代表。特点是管理监督等具体工作由各种协会（基金会、理事会或联合会）在国家法律范围内完成，政府只进行一般性监督。在法国，由社会和全国团结部颁布法规，进行一般监督；由全国疾病基金会在全国水平上管理工伤补助方案，基本疾病基金会支付补助金，由联合征收机构征集保险费；在德国，由半官方的公共管理部门同业公会实行自治管理，承担管理责任，同业公会的管理活动受政府部门监督。意大利是由劳工社会福利部进行一般监督，全国事故保险协会通过省办事处管理工伤保险，由受保人、雇主和政府三方组成理事会管理有关事宜，国民

① 徐康平．劳动工伤事故保险与损害赔偿．北京：人民法院出版社，2002．467
② 刘辉．转型期社会性规制研究：信息不对称与博弈模式分析．财经论丛．2006，3：14～18
③ 孙树菡主编．工伤保险．北京：中国人民大学出版社，2000．127

健康服务部门对医疗补助进行一般管理，特殊工种的保险方案，另有基金会单独管理。

匈牙利、保加利亚等少数几个国家采用第三种管理形式。匈牙利就是由中央工会理事会社会保险总署总理事长，通过地方工会分支机构，对工伤保险基金征缴和补偿发放进行管理，并会同公共卫生部门共同对医疗补偿服务进行管理。

国外工伤保险各级机构中都存在着相应监督组织，监督管理的重点集中在工伤保险基金方面，力求保证对基金收支的全过程进行有效管理监督。国际公约规定相关监督机构通常应由多方组成，也是为了监督档案、业务工作的合法性；监督收支状况，防止舞弊和贪污。

▶第二节　我国工伤保险监督检查的历史

一、我国劳动保险监督检查的起步与沿革

早在 1951 年 2 月 26 日，在政务院公布的《中华人民共和国劳动保险条例》第六章（第 25 条到第 31 条）中就对劳动保险事业的执行与监督做出一系列相关规定。当时的我国劳动保险制度，基本上是遵循政事分开的原则，劳动保险业务由各级工会组织执行，监督检查由劳动行政机关执行。

《条例》首先确立了中央人民政府劳动部为全国劳动保险业务的最高监督机关，贯彻劳动保险条例的实施，检查全国劳动保险业务的执行。各级人民政府劳动行政机关应监督劳动保险金的缴纳，检查劳动保险业务的执行，并处理有关劳动保险事件的申诉。

在劳动保险业务的执行方面，由最基层的各工会基层委员会，各工会基层委员会经费审查委员会，各省、市工会组织，各大行政区工会组织，到最高领导机关中华全国总工会分工负责，下一级受上级工会组织的监督指导。中华全国总工会统筹全国劳动保险事业的进行，督导所属各地方工会组织、各产业工会组织有关劳动保险事业的执行。

各工会基层委员会的主要工作为：督促劳动保险金的缴纳；决定劳动保险基金的支付；监督条例所规定由企业行政方面或资方直接支付的各项费用的开支；推动企业改进医疗所或医院的工作；执行一切有关劳动保险的实际业务；每月编造劳动保险基金月报表，每年编造预算、决算、业务计划书及业务报告书，报告省、市工会组织和产业工会全国委员会及当地人民政府劳

动行政机关；并向工会全体会员大会或代表大会报告工作。

各省、市工会组织向当地人民政府劳动行政机关及大行政区工会组织报告，而各产业工会全国委员会向中华全国总工会及中央人民政府劳动部报告。各大行政区工会组织对所属各省、市工会组织及其区域内产业工会组织的劳动保险工作，负指导督促之责。

1953 年由劳动部发布《中华人民共和国劳动保险条例实施细则修正草案》，在第十七章（第 71 条到第 75 条）中进一步明确了劳动保险业务的监督与检查工作的相关规定，尤其是对劳动保险业务中出现的错误和违规的处理办法做了详尽的说明。

“文化大革命”期间，劳动保险制度遭受严重冲击，职工的退休、医疗、工伤、生育等项待遇都转由其所在单位负担，相关的“监督检查”制度基本被相关信访制度所替代，工伤社会保险制度一度处于停滞状态。

二、我国工伤保险监督检查制度的改革

为了适应市场经济体制的发展，我国工伤保险制度在 1978 年后也开始了改革过程，1996 年原国家劳动部制定并实施《企业职工工伤保险试行办法》，进一步推进了工伤保险制度改革，在工伤保险监督检查等方面也做出了探索。

《试行办法》第 7 条和第七章第 44 条到第 47 条就工伤保险的管理与监督检查进行了规定。粗略划分了政事分别管理的界限，即县级以上各级人民政府劳动行政部门主管本行政区域内的企业职工工伤保险工作，县级以上工伤保险经办机构经办工伤保险业务。工伤保险经办机构应当接受省级、地（市）级社会保险基金监督委员会的监督。

与劳动保险阶段的监督检查制度相比，工伤保险从多项保险合一的劳动保险制度中独立出来，制定了专门的工伤保险监督检查制度的相关规定，工伤保险经办机构监督检查制度更加全面，其主要工作除了负责收缴和管理工伤保险基金，支付工伤保险待遇外，还要履行以下主要职责：协助劳动行政部门对工伤保险申请进行调查取证，确定工伤补偿；与有关医院和医疗机构建立医疗合同，管理工伤医疗和职业康复事业；进行工伤保险统计；支持和配合劳动行政部门进行劳动安全卫生法规的监督检查；开展工伤保险和工伤预防的宣传、教育和咨询；承担劳动行政部门委托的其他事项。

各地在制定《企业职工工伤保险试行办法》实施细则时，基本上按照政事分开原则规定组织工伤保险的管理、事业经办和监督检查。例如：北京市在《北京市企业劳动者工伤保险规定》中对工伤保险的行政管理、事业经办及监督检查都做了较为明确的规定，即：北京市劳动保障行政部门主管本市

行政区域内的工伤保险工作，负责工伤保险工作规划、政策制定、组织实施、管理和监督检查。区县劳动保障行政部门具体负责本辖区的工伤保险工作的实施和监督检查。社会保险经办机构负责经办工伤保险事务，具体包括：收缴工伤保险基金，支付工伤保险待遇；拨付工伤职业康复费；管理工伤医疗和职业康复事业；按时编制预、决算草案，会计、统计报表；提供工伤保险咨询、查询服务等。社会保险监督委员会负责监督工伤保险政策、法规执行和工伤保险基金的管理工作；财政、审计等部门对工伤保险财务实施监督检查。对工伤保险经办机构、劳动保障部门、用人单位与有关当事人的责任、处罚也有较详细的规定。

从全国范围看，各省市实施细则中一般都规定劳动保障行政部门主管社会工伤保险工作，社会保险经办机构负责经办工伤保险事务。在社会保险监督方面，有的地方也规定了其他的监督机构，如浙江省规定，各级工会组织代表职工监督本省工伤保险办法的实施。在社会保险监督机构组成上比较有特点的是广东省和深圳市，它们在实施细则中分别规定，“社会保险监督机构是工伤保险基金的监督组织，由政府或政府指定部门、单位和被保险人代表按等比例原则组成，依法监督基金的收支和管理。”“社会保险监督机构由劳动保障部门、工会、企事业单位代表及专家组成。”

▶第三节　我国现行工伤保险监督管理

一、经办机构具体承办工伤保险事务

2004 年开始实施的《工伤保险条例》同样对工伤保险管理、事务经办、监督检查及审计的机构及其职责做出了规定。确定了国务院劳动保障行政部门负责全国的工伤保险工作。县级以上地方人民政府劳动保障行政部门负责本行政区域内的工伤保险工作。劳动保障行政部门按照国务院有关规定设立的社会保险经办机构来具体承办工伤保险事务。

经办机构具体承办工伤保险事务，履行下列职责：

1. 根据省、自治区、直辖市人民政府规定，征收工伤保险费；

2. 核查用人单位的工资总额和职工人数，办理工伤保险登记，并负责保存用人单位缴费和职工享受工伤保险待遇情况的记录；

3. 进行工伤保险的调查、统计；

4. 按照规定管理工伤保险基金的支出；

5. 按照规定核定工伤保险待遇；

6. 为工伤职工或者其直系亲属免费提供咨询服务。

其中，进行工伤保险的调查、统计是一项基础性的工作，经办机构应了解、掌握有关工伤保险的基本情况，为各级劳动保障行政部门制定工伤保险方面的政策提供依据。

按照规定，管理工伤保险基金的支出包含两层含义：一是必须依法支付工伤职工或者工亡职工家属的有关待遇，不得克扣，也不得拖延。二是对不符合条件的，要拒绝支付；对超标准要求的，要坚决按国家规定的标准支付。同时，对违反规定使用工伤保险基金的行为要坚决查处。

作为专门的工伤保险事务的经办机构，对国家的各项政策、法规都必须十分熟悉，而工伤职工或者其直系亲属对工伤保险有关政策则可能不十分了解。因此，经办机构应当为他们提供必要的咨询。这样做，一方面可以依法保护工伤职工及其直系亲属的合法权益，另一方面也可以避免工伤职工或者其直系亲属提出一些不合理的要求，从而提高工作效率。

二、关于医疗机构、辅助器具配置机构的确定

医疗机构、辅助器具配置机构是工伤职工工伤医疗待遇和康复待遇的直接提供者，直接决定着职工受伤后的医疗、康复质量及伤残职工的生活便利程度。因此，应当予以重视。《工伤保险条例》对医疗机构和辅助器具配置机构的选择做出以下规定：

1. 由国务院劳动保障行政部门分别会同国务院卫生行政部门、民政部门等部门制定具体办法。具体办法应当包括被选择医疗机构、辅助器具配置机构应当具备的条件，选择医疗机构、辅助器具配置机构的程序等。

2. 经办机构与医疗机构、辅助器具配置机构在平等协商的基础上签订服务协议。这样有利于合理地利用工伤保险基金，有利于促进医疗机构、辅助器具配置机构之间的竞争，从而更好地为工伤职工提供服务。

3. 公布签订服务协议的医疗机构、辅助器具配置机构的名单。这样一方面使其接受社会的监督，另一方面也有利于职工在发生工伤后能够及时地得到服务。

三、经办机构对工伤保险费用的管理

（一）对工伤保险费用的核查

根据《工伤保险条例》的规定，经办机构按照协议和国家有关目录和标

准对下列费用的使用情况进行核查：

1. 对工伤职工医疗费用的使用情况进行核查

医疗机构应当按照工伤保险诊疗项目目录、工伤保险药品目录、工伤保险住院服务标准对工伤职工提供服务，并按相应的标准收取有关费用。

2. 对工伤职工康复费用的使用情况进行核查

康复机构应当按照工伤保险诊疗项目目录、工伤保险药品目录、工伤保险住院服务标准对工伤职工的康复性治疗提供服务，并按相应的标准收取有关费用。

3. 对工伤职工辅助器具费用的使用情况进行核查

辅助器具配置机构应当按照国家规定的标准进行配置，并按相应的标准收取有关费用。

另一方面，如果医疗机构、辅助器具配置机构按国家规定和服务协议提供了服务，有权要求经办机构按照协议按时足额支付有关费用。经办机构也有义务按时足额结算相关费用。

（二）经办机构对工伤保险基金的管理

经办机构作为工伤保险事务的具体承办者，必须按照规定管理工伤保险基金的支出，应当接受劳动保障行政部门、财政部门和审计机关的监督，也应当接受缴费单位即用人单位和职工的监督，合理管理、使用工伤保险基金。为此，经办机构应当定期公布工伤保险基金的收支情况。这样有利于促使经办机构合理、谨慎地管理工伤保险基金；促使用人单位积极缴纳工伤保险费；保护广大职工特别是工伤职工、工亡职工亲属的合法权益。

工伤保险费率是由统筹地区经办机构根据用人单位工伤保险费使用、工伤发生率等情况，适用所属行业内相应的费率档次加以确定的。由于我国实行的是行业差别费率，所以在适当的时候要根据企业的实际情况对其工伤保险费率做一些调整，经办机构有义务及时向劳动保障行政部门提出调整费率的建议。

四、关于工伤保险工作的改进

作为工伤保险工作的管理机构和具体承办机构，劳动保障行政部门、经办机构应当定期听取工伤职工、医疗机构、辅助器具配置机构以及社会各界对改进工伤保险工作的意见。

1. 工伤职工

工伤职工作为工伤保险的直接受益者，对劳动保障行政部门、经办机构的服务具有切身体会，最清楚哪些地方需要改进以及如何改进。因此，劳动保障行政部门、经办机构应当虚心听取工伤职工的意见，对合理的建议要积极采纳，并根据具体情况进行改进。

2. 医疗机构及其人员

医疗机构作为专业性服务机构，在医疗服务方面具有权威性，因此劳动保障行政部门、经办机构应当在医疗服务方面多听取医疗机构的意见，从不同方面来考虑协议医院的选择是否合适、标准是否恰当、医疗费用的确定是否合理、医疗费用的支付是否及时等意见。

3. 辅助器具配置机构及其人员

辅助器具配置机构及其专业人员可以提供关于辅助器具配置方面的管理建议，在这方面的管理问题，劳动保障行政部门、经办机构应当听取他们的意见，以及时改进有关工作。

4. 社会各界人士

社会各界的意见有广泛性和公正性。劳动保障行政部门、经办机构应当虚心听取，合理的要及时采纳。比如，新闻机构会对工伤保险工作中存在的问题提出批评，并提出相应的整改建议，劳动保障行政部门、经办机构应虚心听取，及时改进相关工作。

另外，《工伤保险条例》还规定，任何组织和个人对有关工伤保险工作中的违法行为有权举报。劳动保障行政部门对举报应当及时调查，按照规定处理，并为举报人保密。

通过这些渠道听取不同意见，将有助于对劳动保障行政部门、经办机构合理管理、使用工伤保险基金，加强管理，改进工作作风，使工伤保险真正起到社会安全阀的作用。

五、工会在工伤保险方面的职责

（一）积极参与，维护工伤职工的合法权益

作为以维护职工合法权益为基本职责的工会组织，自然应当依法维护工伤职工的合法权益。具体来讲，包括以下几个方面：

1. 参与制定工伤保险政策，依法维护工伤职工的合法权益

劳动保障行政部门制定工伤保险的政策、标准，应当征求当地工会组织的意见。工会组织要广泛听取职工群众、基层工会组织的意见和要求，结合本地区的实际情况，协助政府有关部门制定地方工伤保险制度实施的发展规划和实施方案。在参与地方配套文件的制定过程中要突出重点，注重对单位

缴费率、储备金的使用、工伤保险诊疗项目目录、工伤保险药品目录、工伤保险医疗服务标准和利用浮动费率促进用人单位对工伤事故与职业病的预防等问题的研究；关注工伤医疗补助金、伤残就业补助金、一次性工亡补助金和伤残津贴、供养亲属抚恤金、生活护理费等工伤保险待遇标准的制定和调整，使工伤保险各项政策更加符合地方的实际与职工的利益，切实从源头上维护劳动者的合法权益。

2. 用人单位未按规定提出工伤认定申请的，工会组织可依法向有关部门提出工伤认定申请

根据规定，职工发生事故伤害或者被诊断、鉴定为职业病，所在单位应当自事故伤害发生之日或者被诊断、鉴定为职业病之日起 30 日内，向统筹地区劳动保障行政部门提出工伤认定申请。如果用人单位未按规定提出工伤认定申请的，工伤职工或者其直系亲属、工会组织在事故伤害发生之日或者被诊断、鉴定为职业病之日起 1 年内，可以直接向用人单位所在地统筹地区劳动保障行政部门提出工伤认定申请。

3. 协助有关部门对事故伤害进行调查核实

劳动保障行政部门受理工伤认定申请后，根据审核需要可以对事故伤害进行调查核实，相应工会组织应当予以协助，以保护工伤职工的合法利益。

4. 参与劳动能力鉴定工作

按照《工伤保险条例》规定，省、自治区、直辖市劳动能力鉴定委员会和设区的市级劳动能力鉴定委员会分别由省、自治区、直辖市和设区的市级劳动保障行政部门、人事行政部门、卫生行政部门、工会组织、经办机构代表以及用人单位代表组成。工会参加劳动能力鉴定委员会对维护工伤职工的合法权益是十分必要的，因为劳动能力鉴定是评定劳动者劳动功能障碍程度和生活自理障碍程度的重要工作，是确定工伤职工享受工伤待遇的依据，也是工会参与的具体的工伤保险管理基础工作之一。

5. 在工伤争议处理过程中发挥应有的作用

当职工与用人单位或工伤保险经办机构发生工伤保险方面的争议时，工会组织可以根据工伤职工或其直系亲属的要求，提供相关法律咨询服务或法律援助。

（二）对用人单位的工伤保险工作实行监督

为依法维护工伤职工的合法权益，工会组织应对用人单位的工伤保险工作进行监督。包括以下几个方面：

1. 监督用人单位参加工伤保险。尽管工伤保险是强制性保险，但我国各

地区在这方面进度不一，相当多的职工未能参加工伤保险。为了推动我国工伤保险制度改革，工会组织应当积极协助政府有关部门扩大工伤保险覆盖面，依法督促用人单位参加当地统筹地区的工伤保险，使各类企业、有雇工的个体工商户，都依照《条例》规定参加工伤保险。

2. 监督用人单位依法足额缴纳工伤保险费。用人单位可能由于各种原因不能按时足额缴纳工伤保险费，工会组织可以督促其筹集资金，为本单位全部职工或者雇工按时足额缴纳工伤保险费，使各类企业的职工和个体工商户的雇工，均有权享受工伤保险待遇。

3. 监督用人单位及时向统筹地区劳动保障行政部门提出工伤认定申请。根据规定，如果用人单位未在规定的时限内向统筹地区劳动保障行政部门提交工伤认定申请，在此期间发生符合规定的工伤待遇等有关费用由该用人单位负担。这显然会加重用人单位的负担，同时使工伤职工的权益得不到最有力的保障。

4. 监督用人单位支付工伤保险的有关待遇。如果用人单位拒绝或拖延履行支付义务，工会组织有权督促其履行。

5. 对工伤保险工作中存在的问题提出意见和建议。

6. 督促用人单位认真贯彻“安全第一，预防为主”的方针，为劳动者提供良好的劳动安全卫生条件。加强劳动保护是贯彻实施《工伤保险条例》的重要前提。各级工会要广泛宣传安全生产的法律法规，普及安全生产知识，强化职工的安全意识，实行安全生产，做好工伤预防工作。

应当说，我国工伤保险监督管理制度有了长足进步，但仍存在不少问题。目前在我国还缺乏专门的法律、法规对社会保险基金经办机构及社会保险基金监督机构的设立和职能做出明确的规定，导致社会保险基金经办机构的设立和职能没有法律依据；各地社会保险事业管理机构属于事业单位，事业单位的性质使其在很大程度上受行政部门管理，形成行政权力主导，导致管理与被管理合一，事务管理与监督混淆，难以全面落实有效监督管理。理顺我国工伤保险体制，建立有效的监督管理体系，任重而道远。

▶第四节　工伤保险管理中的法律责任及处罚管理

《工伤保险条例》对工伤保险经办机构、劳动保障部门、用人单位与有关当事人的责任、处罚有严格而详尽的规定。

一、挪用工伤保险基金的法律责任

工伤保险基金存入社会保障基金财政专户，用于《条例》规定的工伤保险待遇、劳动能力鉴定以及法律、法规规定的用于工伤保险的其他费用的支付。任何单位或者个人不得将工伤保险基金用于投资运营、兴建或者改建办公场所、发放奖金，或者挪作其他用途。

如果挪用了工伤保险基金，应当按照下列办法处理：单位或者个人违反《条例》第 12 条规定挪用工伤保险基金，构成犯罪的，依法追究刑事责任；尚不构成犯罪的，依法给予行政处分或者纪律处分。被挪用的基金由劳动保障行政部门追回，并入工伤保险基金；没收的违法所得依法上缴国库。

目前，我国规定的行政处分主要限于行政机关对国家公务员的处分和对国有和集体企业职工的处分等。对于国家公务员的行政处分包括：警告、记过、记大过、降级、撤职、开除等。

没收的违法所得是指如果挪用工伤保险基金后有非法收入，比如通过挪用的工伤保险基金经营所得的非法收入，应当予以没收，并按照有关规定上缴国库[①]。

二、劳动保障行政部门工作人员在工伤保险工作中可能承担的法律责任

劳动保障行政部门工作人员有下列情形之一的，依法给予行政处分；情节严重，构成犯罪的，依法追究刑事责任：

1. 无正当理由不受理工伤认定申请，或者弄虚作假将不符合工伤条件的人员认定为工伤职工的；

2. 未妥善保管申请工伤认定的证据材料，致使有关证据灭失的；

3. 收受当事人财物的。

对于劳动保障行政部门的工作人员的行政处分包括：警告、记过、记大过、降级、撤职或者开除。如果劳动保障行政部门的工作人员上述行为构成犯罪的，应当依法予以刑事处罚。

三、经办机构可能承担的法律责任

经办机构有下列行为之一的，由劳动保障行政部门责令改正，对直接负责的主管人员和其他责任人员依法给予纪律处分；情节严重，构成犯罪的，

① 本书编写组.《工伤保险条例》释疑. 北京：中国民主法制出版社，2004. 69～74

依法追究刑事责任；造成当事人经济损失的，由经办机构依法承担赔偿责任：

1. 未按规定保存用人单位缴费和职工享受工伤保险待遇情况记录的；

2. 不按规定核定工伤保险待遇的；

3. 收受当事人财物的。

县级以上地方各级人民政府劳动保障行政部门负责本行政区域内的工伤保险工作。劳动保障行政部门按照国务院有关规定设立的社会保险经办机构（以下称经办机构）具体承办工伤保险事务。因此，劳动保障行政部门有权对经办机构的违法行为予以纠正。

四、医疗机构、辅助器具配置机构或者经办机构违约的处理

经办机构与医疗机构、辅助器具配置机构在平等协商的基础上签订服务协议，并公布签订服务协议的医疗机构、辅助器具配置机构的名单。具体办法由国务院劳动保障行政部门分别会同国务院卫生行政部门、民政部门等部门制定。经办机构按照协议和国家有关目录、标准对工伤职工医疗费用、康复费用、辅助器具费用的使用情况进行核查，并按时足额结算费用。违约情形分为两种：

1. 医疗机构、辅助器具配置机构不按服务协议提供服务

医疗机构应当按照国务院劳动保障行政部门会同国务院卫生行政部门、药品监督管理部门等部门制定的工伤保险诊疗项目目录、工伤保险药品目录、工伤保险住院服务标准进行治疗，提供服务；辅助器具配置机构对工伤职工安装假肢、矫形器、假眼、假牙和配置轮椅等辅助器具的，应当按照国家规定的标准进行配置。如果医疗机构、辅助器具配置机构不按服务协议提供服务，经办机构可以解除服务协议。

2. 经办机构不按时足额结算费用

经办机构有义务根据协议规定，按时足额结算费用，作为经办机构主管部门的劳动保障行政部门有权监督其按时足额结算费用，对不按时结算费用的，可以责令其改正。作为自收自支的医疗机构、辅助器具配置机构有权根据协议履行情况决定继续与经办机构签订还是解除服务协议。

五、用人单位骗取工伤保险基金支出的处理

根据《条例》规定，中华人民共和国境内的各类企业、有雇工的个体工商户（以下称用人单位）应当依照条例规定参加工伤保险，为本单位全部职工或者雇工（以下称职工）缴纳工伤保险费。用人单位瞒报工资总额或者职工人数的，由劳动保障行政部门责令改正，并处瞒报工资数额 1 倍以上 3 倍

以下的罚款。用人单位、工伤职工或者其直系亲属骗取工伤保险待遇，医疗机构、辅助器具配置机构骗取工伤保险基金支出的，由劳动保障行政部门责令退还，并处骗取金额1倍以上3倍以下的罚款；情节严重，构成犯罪的，依法追究刑事责任。

六、从事劳动能力鉴定的组织和个人可能承担的法律责任

从事劳动能力鉴定的组织或者个人有下列情形之一的，由劳动保障行政部门责令改正，并处2 000元以上1万元以下的罚款；情节严重，构成犯罪的，依法追究刑事责任：

1. 提供虚假鉴定意见的；
2. 提供虚假诊断证明的；
3. 收受当事人财物的。

七、对用人单位未按规定参加工伤保险的处理

用人单位依照《条例》规定应当参加工伤保险而未参加的，由劳动保障行政部门责令改正；未参加工伤保险期间用人单位职工发生工伤的，由该用人单位按照本条例规定的工伤保险待遇项目和标准支付费用。

本章小结

1. 国务院劳动保障行政部门负责全国的工伤保险工作。县级以上地方人民政府劳动保障行政部门负责本行政区域内的工伤保险工作。劳动保障行政部门按照国务院有关规定设立的社会保险经办机构具体承办工伤保险事务。

2. 工伤保险实行属地管理，以中心城市或者地级市为主实行工伤保险费用社会统筹。

3. 劳动保障行政部门依法对工伤保险费的征缴和工伤保险基金的支付情况进行监督检查；劳动保障行政部门对任何组织和个人的有关工伤保险的违法行为有权调查并及时处理。

4. 工伤保险经办机构应当接受省级、地（市）级社会保险基金监督委员会的监督。

5. 工伤社会保险应当采取政事分开，管理与监督分开的格局，理顺管理体制和监督体制。

6. 工伤保险基金存入社会保障基金财政专户，用于《工伤保险条例》规定的工伤保险待遇、劳动能力鉴定以及法律、法规规定的用于工伤保险的其他费用的支付。任何单位或者个人不得将工伤保险基金用于投资运营、兴建

或者改建办公场所、发放奖金，或者挪作其他用途。

复习思考题

1. 社会保险经办机构具体承办工伤保险事务，应履行哪些职责？
2. 如何进一步改进我国工伤保险行政与监督管理制度？
3. 简述经办机构对工伤保险费用的核查内容。
4. 挪用工伤保险基金的法律责任有哪些？

第十一章

工伤保险争议

■**学习要点**

通过本章的学习，应了解我国工伤保险争议案件的处理程序、我国工伤保险争议处理种类和如何预防工伤保险争议。

■**关键概念**

工伤保险争议　工伤保险争议处理机构　工伤待遇争议

▶第一节　工伤保险争议综述

一、工伤保险争议

（一）工伤保险争议的定义

狭义上的工伤保险争议，是指用人单位与与之形成劳动关系的劳动者之间因实现工伤保险权利和履行工伤保险义务产生分歧而引起的争议。更广泛意义上的定义是：用人单位和与之形成劳动关系的劳动者之间，国家机关事业单位、社会团体和与之建立劳动合同关系的劳动者之间，劳动者与社会保险经办机构或者劳动保障行政管理部门之间，因履行工伤保险法规所规定的工伤保险权利和义务产生分歧而引起的争议。本章采用后一种定义来介绍工伤保险争议。

（二）国内外工伤保险争议

各国工伤保险争议内容与解决方式有着各国自己的特点。一方面，各国引发争议的原因虽然有较多的相同点，也有较多的不同。如瑞典规定，只要是因职业原因引起的疾病均可认定为职业病，这样一来，在职业病认定上往往比其他国家有更多的争议。因为工作环境中的物理的、化学的有害因素引起的疾病潜伏期长，与一般疾病交织在一起，自然会发生争议。辅助器具不易划定严格的标准，如何报销会发生争议；伤残待遇按本人工资计发，不同人之间的差别将会很大，也会发生较多的工伤保险争议。另一方面，各国工伤保险争议处理的方式各有不同。对于包括工伤保险争议在内的社会保险争议案件的司法处理方式，有的国家通过民事法庭来处理，也有的国家通过行政法院、社会法院来处理，还有的设立了劳动法院。如德国设有社会法院，对工伤保险争议的相关处理程序是，先由社会保险机构复议，再由社会法院审理。而比利时和丹麦则建立专门的劳动法院，代替民事法庭更专业地处理这类争议。美国和澳大利亚等国各州立法不一，解决的方式也各异。对于包括工伤保险争议在内的社会保险争议案件的非司法处理方式，各国在适用各自原则的基础上广泛应用了斡旋、调解、仲裁的方式①。涉及出境工伤待遇争

① 杨燕绥．社会保险法．北京：中国人民大学出版社，2000，244～247

议时会更加复杂，如果工伤保险的基金是社会公共基金，外籍工很难享受平等待遇，其争执是国际问题，可能要通过外交途径解决。

在我国，由于历史和立法等原因，一部分工伤保险争议目前还作为劳动争议的一个重要组成部分，按照劳动争议的处理原则及处理程序予以解决。目前，工伤保险争议占劳动争议的比例还相当高，据浙江省劳动仲裁机构透露，2004年全省各级劳动仲裁机构立案受理各类劳动争议案件1.5万件，比上年增长30%。其中，工伤争议案件数占到劳动争议案件总数的30%，工伤争议已成为劳动争议中的主要问题。浙江省的例子说明，当前非公有制企业的工伤案件已呈多发态势，而且集中在工伤保险参保、工伤赔偿等方面，此类案件占劳动争议案件总量的一半左右。

还有一部分工伤保险争议是作为行政争议，按照行政复议和行政诉讼的方式来解决的。这种多种方式的存在使得工伤保险争议的解决更显复杂。

（三）工伤保险争议的类型

1. 按工作程序的环节分

工伤保险争议可以发生在工伤保险工作程序的各个环节，但从实际处理工伤争议案件的情况来看，发生较多的有以下几种主要的类型：

（1）工伤认定争议。一是双方当事人对伤残的事实没有异议，但对双方是否存在劳动法意义上的劳动关系存在分歧；二是双方当事人对存在劳动关系没有异议，但对发生的伤残是否属于因工伤残存在分歧。

（2）工伤鉴定争议。双方当事人对存在劳动关系和因工造成劳动者伤残均无异议，但对工伤者的伤残程度存在分歧。

（3）工伤待遇争议。双方当事人对劳动者应享受的工伤待遇标准及其调整、工伤待遇的支付、工伤医疗和工伤康复待遇产生的争议。

此外，在工伤保险费征收过程中，工伤保险登记、变更和注销手续的办理等方面，都可能发生争议。

2. 按争议内容涉及的主体分

按照工伤保险争议内容所涉及的主体的不同，从我国的实践情况看，大致上可以将工伤保险争议划分为以下6种类型：

（1）社会保险经办机构与用人单位之间的争议。一般包括：

1）审核、确定缴费费基的争议。由于工伤保险费完全由用人单位全部负担，由于职工人数和职工工资总在不断变化和调整，用人单位可能会出现瞒报或错报职工人数和职工工资的情况，作为核算基数的社会保险经办机构与用人单位就费基的审核、确定可能发生争议。

2）费率确定与调整的争议。由于我国工伤保险制度实行的是行业差别费率和浮动费率，社会保险经办机构与用人单位之间可能在费率确定上存在不同的意见并产生争议。

3）缴费的争议。用人单位拖欠、拒绝缴纳工伤保险费的情况各地时有发生，社会保险经办机构可能会就此与用人单位产生争议。

（2）社会保险经办机构与工伤职工本人及其供养亲属之间的争议。主要是工伤保险待遇方面的争议，这是所有工伤争议中数量最多，也是最复杂的一种争议。在此有这样几种可能：因工伤保险政策不明确而引起工伤保险待遇方面的争议；社会保险经办机构与工伤职工及其供养亲属之间在对工伤保险待遇标准的认同上可能发生的争议；工伤保险待遇调整的争议；待遇支付方面的争议。

（3）工伤认定机构与用人单位、工伤职工及其供养亲属之间的争议。工伤认定工作政策性强，且涉及企业与职工的切身利益。这类争议主要有：

1）劳动者与用人单位在劳动关系的确认上引发的工伤认定机构与用人单位、工伤职工及其供养亲属之间的争议。当前不少用人单位在生产经营中常常以内部承包合同、劳务合同、承揽合同、运输合同等来替代劳动合同，特别是在建筑工程层层转包过程中，容易引起工伤认定争议。

2）对工作岗位和工作时间的认定不一，尤其是对上下班途中，受到机动车事故伤害的工伤认定的争议。

3）因工伤时效的界定而引发的工伤认定机构与用人单位、工伤职工及其供养亲属之间的争议。

（4）用人单位与工伤职工及其供养亲属之间的争议。由于现行《工伤保险条例》没有覆盖所有的工伤保险待遇，不少工伤保险待遇仍由用人单位支付，用人单位与工伤职工及其供养亲属之间的争议将无法回避。

（5）医疗机构、职业康复机构、辅助器具配置机构与社会保险经办机构、工伤职工之间的争议。这类争议主要有：

1）因医疗机构、辅助器具配置机构未按服务协议提供服务，或经办机构未按协议按时足额地结算费用，签订服务协议的医疗机构、辅助器具配置机构与社会保险经办机构之间可能发生争议。

2）医疗机构在工伤职工的医疗康复中，就医疗方案、住院服务标准、用药标准与社会保险经办机构、工伤职工之间可能发生争议。

3）职业康复机构与社会保险经办机构、工伤职工就康复费用、康复条件、康复手段、康复结果等问题都有可能引发争执。

二、工伤保险争议处理的立法现状、存在的问题与争议处理体制①

工伤保险争议属于社会保险争议的范畴，它具有社会保险争议的一般特征。为了有效地处理工伤保险争议，应该对其立法现状、存在的问题和争议处理体制进行初步的了解。

（一）工伤保险争议处理制度的立法现状

目前的工伤保险争议从其性质上来划分，一部分属于劳动争议，还有一部分属于行政争议。通过了解劳动争议处理法律制度和行政争议处理法律制度的立法现状，便可大致了解我国工伤保险争议处理制度的立法现状。

1. 劳动争议处理法律制度的立法现状

从当前的劳动争议立法看，我国劳动争议处理的法律体系主要包括以下几个层次：效力最高的是1994年全国人大常委会审议通过的《劳动法》，其次是国务院颁布的《企业劳动争议处理条例》，再次是劳动部发布的《劳动争议仲裁委员会组织规则》《劳动争议仲裁委员会办案规则》《企业劳动争议调解委员会组织及工作规则》等行政规章和各省、自治区，直辖市人民政府颁布的《企业劳动争议处理条例实施办法》，以及最高人民法院发布的有关劳动争议的司法解释和劳动部依法做出的行政解释。

《劳动法》在第十章中就劳动争议的处理做了专门规定。用人单位与劳动者发生劳动争议，当事人可以依法申请调解、仲裁、提起诉讼，也可以协商解决。调解原则适用于仲裁和诉讼程序。解决劳动争议，应当根据合法、公正、及时处理的原则，依法维护劳动争议当事人的合法权益。《劳动法》全面规定了劳动争议范围、职责，调解委员会的组成，调解程序等内容，系统地规范了劳动争议处理机构和处理程序，使劳动关系双方能够依法维护自己的合法权益，确立了我国劳动争议处理法律制度。随着这方面立法的不断加强，劳动争议处理法律制度将进一步完善并发挥其功效。

2. 行政争议处理法律制度的立法现状

按照现行社会保险制度的管理体制，有些工伤方面的社会保险争议，是依据行政争议的处理程序进行处理的，主要法律依据有《行政复议条例》《行政诉讼法》和《国家赔偿法》。

① 陈泰才主编．工伤保险条例实用指南．北京：中国人事出版社，2003．253～256

（二）我国工伤保险争议处理制度的立法中存在的问题

1. 工伤保险的立法尤其是实际操作性的配套立法还不够完善。如工伤认定范围较原则，实际操作困难较多。

2. 除《工伤保险条例》外，其他现有的工伤保险方面的法律规范等级低、效力差。有的地方自行制定一些规范性文件，地区之间差异较大，全国难于统一，发生争议在所难免，处理起来也较棘手。

3. 法律责任的规定不具体，惩戒性不强，不能有效地惩处工伤保险方面的违法行为。

4. 劳动监察力度不够，强制措施不力，不能及时有效地查处用人单位在工伤保险及待遇保障方面的违法违规行为。

（三）工伤保险争议的处理体制

1. 劳动争议的处理体制

劳动者与用人单位之间发生的工伤保险争议，沿用现行劳动争议的处理体制，即争议双方当事人自愿选择企业调解或者直接向所在地的劳动争议仲裁委员会申请仲裁，只有对仲裁裁决不服，才能向人民法院起诉，实行二审终审制。劳动争议的仲裁，不适用《仲裁法》。

2. 行政争议的处理体制

劳动者与劳动保障部门或劳动保障部门依法委托的社会保险管理机构之间，劳动者与法定授权的社会保险管理组织之间，用人单位与社会保险管理机构或组织之间发生的工伤保险争议，沿用现行行政争议的处理体制，即劳动者或用人单位依法向做出具体行政行为的劳动保障部门的上一级劳动保障部门申请行政复议，对复议决定不服，可以向人民法院提起诉讼；也可以依法不经过行政复议程序直接向人民法院提起诉讼，人民法院将依据《行政诉讼法》进行审理。

三、工伤保险争议处理的原则

（一）及时调查，注重事实

调查取证、收集证据是开展工伤认定的基础，确凿的证据必须以事故现场和主要人证物证的存在为基础。因此，受理工伤认定投诉等案件后，要及时勘查现场，对有关人员进行调查，核实有关证据，保证证据的准确可信。

（二）集体审议，接受监督

工伤保险争议处理，是一项政策性极强的工作，必须慎之又慎。为了尽量避免和处理好这方面的争议，在进行工伤认定和确定支付工伤待遇标准时，应当坚持集体审议，共同决定，自觉接受群众的监督，保证行政决定的公正性。

（三）遵守程序，区别处理

工伤保险争议案件中，一部分属于劳动争议仲裁受案范围，另一部分属于行政争议处理范围。因此，要区别它们是劳动争议仲裁案，还是行政复议或行政诉讼案，并严格按照各类制度规定的法定程序，逐项进行处理。

（四）依法行政，制作文书

在工伤保险行政管理和争议处理过程中，要增强法制观念，依法行政，制作和完善各类法律文书，注意落实单位和工伤者的知情权，尽量避免出现劳动保障行政部门因程序遗漏而成为被告的被动局面[①]。

▶第二节　我国工伤保险争议处理制度的沿革

我国工伤保险制度是在1951年《劳动保险条例》颁布后开始实施的，工伤保险一直是劳动保险制度的重要内容。新中国成立初期，工伤保险领域所产生的纠纷一直适用劳动争议处理程序加以解决。下面简要分析我国劳动争议处理制度中不同时期的工伤保险争议处理制度。

一、我国的劳动争议处理制度的初建期

早在1949年11月，中华全国总工会为了及时合理地解决当时私营企业中存在的劳资争议，制定了《关于劳资关系暂行处理办法》，其中对劳动争议的协商、调解、仲裁和法院审判的处理程序做了规定。中央劳动部门也专门设立劳动争议调处司。1950年6月，劳动部发布了《劳动争议仲裁委员会组织及工作规则》。据此，各地区由劳动部门负责聘请总工会、工商行政部门、工商联的代表组成了劳动争议仲裁委员会，担负起劳动争议案件的仲裁工作。

① 陈泰才主编．工伤保险条例实用指南．北京：中国人事出版社，2003．253～256

同年10月，劳动部又发布了《关于劳动争议解决程序的规定》。该规定处理的劳动争议包括一切国营、公营、私营、公私合营及合作社经营的企业中因雇佣、解雇、工资、工时、生活待遇、奖罚、劳动保险、劳动保护，以及因执行劳动纪律、工作规则、劳动合同等发生的劳动争议。1954年劳动部就国家机关、人民团体、学校、卫生等非企业单位的劳动争议的解决发出指示，上述争议由单位和上级主管行政部门处理；无法解决时，可直接向人民法院起诉处理[①]。这两项规章和有关规定的贯彻、落实，使我国的劳动争议处理制度初步建立，并在协调劳动关系中取得巨大成绩。据不完全统计，1950—1954年，全国31个城市的劳动争议处理机构共处理包括工伤保险争议在内的劳动争议20多万件。

二、我国的劳动争议处理制度的中断期

1955年7月以后，中央劳动部便陆续撤销了劳动争议处理机构，包括劳动部的劳动争议调处司，各地劳动局设立的调解处、科，以及在城市设立的劳动仲裁委员会。《关于劳动争议解决程序的规定》等规章也自行停止实行。人民法院也不再受理劳动争议案件。此后劳动争议处理制度按照归口交办的原则，由信访部门承担起来。1957年7月，劳动部发布了《关于撤销劳动争议仲裁委员会的通知》，于是，劳动争议仲裁程序便停止了运作，劳动争议诉讼制度也取消了。

自20世纪70年代末改革开放以来，企业逐步转变成为独立经营的市场主体，企业已经难以保证全面落实工伤待遇，工伤纠纷大量出现。到80年代，对于工伤纠纷的解决仍没有任何相关的法律程序，通常情况下，工伤职工因工伤致残的伤残等级、待遇标准与用人单位发生纠纷时只能通过信访渠道逐级反映情况，这一时期工伤纠纷实际上是通过行政程序解决的，这极大地影响到广大劳动者权益的保护。

三、我国的劳动争议处理制度的恢复期

随着我国经济体制改革和劳动制度改革的发展，中断了30年的劳动争议仲裁制度（包括劳动争议调解、仲裁、诉讼等程序制度）于1986年开始得以恢复。1986年4月，中共中央、国务院在《关于认真执行改革劳动制度几个规定的通知》中，要求各地区要十分注意做好劳动争议问题的处理工作。同年7月，国务院在《关于发布改革劳动制度四个规定的通知》中进一步提出，

① 王晓．论我国劳动争议仲裁制度．http：//www．dastu．com/2004/9-26/19154．html (2005-01-11)

要加强劳动人事部门的组织建设，相应地建立劳动争议仲裁机构。根据上述精神，1987年7月31日，国务院发布了《国营企业劳动争议处理暂行规定》。经过此后几年的实践，证明劳动争议仲裁制度的恢复和发展，为推进我国劳动法制建设，保证劳动、工资、保险三项制度改革，保护劳动关系双方的合法权益，促进社会稳定和劳动关系的良好发展发挥了积极作用。

在此期间，一部分工伤纠纷继续被纳入劳动争议处理程序解决。我国工伤保险制度仍处于从劳动保险制度向工伤社会保险制度的过渡阶段。职工的工伤待遇中仍有不少是由用人单位负担的，所以仍将工伤纠纷比照一般劳动争议进行处理。当时还没有制定与社会保险实体法相适应的程序法的社会条件，工伤纠纷成为劳动争议中比重较大的一类纠纷。

工伤社会保险制度的建立，意味着工伤待遇由社会保险经办机构负担，工伤保险待遇享受者与社会保险经办机构之间的纠纷被纳入行政争议处理程序加以解决。

2001年，劳动保障部公布的行政规章《社会保险行政争议处理办法》第6条规定：有下列情形之一的，公民、法人或者其他组织可以申请行政复议：

1. 认为经办机构未依法为其办理社会保险登记、变更或者注销手续的；
2. 认为经办机构未按规定审核社会保险缴费基数的；
3. 认为经办机构未按规定记录社会保险缴费情况或者拒绝查询缴费记录的；
4. 认为经办机构违法收取费用或者违法要求履行义务的；
5. 对经办机构核定其社会保险待遇标准有异议的；
6. 认为经办机构不依法支付其社会保险待遇或者对经办机构停止其享受社会保险待遇有异议的；
7. 认为经办机构未依法为其调整社会保险待遇的；
8. 认为经办机构未依法为其办理社会保险关系转移或者接续手续的；
9. 认为经办机构的其他具体行政行为侵犯其合法权益的。

属于前款第2、5、6、7项情形之一的，公民、法人或者其他组织可以直接向劳动保障行政部门申请行政复议，也可以向做出该具体行政行为的经办机构申请复查，对复查决定不服，再向劳动保障行政部门申请行政复议。

▶第三节　工伤保险争议处理

一、工伤争议时效

时效是权利人申请法律保护其权利的有效期限，权利人在时效期内不行使权利即丧失依法申请保护其权利的权利。我国《企业劳动争议处理条例》规定，当事人应当从知道其权利被侵害之日起 6 个月内，以书面形式向仲裁委员会申请仲裁。

二、关于劳动争议的处理

关于职工与用人单位发生工伤待遇方面争议的解决，原劳动部办公厅在《关于处理工伤争议有关问题的复函》（劳办发［1996］28 号）中指出，“职工因工伤待遇给付问题与用人单位发生的争议，属于劳动争议，可向当地劳动争议仲裁委员会申请仲裁。但是，职工与社会保险机构发生的工伤待遇给付争议，不属于劳动争议，劳动争议仲裁委员会不予受理。职工可向社会保险机构的上一级主管部门申请行政复议。”后来，劳动和社会保障部办公厅仍然坚持了这一原则，并在《关于处理工伤争议有关问题的复函》（劳社厅函［2000］52 号）中指出：“工伤职工及其家属在处理工伤保险待遇时与用人单位发生争议的，按照劳动争议处理的有关规定办理。”新颁布的《工伤保险条例》也继承了这一原则，并明确规定，“职工与用人单位发生工伤待遇方面的争议，按照处理劳动争议的有关规定处理。”①

（一）劳动仲裁

如果工伤职工与用人单位发生待遇争议，应适用劳动争议处理程序。工伤职工或其直系亲属应当自劳动争议发生之日起 60 日内向劳动争议仲裁委员会提出书面仲裁申请。所谓劳动争议发生之日，应指用人单位拒绝给付相关工伤待遇之日。工伤职工或用人单位任何一方对仲裁裁决不服，应在收到仲裁裁决之日起 15 日内向用人单位所在地、劳动合同履行地或工伤事故发生地法院起诉。根据《中华人民共和国企业劳动争议处理条例》的规定，处理职工与用人单位在工伤待遇方面发生的争议，应当遵循下列原则：

① 本书编写组.《工伤保险条例》释疑. 北京：中国民主法制出版社，2004. 63

1. 着重调解，及时处理。

2. 在查清事实的基础上，依法处理。

3. 当事人在适用法律上一律平等。

（二）民事诉讼

在工伤待遇方面争议发生后，当事人应当协商解决；不愿协商或者协商不成的，可以向本企业劳动争议调解委员会申请调解；调解不成的，可以向劳动争议仲裁委员会申请仲裁。当事人也可以直接向劳动争议仲裁委员会申请仲裁。对仲裁裁决不服的，可以向人民法院起诉[①]。劳动争议诉讼的性质目前还被界定为民事诉讼的范畴，法院将其作为民事纠纷案件进行审理。我国目前劳动争议处理制度已越来越不适应经济社会发展的需要，改革这一制度已提上日程。

三、关于行政争议的处理

（一）行政复议

1. 申请行政复议的情况

在工伤保险工作中，有关单位和个人可以依法申请行政复议，根据《工伤保险条例》的规定，对下列情形有关单位和个人可以依法申请行政复议[②]：

（1）申请工伤认定的职工或者其直系亲属、该职工所在单位对工伤认定结论不服的。原劳动部办公厅在《关于处理工伤争议有关问题的复函》中曾规定，“对工伤认定问题发生争议，……由劳动行政部门的社会保险行政机构处理的，当事人对其认定结论不服时，可依法提起行政复议或行政诉讼。”《企业职工工伤保险试行办法》规定：“工伤职工及其亲属或者企业，对劳动行政部门做出的工伤认定不服的，按照行政复议和行政诉讼的有关法律、法规办理。”现行的《工伤保险条例》坚持了以前的做法。当然，根据依法行政原则，对工伤认定结论不服的，申请工伤认定的职工或者其直系亲属、该职工所在单位也应有权申请行政复议。

（2）用人单位对经办机构确定的单位缴费费率不服的。在我国，国家根据不同行业的工伤风险程度确定行业差别费率，并根据工伤保险费使用、工伤发生率等情况确定每个用人单位的缴费率。因此，当经办机构根据上述规定为用人单位确定费率的时候，有可能核定为较高的费率档次，这可能会引

---

① 恩齐. 工伤保险争议如何处理. 中国社会保障. 2004，5

② 本书编写组.《工伤保险条例》释疑. 北京：中国民主法制出版社，2004. 64～66

起用人单位的异议。对这种具体行政行为，用人单位有权依法申请行政复议。

（3）签订服务协议的医疗机构、辅助器具配置机构认为经办机构未履行有关协议或者规定的。

（4）工伤职工或者其直系亲属对经办机构核定的工伤保险待遇有异议的。原劳动部办公厅《关于处理工伤争议有关问题的复函》中规定，“职工与社会保险机构发生的工伤待遇给付争议，不属于劳动争议，劳动争议仲裁委员会不予受理。职工可向社会保险机构的上一级主管部门申请行政复议。”《企业职工工伤保险试行办法》中规定：“工伤职工及其亲属或者企业，对工伤保险经办机构的待遇支付决定不服的，按照行政复议和行政诉讼的有关法律、法规办理。”可见，对经办机构核定的工伤保险待遇有异议的，我国历来将其作为一种具体行政行为，允许工伤职工或者其直系亲属申请行政复议。通常情况下，行政复议申请自行政复议机关收到之日起即为受理。

2. 做出行政复议决定的规定

行政复议机关应当对被申请人做出的具体行政行为进行审查，提出意见，经行政复议机关的负责人同意或者集体讨论通过后，按照下列规定做出行政复议决定：

（1）具体行政行为认定事实清楚，证据确凿，适用依据正确，程序合法，内容适当的，决定维持。

（2）被申请人不履行法定职责的，决定其在一定期限内履行。

（3）具体行政行为有下列情形之一的，决定撤销、变更或者确认该具体行政行为违法；决定撤销或者确认该具体行政行为违法的，可以责令被申请人在一定期限内重新做出具体行政行为：

1）主要事实不清、证据不足的；

2）适用依据错误的；

3）违反法定程序的；

4）超越或者滥用职权的；

5）具体行政行为明显不当的。

（4）被申请人不按照《行政复议法》第23条的规定提出书面答复、提交当初做出具体行政行为的证据、依据和其他有关材料的，视为该具体行政行为没有证据、依据，决定撤销该具体行政行为。

（二）行政诉讼

《工伤保险条例》规定：“有关单位和个人可以依法申请行政复议；对复议决定不服的，可以依法提起行政诉讼。”这一规定说明，对具体行政行为不服的，应当先申请行政复议，不得直接向人民法院提起行政诉讼。如果行政复议机关不予受理，或者超过法定行政复议期限行政复议机关不做答复的，可以依法向人民法院提起行政诉讼。

▶第四节　工伤保险争议预防

为了尽可能减少工伤保险争议发生，劳动保障行政部门应切实做到依法行政、秉公办事。可采取下列预防争议发生的措施：

一、重视工伤投诉处理

劳动者的工伤投诉，一般主要要求解决的问题是：工伤认定、工伤鉴定和工伤补偿。由于工伤投诉者所在单位基本上没有参加工伤保险，用工管理制度混乱，违反《劳动法》行为较常见。因此，处理工伤投诉应采取“综合治理、各个突破”的办法进行。具体要注意以下两点[①]：

1. 严格工伤投诉受理的准入条件

(1) 劳动合同或能证明劳动关系的证据或工作证复印件。

(2) 投诉人身份证。

(3) 首次医疗诊断书或病历本。

(4) 从事本职工作证明材料和有关旁证材料。

(5) 对交通事故列入工伤范围认定的，须提供道路交通事故责任认定书。

(6) 对其他意外事故可否列入工伤范围认定的，须根据意外事故的性质，分别提供公安部门、卫生部门或市政管理部门等的证明材料。

2. 查处用人单位违法行为与调查伤亡事故证据应该尽快进行

接到属于劳动保障行政部门受理管辖的工伤投诉申诉后，负责受理工作的“劳动争议信访举报”部门，应立即将该案分别送劳动监察部门和工伤认定机构处理。前者主要是对用人单位的违法行为或拒不配合劳动保障行政部门调查取证的行为进行查处；后者主要负责对工伤认定的实体证据及时进行调查，并尽可能勘查伤亡事故现场，依据法定程序做出伤亡事故是工伤或者非工伤的行政决定。

二、依法行政，规范管理

行政机关在从事公共事务的管理活动过程中，必须遵守法律，符合法律

---

① 陈泰才主编. 工伤保险条例实用指南. 北京：中国人事出版社，2003. 275

规定，完全按照法律的要求去做，只有这样，才能达到依法行政的标准。要做到依法行政，重点要制定下列规范管理制度：

1. 制定政策规范。

2. 制作《工作规范表》。主要内容包括：工作程序、工作对象、办事条件、工作内容和形式、责任单位、责任人、职权、办事时限、工作标准、监督等。其中办事条件要尽量详细具体。

3. 制作工作流程图。

三、制作规范文书并及时送达当事人

在工伤保险争议处理中，常用的规范文书有：受理通知书、补充材料通知书、工伤认定决定书、办理工伤鉴定通知书、工伤鉴定结论书、授权委托书、处理文书送达回证、劳动监察询问通知书和催办通知书等。

■ 本章小结

工伤保险争议是指用人单位与与之形成劳动关系的劳动者之间因实现工伤保险权利和履行工伤保险义务产生分歧而引起的争议。目前的工伤保险争议从其性质上来划分，一部分属于劳动争议，还有一部分属于行政争议。按照工伤保险争议双方当事人不同，适用不同的工伤保险争议处理办法和程序。为了尽可能减少工伤保险争议发生，劳动保障行政部门应切实做到依法行政、秉公办事。

本章主要简述了工伤保险争议的处理原则和我国工伤保险争议处理机构及处理程序等。

■ 复习思考题

1. 工伤保险争议处理的原则有哪些？

2. 简述我国工伤保险争议处理机构。

3. 工伤保险中对复议决定不服可否提起行政诉讼？

4. 处理工伤保险争议的法律程序制度是怎样的？

■ 案例讨论 1

保安在执勤时发生意外，能不能认定为工伤？

赵某是江苏省姜堰市某物业公司保安。2005 年 2 月 27 日下午 4 时许，赵

某在小区大门口值班时，发现有一辆拖拉机欲驶入小区，遂上前拦阻。交涉过程中，赵某左袖不慎缠入拖拉机转动的皮带里，导致左桡骨开放性骨折、左肘关节内骨折、左尺骨基突骨折。

2005年8月，赵某经泰州市劳动鉴定委员会鉴定为伤残七级。同年9月，姜堰市劳动和社会保障局认定赵某是在工作时间、工作地点受伤的，符合《工伤保险条例》第14条的规定，应为工伤。而物业公司认为赵某是自残，不构成工伤，不同意给赵某落实工伤保险待遇。2006年11月，赵某向姜堰市劳动争议仲裁委员会申请仲裁。仲裁委员会裁决物业公司需向赵某支付各项工伤保险待遇、医疗费等合计10万余元。

物业公司不服仲裁裁决，向姜堰法院提起诉讼，请求法院判决不给予被告赵某工伤待遇。鉴于年关将至，为化解劳资矛盾，保护劳动者的合法权益，姜堰法院受理后，迅速组织双方当事人到庭进行调解。主审法官分别对双方当事人进行思想疏导。在法院主持调解下，物业公司赔了受伤保安8万元。

（原载：中国法院网，2007-02-15）

■ 案例讨论2

劳动合同中的“死伤概不负责”条款有效吗？

孙某与某建筑施工队签订了一份劳动承包合同，合同期为2002年2月至2003年2月，合同中规定有“发生死伤事故建筑施工队概不负责”的条款。孙某在合同上签了字。2002年冬天，由于工地上缺乏必要的防护设备，孙某在一次施工中不慎从脚手架上摔上来，当即身负重伤，造成腰椎粉碎性骨折，虽经医院抢救脱险，但已下身瘫痪，生活不能自理。在发生事故后，孙某家中无力承担巨额费用，又少了主要的收入来源，生活顿陷困境，孙某家属找到建筑施工队要求支付医疗费。建筑队则以劳动合同中规定有“死伤概不负责”的条款为由，拒绝支付孙某的医疗费用，并对其家属说，以后孙某与建筑队毫无关系了，不要来找施工队索要任何费用。孙某遂向当地劳动争议仲裁委员会提出申诉。

争议焦点：本案是一起劳动者与用人单位因工伤待遇发生争议的案件，关键在于劳动合同中规定这种“死伤概不负责”的条款是否有效。

评析与结论

订立劳动合同，应当遵循平等自愿、协商一致的原则，不得违反法律、行政法规的规定。劳动合同作为劳动者与用人单位之间确立劳动关系、明确双方权利和义务的协议，作为合同的一种，它与其他合同如民事合同、经济合同、技术合同等合同一样，具有合同的共性，如合同内容都须明确规定合同各方的权利与义务，签订合同必须遵守国家法律、法规，坚持平等自愿与协商一致的原则，但劳动合同也有其身的特殊性。在民事法律范畴，所注重的是当事人的自由意志；在劳动法领域，一方面强调劳动关系，双方在订立劳动合同时要经过平等协商；另一方面为保护事实上处于弱势地位的劳动者，又要做出详尽的规定，以有效维护劳动者的合法权益。本案中，建筑施工队与孙某签订的劳动合同从表面上看是双方自愿达成的协议，建筑施工队的做法似乎就有了依据，就可以把因工伤残的孙某“理直气壮”地置之不理、不管不问了。其实不然：这份劳动合同中有关“死伤概不负责”的条款明显违反了法律法规，严重侵犯了劳动者孙某的合法权益。

虽然合同上有孙某本人的签字，但根据《劳动法》第18条规定，违反法律、行政法规的劳动合同是无效的。因此，建筑施工队与孙某约定的“死伤概不负责”的条款不能发生法律效力。

再者，我们来看看孙某在因工伤残的情况下应享受哪些工伤保险待遇。工伤保险待遇包括有医疗、生活保障和经济补偿。劳动者因工负伤的全部医疗费、药费以及就医路费，全部由单位负担，住院治疗期间的膳费由单位补助2/3。医疗期间的工资照发。由此可见，建筑施工队不仅应负担孙某的医疗费，还应支付医疗期内的工资、护理费等。孙某的家属仅仅索要医疗费是远远不够的。

同时，我们必须指出，根据《劳动法》第29条规定，劳动者患职业病或者因工负伤并确认为丧失劳动能力的，用人单位不得解除劳动合同。孙某因工伤残，经过劳动鉴定委员会的鉴定，确认已丧失或部分丧失劳动能力，建筑施工队宣布解雇孙某的决定是违法、无效的。

综上所述，根据《劳动法》的有关规定，孙某应享受工伤待遇。为此依法做出了支持孙某申诉请求的裁决。

（原载：江西劳动保障网，上饶市劳动争议仲裁委员会供稿）

■ 案例讨论3

“程序”拖垮农民工　一起工伤纠纷缘何拖过6年？

来自广西荔浦县的一位农民工，1999年年初到广东佛山市一五金厂打工，因局部爆炸被铝水灼伤双眼，此后，便进入了复杂漫长的索赔过程。这一工伤案件先后经过了4次工伤鉴定、仲裁、一审、二审、再审、强制执行、抗诉、高院再审的全部法律程序。至今6年过去了，案件仍未有结果。

1. 曲折的工伤鉴定之路

这位农民工叫李忠，1999年春节后到佛山市南海区恒昌五金厂做坩埚工，入厂才两天，因铝水发生爆炸灼伤双眼，左眼失明，右眼受损。由于厂方没有替李忠购买工伤保险，李的工伤赔偿须由厂方直接支付。一条曲折的工伤鉴定之路在李忠面前展开了。

2000年4月，广西荔浦县劳动局、荔浦县检察院法医室委托中山医科大学法医鉴定中心进行鉴定，认定“李忠因工伤事故所致的双眼损伤其伤残程度目前鉴定为三级”。但由于属地管理的原因，第一次鉴定未被采纳。一周后，南海区社会保险事业局委托南海市人民医院鉴定，第二次鉴定结论仍是："评定残废等级为三级"。

对于这两次鉴定结论，厂方不服并申请了重新鉴定。但是，按照当时广东省工伤保险有关条例，对鉴定结论申请复查或申请重新鉴定的主体应是工伤人员及其家属。令人不解的是，佛山市劳动能力鉴定委员会居然接受了企业的这个申请。

2000 年 6 月，根据佛山市第二人民医院的工伤鉴定结论，佛山市劳动能力鉴定委员会发出鉴定书，认定李忠为五级伤残。

三级变成了五级，这一变动导致赔偿的结果大相径庭：赔偿金额相差约 7 万元。

李忠不服，遂向上级有关部门申诉。2001 年 5 月，广东省劳动能力鉴定委员会委托省人民医院对李忠进行眼科伤残鉴定会诊。第 4 次鉴定结论为三级伤残。

李忠的工伤鉴定"尘埃落定"，按程序应进入仲裁环节。然而，就在李忠提请劳动仲裁期间，恒昌五金厂突然向工商部门申请了歇业登记，将原企业变更了法人名称后重新注册。

李忠求助劳动仲裁的途径就这样被堵死了：当地仲裁委以企业已经歇业为由，终结了仲裁审理。

2. 更加漫长的司法程序

按照法律规定，涉及劳动纠纷的司法诉讼必须以劳动仲裁为前置条件，也就是说如果仲裁委不受理这个劳动纠纷案，法院也无法受理。李忠一下子陷入了无助的"黑洞"，一筹莫展。当地法律援助部门建议李忠改变策略，以民事赔偿的方式，将企业老板邝某告上法庭。自此，这起工伤纠纷又拉开了更加漫长的司法程序。

2002 年 4 月，南海区法院一审判决厂方一次性赔偿李忠 3.4 万元，并按每半年 4 500 元向其发放残疾退休金直至死亡。原告和被告均不服这个判决。老板邝某提请二审。二审的结果是维持原判。李忠则认为厂方应一次性支付残疾退休金，遂申请再审。法院再审判决为：邝某应在判决送达之日起十日内向李忠支付全部费用 13.76 万元。李忠向法院申请了强制执行，但仅得到对方 3.5 万元的赔偿款。

不服第 3 次判决的邝某花钱购买设备聘请专人拍摄李忠的生活资料，称李忠属于"扮盲"。他说："我从来没有说过不赔钱，但'扮盲'不行，鉴定为三级没有道理，我要求法院重新采信证据，重新判决。"遂向佛山市检察院申诉。

2003 年 9 月，案件发生了"逆转"，佛山市检察院向广东省检察院提请抗诉，后者则向广东省高院提出抗诉。2004 年 1 月，广东省高院做出了再审的决定，并于同年 9 月做出了再审审理，然而至今没有判决。

一年时间又过去了，第 3 次判决的赔偿事项被终止。事隔 6 年之后，李忠仍在苦苦等待第 4 次审判的结果……

"到目前为止，我只收到赔偿款3.5万元，为了这场官司我耗去7.3万元，其中向别人借了6.2万元，现在还不知道，以后追收赔偿款的路还有多漫长，还需要多少费用。"李忠说："我家里为了讨赔偿款都破产了，我的老婆撇下两个孩子也走了，我没有了劳动能力，以后还不知道怎么过。是不是法律出了问题？我实在是拖不起了！"

3. 评析与结论

当前随着农民工群体在数量上的进一步增大，涉及农民工劳动争议的案件，在各地特别是沿海地区呈大幅上升态势，但由于相关法律的漏洞和滞后，使这类案件的处理却呈现出"马拉松"状态。

据广东省总工会法律顾问室的调查，劳动仲裁"尘埃落定"一般都得耗上半年时间。如果当事人对仲裁裁决不服，又不得不走上司法诉讼之路。工伤农民工打官司一般要经过4～10道程序，花费时间至少要一年左右，有的要耗3～5年，甚至会变成"无尾案"。

基层劳动部门反映，劳资纠纷发生后，部分企业的老板千方百计逃避责任，一般会走完所有的仲裁和诉讼程序，官司会打到二审。一些老板还存在恶意使用法律手段的情况，故意用"程序"来拖垮农民工，由此造成了法律资源的巨大浪费。

劳动法律专家指出，仲裁和诉讼的严重脱节，是当前劳动争议处理中存在的主要问题：法院受理劳动争议案件，要以劳动仲裁为前置条件，即一定要先仲裁才能再诉讼，实际上造成了仲裁环节的"多余"。他们认为，现行的劳动争议处理体制应尽快改革，一是改变现行的劳动争议审判体制，或裁或诉，各自终局；二是废除现行的劳动争议处理体制，在法院内部成立专门的劳动法庭，或者借鉴德国的做法，从中央到地方建立独立的劳动法院，专司处理各类劳动争议案件。

（赵东辉 "程序"拖垮农民工 一起工伤纠纷缘何拖过6年？ 新华网，2005-06-07）

第十二章

流动就业人员工伤保险

■学习要点

我国流动就业人员从地域结构划分主要有三块：城乡之间、城市之间及国与国之间。在本章中讨论的流动就业人员主要是以下两大类，一是农民工，二是跨国就业人员。由于他们就业中的地域流动性和职业岗位变动性，使得他们的工伤保险待遇可能会受到影响。针对他们流动性大的客观情况，采用相应的管理方式确保其享有工伤保险是本章所要探讨的问题。其中，农民工将是我国相当长一段时期内工伤保险服务的重点人群，值得我们给予重点关注。

■关键概念

农民工工伤保险　异地参保　伤残待遇的一次性支付

跨国劳务人员　国际间社会保障协定

▶第一节　农民工的劳动条件

一、从乡村向城镇流动的农民工

农村劳动力向非农产业和城镇转移[①]是建设现代农业、解决“三农”问题的重要途径，也是经济和社会发展的必然要求。改革开放以来，大量的农村剩余劳动力已转移出来。据对全国31个省（自治区、直辖市）6.8万个农村住户和7 100个行政村的抽样调查，2003年年末，农村转移劳动力达16 950万人[②]。目前，农村尚有1.5亿剩余劳动力，每年还要新增600万人。根据我国城市化发展目标，每年需要转移1 000万农村人口。

农民工是指长期生活在城镇、从事第二、第三产业劳动并获得收入，但户口在农村、户籍身份是农民的劳动者。大体上分为两类：一是离土不离乡的农民工，主要是在本乡或本村的乡镇企业或附近的工厂、商店、机关等单位就业，住在家里的农民工。二是离土又离乡的农民工，他们在城里的工厂、机关、商业及服务部门就业。农民工是农村剩余劳动力转移的重要类型。

二、农民工的特点——流动性

本文所着眼的农民工的流动性表现在两个方面：一是工作区域的转换，即从原居住地农村流动到其他地方就业；二是就业单位的频繁转换，即由于劳动关系的不稳定而导致经常从一个单位转向另一个单位工作。农民工流动的特点是：

1. 职业性转移较多，而地域性彻底转移不足

过去对我国农村劳动力转移特点的概括是“离土不离乡”“离乡不离土”“进厂不进城”。据统计，我国每年向城镇转移的劳动力达8 000万之多，但真正在城镇长期居住下来的只占20%～25%[③]。产生了转移劳动力在城乡之间的“两栖”现象。即劳动力已由农业领域转向非农领域，但其居住地仍保持在原籍农村。这与发达国家的劳动力转移形成鲜明的对比，也是我国劳动力

① 农村转移劳动力是指到乡外就业6个月以上的农村劳动力；或者虽然未发生地域性转移，但在本乡内到非农产业就业6个月以上的劳动力。就是说，只要地域或产业发生变化，即便是到外乡仍从事农业劳动，都视为转移。

② 2003—2004中国农村劳动力转移的新变化．北京农业信息网（2004-07-08）

③ “中国农村劳动力转移”课题组．中国农村劳动力转移现状、问题与发展．国研网（2004-10-07）

转移的特有现象。

2. *农村劳动力转移的长期性和稳定性较差*

据调查，在外打工者的时间一般在 2 年以下，而且季节性劳动力转移较为明显。这种现象在农村劳动力转移中普遍存在。

3. *农村劳动力转移方式存在很大盲目性*

目前农民外出就业以依托传统血缘、地缘、人际关系网络为主。据调查，2001 年农村劳动力通过有关部门或亲属有组织进行转移的占 27.8%，其余人员的转移仍然属于自发进行。

▶第二节　农民工面临的工伤与职业病风险

随着数以亿计的农村劳动力转移到非农产业，使我国工人队伍结构发生了历史性的变化。目前，我国建筑业从业人员的 90%、煤矿采掘业从业人员的 80%、纺织服装业从业人员的 50%和城市一般服务业从业人员的 60%均来自农村。农民工正逐步成为产业工人的主体。他们在劳动保护、职业安全方面的问题也越来越突出，引起了全社会的广泛关注。

一、工伤风险

我国每年各类工伤事故死亡接近 14 万人，而且主要集中在矿山开采、建筑施工、危险化学品生产等高危企业。在这些事故中死亡的相当大的部分是农民工，如建筑施工生产安全事故受害的 90%是农民工①。除了通常的工伤事故原因之外，农民工频繁遭遇工伤还有一些其他的原因②：

1. *超时超强度劳动*

我国《劳动法》虽然规定每日工作不超过 8 小时、平均每周工作不超过 44 小时，但超时工作、持续加班在各地企业里普遍存在③。长期加班加点容易使农民工感到极度紧张、疲劳，这也是造成工伤事故的重要隐患。

2. *缺乏岗前培训*

由于农民工流动大，许多厂方不重视对他们的安全培训，导致他们缺乏安全意识和安全生产技能。没有进行必需的岗前培训，不熟悉操作规程，就很容易导致工伤发生。

---

① 高云．农民工生命中不能承受的职业之痛．中国劳动保障报，2004-07-06

② 刘辉，周慧文．我国农民工工伤风险与对策研究．经济管理．2006，1

③ 张广泉，冯淮河，彭嘉陵．关注农民工安全健康权益．人民日报，2004-07-13

3. 工厂管理不力

工厂在管理上视农民工为“经济人”，普遍采用以计件算工资，农民工为求产量，被迫以不安全手法操作机器，而大部分的厂方在赶货时也不会要求工人按章操作机器，对工人的违规做法不管不问，普遍抱有侥幸心理。

4. 工作环境恶劣

农民工的工作环境通常较为恶劣，高温、噪声、强光等是事故频发的原因之一。如开冲压机、锯木机等机器时，不得不忍耐刺耳的噪声，一天工作十几个小时，几乎是在重复一两个同样的动作，心理上会极度疲劳，反应能力会明显下降[①]，事故隐患自然就会大大增加。

5. 机器不安全

许多中小型企业使用的机器非常陈旧，往往缺乏必要的安全防护装置，本身有严重的安全隐患。

6. 缺乏知情权

农民工对自己所从事工作的危险性及有害因素知之甚少。同时，为生活所迫，有时明知工作有危险，也不得不冒险。

二、职业病风险

（一）农民工面临多种职业病风险

20世纪80年代以来，我国进入城镇和乡镇企业务工的农民成为庞大的劳动大军，农民工在没有任何防护知识情况下从事有毒有害作业已成为相当普遍的现象，外出务工患职业病和职业中毒的情况较为常见。2004年5月，国家卫生部公布了全国乡镇企业、农村个体工商户职业病危害专项整治工作情况。据全国29个省、自治区、直辖市的不完全统计，专项整治共检查用人单位218 356户，检测单位53 460户，其中合格的22 711户，仅占检测总数的42.5%；不合格的30 749户，占检测总数的57.5%。其中，违反职业病防治法的情况显示，未申报职业病危害项目的企业62 069家，占检查总数的28.43%；卫生管理制度不健全的企业54 314家，占检查总数的24.87%；未开展健康检查的企业52 851家，占检查总数的24.20%；未配备个人防护用品的企业38 504家，占检查总数的17.63%；作业场所没有警示标识的企业66 202家，占检查总数的30.32%；未开展卫生培训的企业45 756家，占检查总数的20.95%；违反危害告知规定的企业53 605家，占检查总数的

① 刘辉. 工作岗位设计与安全管理. 工业安全与环保. 2003，11

24.55%[①]。

我国职业病发病人数仍在增长，2002年全国职业病发病总量较2001年增长13%；其中尘肺发病数占到总量的83%，慢性职业中毒占到9%。造成我国职业病高发的原因有很多，既有社会的因素，也有个人因素。近年来，随着我国工业的快速发展，传统职业病发病率居高不下，新职业病种类也在迅速增加，发生职业中毒的行业也在扩展，如电子、五金电镀、制鞋、印刷、宝石加工等行业都出现了职业病，连以前较少发生职业病的制衣业也因为化学品的使用而出现了职业病，而这些行业都是农民工密集行业。

（二）职业健康体检率明显偏低

近年来，随着用工制度的改革，企业大量招聘农民工，一些乡镇企业和私营企业几乎全部使用农民工，而这些企业也成为职业病防治的漏洞所在，企业主漠视农民工职业病防治的现象相当严重。粉尘、毒气、高温作业环境，最容易导致职业病。湖南省劳动卫生职业病防治所调查发现，该省目前对接触尘毒作业的工人体检合格率仅为17.2%，对尘毒作业场所的监测覆盖率仅为46.55%，而该省有毒有害因素监测超标率一直维持在40%左右。该所的另一项调查也表明：主要以农民工为主的乡镇企业和个体工商户以及一些建筑企业基本上没有进行尘毒监测，作业工人基本上没有进行体检，全省乡镇民营企业的劳动卫生工作基本还是一片空白。据不完全统计，该省现有个体经营以及乡镇企业近155万家，其中绝大多数存在职业病危害[②]。

由于各地接触有毒有害的人员职业健康体检率较低，且报告体系不健全，不少的职业病患者没能得到及时的发现，我国职业病实际发病人数可能远不止报告的人数。我国职业病发病呈现接触有毒有害物质时间短、发病年龄轻的趋势，18～40岁青壮年发病率高，严重影响整个社会劳动生产力的可持续发展。

（三）尘肺病成为"主力杀手"

尘肺病是危害我国矿工健康的最严重的职业病。近年来，煤矿尘肺病的防治工作日益受到重视。2001年以来，国家先后出台了《职业病防治法》和《工伤保险条例》，将职业病防治纳入了法制化轨道。2003年年底中国煤矿尘肺病治疗基金会成立，给广大煤矿尘肺病患者带来了福音。但是，由于种种原因，尘肺病发病率不仅没能得到有效控制，而且呈日益严重的趋势。

---

① 姬薇．5大问题导致职业病危害继续．工人日报，2004-05-16

② 庞慧敏．职业病：预防真空谁来填补．工人日报，2004-07-03

据卫生部统计，截至2002年年底，全国累计检查出各类尘肺病人58万多例，煤矿尘肺病人占49%，在2002年死于尘肺病的患者达2 343例，是矿难和其他工伤事故死亡人数的3倍多。据国家疾病控制中心职业病与中毒控制所首席专家李德鸿研究员测算，全国每年尘肺病造成的直接经济损失达80亿元，间接损失达300亿～400亿元，同时，在国内外还造成了不良的社会影响。

（四）农民工普遍对职业病防治常识缺乏了解

《职业病防治法》实施已有几年时间，但还有相当一部分从事粉尘接触或其他危险行业的农民工根本不知道该法为何物，他们所在的企业没有对他们进行“职业病防治”的相关教育，农民工缺乏自我保护意识，再加上他们的工作环境恶劣，职业病发病率令人触目惊心。

▶第三节　农民工职业风险承受能力缺失

一、农民工承受职业风险能力缺乏

据中华全国总工会2002—2003年进行的第五次全国职工队伍状况调查结果显示，无论社会地位还是经济地位，农民工都排在25种职业群体中的最后一位。从其出现之初，农民工这个庞大群体就处于一种“权利缺失”状态。疾病、工伤、职业病是农民工健康的“三大杀手”。劳动时间过长、劳动强度过大，会造成农民工身体素质下降，疾病多发。工伤对农民工的伤害最直接地损害农民工健康，而职业病带来的损害则是隐性的，潜伏时间长，而且容易留下后遗症。

农民工大都进入非公企业，由于缺乏自我保护意识及处于弱势，许多农民工未与用人单位签订劳动合同；也有不少企业在与农民工签订劳动合同时推卸法律责任，强迫劳动者签订“生死免责”条款，权益受到侵犯的现象时有发生。即使是对需要特别保护的妇女农民工群体，其权益也常常被侵害。据浙江省妇联调查，外来务工妇女与用人单位口头协议和没有任何协定的分别占42%和14%；劳动时间长，经常性超限度加班的占40.4%。一些企业对有毒有害工种缺乏防范措施，大多数外来务工妇女没有劳动保险，女工“四期”保护没有很好落实，孕妇被解雇的现象屡见不鲜[①]。

在农民工集中的建筑业中，每年发生的伤亡事故中农民工占90%以上，雇主往往将事故隐瞒不报，自行草率处理，受害农民工或其家属难以得到合理补偿。在建筑劳务承包企业中，与农民工签订劳动合同的不到12%，缴纳各项社会保险更是少之又少，只有小部分的劳务承包企业在有关主管部门的督促下为部分农民工缴纳了“意外伤害保险”，而养老、医疗保险则很少缴纳。

广大农民工群体在最艰苦的条件下从事着强度最大的劳动，收入相当低微，但其合法权益却得不到有效维护。例如他们的基本社会保险普遍缺失，多数农民工在遭受职业风险时只能依靠自身微薄的力量去承担沉重的压力。

二、职业伤害治疗费成为难以承受的直接负担

据劳动卫生职业病防治专业人员介绍，目前某些职业病很难找到有效的治疗方法，有些职业病一旦患上，就意味着劳动能力的丧失。目前，职业病治疗的花费平均每例在4万元以上，很多农民工难以承担。此外，农民工流动性大，患职业病后难以诊断救治，这就导致了大量职业病风险向农民工群体转移，使广大农民工成为职业病危害的牺牲品[②]。

三、工伤农民工维权面临众多障碍

在劳动力市场上，农民工是弱势群体，当他们受了工伤享受不到应有的治疗或补偿而不得不采取行动维护自身权益时，维权的道路也格外艰辛。

（一）工伤保险覆盖面之外的农民工维权面临的困难

由于绝大多数农民工处于工伤保险覆盖之外，雇主私下随意处理工伤事故的现象相当严重，并有愈演愈烈之势，常常严重损害劳动者的切身利益。出现这种不正常现象的原因是多方面的：

1. 就业形势严峻，劳动者处于弱势地位，法律不能为其提供有力的保障，事故处理往往由雇主说了算。

2. 企业、职工法律意识淡薄。相关企业不清楚发生工伤后应怎样依法处理，有关职工（很多是法律知识缺乏的农民工）不了解发生工伤后应享受哪些待遇、通过什么途径和手段来保护自己的合法权益。

---

① 张灿灿．民工健康怎么保障．健康报，2004-03-10

② 刘辉，周慧文．社会突发性事件中面向农民的应急型社会保障研究．农业经济问题．2004，7：55～59

3. 企业为了追求高额利润，大量非法用工，职工的合法权益得不到有效保障。有的企业完全是违章经营，千方百计逃避政府部门监管。

4. 由于大部分的生产事故职工有违章责任，企业利用职工不清楚相关法律规定、心虚胆怯的弱点，胁迫职工接受苛刻的条件“私了”。

（二）工伤保险覆盖之内的农民工维权道路也不平坦

即使农民工进入了工伤保险的覆盖范围，由于制度的不完善及其他多种原因，他们在维权过程中仍然面临一些障碍。

障碍一：厂方千方百计阻碍工伤者通过正常途径维权。

近年来，一些企业隐瞒工伤事故已成为社会各界关注的焦点，企业管理人员为逃避社会责任和政府的监管，不依法上报，自行处理事故，导致部分拒绝和老板“私了”的工伤者在工伤认定、劳动仲裁及诉讼过程中付出了极大的成本。受害农民工期待得到合理的赔偿，但是，资方买通地方权力体系通过选择对自身有利的制度、选择非必经程序，甚至选择非法暴力威胁等策略迫使工伤者退出正常维权途径。

障碍二：工伤者即使启动了维权程序，付出的时间成本和经济成本与最后所得到的补偿相比往往也是得不偿失。

按照现行规定，从工伤认定到诉讼结束，整个程序持续的时间至少在360天到510天之间。而在实际的操作过程中，厂方和一些有关部门可能采用种种手段，迫使工人走完所有政策规定的过程和程序，从而使所有的劳动管理制度和相关法律程序发生连接，最终使工人在维权过程中付出极大的时间成本和经济成本，往往得不偿失。

障碍三：被迫使用假身份证进厂，被迫用假名住院，造成农民工在受伤后维权困难。

为了最大限度地降低用工成本，一些工厂甚至采取了部分缴纳工伤保险费的办法，在工伤发生后，就按照已投保的员工名单，让工伤者以假名住院骗取保险赔偿。工伤者面对急需治疗的状况，一般都会接受厂方的要求。但问题在于，一旦以假名住院，在今后的工伤认定、伤残评级及工伤索赔过程中，由于诊断书上的名字不符，给工伤者索赔造成很大的麻烦。

障碍四：厂方利用种种手段压制工友对工伤者的帮助支持。

在维权过程中获得来自工友的支持和帮助对工伤者而言是极其重要的。例如，如果工人使用假身份证而遭遇工伤认定障碍，比较好的解决办法是由工友提供证明；如果劳动局认为工人申请劳动仲裁时已经超过时效，一旦有工友证明工伤者确实与厂方发生了争议，就会增加仲裁委员会受理的可能性；

如果工厂拒绝提供工资表，工友的证明也将起到很大作用。但是，这种来自工友的可能的支持却受到厂方种种手段的压制。

▶第四节　农民工的工伤保险待遇保障

一、农民工的工伤保险待遇现状

（一）当前农民工工伤保险待遇情况

工伤保险就是要保障劳动者在工伤后应得的权利不受侵害。在我国的现实中，对于这些最需要给予保护的农民工来说，能够享受到工伤保险待遇的却很少。以北京为例，据不完全统计，2003 年年底，外地在京农民工有 272 万人，外地在京施工企业中，没有一家为农民工参加工伤保险；而在北京其他企业中，仅有 10 万农民工被纳入工伤保险。也就是说，大约只有 3.6%的农民工参加了工伤保险。与北京相比，全国的参保情况就更低了。

没有工伤保险，很可能意味着一旦发生工伤事故，就要企业承担赔付的责任，但这种赔付比起工伤保险的赔付来说缺乏制度的有力保障，在当前不规范的市场环境下，企业会千方百计逃避工伤责任。据统计，2002 年全国因工伤问题引发的行政复议和行政诉讼案件占劳动保障系统行政复议和行政诉讼案件的 59%，在一些地区甚至高达 70%。广大农民工迫切盼望首先参加工伤保险，以解决他们现实生活中最紧迫的问题①。

近年来，中央政府、劳动和社会保障部及地方政府对农民工的工伤保险问题给予极大关注，并先后出台了多个重要文件，给这一问题的解决带来了希望。仍以北京为例，2004 年 9 月 1 日，北京市公布了《北京市外地农民工参加工伤保险暂行办法》，这就意味着从那时起，在京 230 万外地农民工（除了个人保姆和自谋职业的外地农民工）都可以享受工伤保险待遇。

（二）农民工享受工伤保险待遇的障碍

从 1996 年国家发布《企业职工工伤保险试行办法》到 2003 年颁布《工伤保险条例》，我国工伤保险制度尚在初步建立当中。我国需要参加工伤保险的人数在 4 亿以上，目前全国参加工伤保险的人数为 6 845 万人②，实际上还

① 刘辉，周慧文．生产事故与工伤保险．经济管理．2004，15：62～65
② 2004 年度劳动和社会保障事业发展统计公报

不能从根本上解决职工的工伤保险问题，政府确定的目标是2005年年底达到7 500万人，其中将与用人单位形成劳动关系的农民工全部纳入到工伤保险范围①。目前农民工进入工伤保险有两大障碍②③。

一是长期以来很多企业一直不愿加入工伤保险。一般行业中的企业对生产事故的发生存在侥幸心理，认为缴纳工伤保险费增加了生产成本，只要政府不采取强制规定他们就不参加工伤保险。在高危行业中（也是农民工密集的行业），相当数量的小企业和个人承包户是无证经营非法生产，没有资格参加工伤保险，也千方百计地躲避政府管制。

二是，工伤保险制度还在逐步推进之中，这需要一个较长的过程来覆盖更多的劳动者。农民工社会保险曾经面临着“全面参保”还是“选择性参保”的问题。有的企业要求加入工伤保险时，社保部门可能会要求企业同时加入养老保险和医疗保险，无形中增加了加入工伤保险的用工成本而影响农民工就业。

目前，虽然《工伤保险条例》已开始实施了，也普及到了各个用工单位。但是，由于在制度的衔接上还不完备，覆盖面的扩充还需要时间，还缺乏配套强制性的措施，因此，全面解决农民工的工伤保险问题还需要很长一段时间。

二、推动农民工参加工伤保险的一些尝试与做法

流动就业人员尤其是农民工的社会保障问题一直以来都是全社会关注的焦点。以前的办法是要么将其纳入城镇社会保险体系，要么将其置于体系之外而毫无保障。企业与劳动者是联系在一起的，以用人单位为标准确定享受工伤保险待遇职工的范围，理论上是成立的。产业的相对落后使我国劳动关系十分复杂，尤其涉及流动性非常大的农民工，单纯以用人单位为标准确定工伤保险法律制度的适用范围在一段时期内还是有困难的。所以，绝大多数农民工没有进入城镇社会保险体系。为推进农民工参加工伤保险，针对农民工流动性特点，中央和许多地方政府都曾经做过一些政策上的尝试。

（一）农民工综合社会保险

上海市于2002年9月1日推出了《上海市外来从业人员综合社会保险暂

① 今年底我国养老保险参保人数将达1．7亿人．钱江晚报，2005-08-09

② 刘辉，周慧文．我国农民工工伤风险与对策研究．经济管理．2006，1

③ 根据2006年劳动和社会保障事业发展统计公报，截至2005年年底，全国参加工伤保险人数为8 478万人。

行办法》，建立起专门针对农民工等外来从业人员的综合社会保险制度（简称“综合保险”或“综保”），该办法对上海市外来从业人员的工伤认定、劳动能力鉴定、工伤保险待遇标准、综合保险待遇的支付、工伤保险待遇的领取等都做了详细规定。后来，上海市建委又出台了《关于进一步加强在沪建筑施工企业外来从业人员综合保险工作的若干规定》，明确要求工程建设单位（业主方）必须支付建筑业外来从业人员的综合保险，并列入工程造价，作为建造工程项目的社会成本。“综合保险”一经出台就在全国引起广泛关注。2003年年初，成都市也出台了《非城镇户籍从业人员综合社会保险暂行办法》。上海有外来务工人员375万人，2004年参加综合保险的外来务工人员扩大到了200万人。成都市现有农民工约40多万人，2004年参加综合保险的外来务工人员扩大到了20万人。“综合保险”作为对流动就业人员的一种特殊的社会保障形式，解决了农民工最关心的包括工伤保险在内的社会保险问题。农民工参加综合保险，与游离于社会保险之外相比，无疑是一大进步。用商业化方式运作的综合社会保险是改革过程中一种过渡性的制度安排和探索尝试。

（二）《工伤保险条例》

2003年4月27日国务院第375号通过，从2004年1月1日开始在全国范围内实施的《工伤保险条例》中明确规定：“中华人民共和国境内的各类企业、有雇工的个体工商户应当依照本条例规定参加工伤保险，为本单位全部职工或者雇工缴纳工伤保险费。”《工伤保险条例》的颁布与实施，标志着我国工伤保险制度改革进入了一个崭新阶段。

依照《条例》，各地都着手制定相关政策，如2004年7月初北京市出台了《北京市外地农民工工伤保险暂行办法》。

《劳动保障监察条例》于2004年12月1日起开始实施，其第11条规定要对“用人单位参加各项社会保险和缴纳社会保险费的情况”实施劳动保障监察，并在法律责任部分对违规行为做出了相应的惩罚规定。

党中央、国务院高度重视改善农民进城就业环境工作，继2003年1月《国务院办公厅关于做好农民进城务工就业管理和服务工作的通知》（国办发[2003] 1号）下发后，2004年12月27日，又下发了《国务院办公厅关于进一步做好改善农民进城就业环境工作的通知》（国办发［2004］92号），通知中规定：各地要认真贯彻落实《工伤保险条例》，将与用人单位形成劳动关系的农民工全部纳入工伤保险范围。用人单位必须为签订了劳动合同或形成事实劳动关系的农民工及时办理参加工伤保险的手续；发生工伤的，劳动保障行政部门要依法进行认定。未参加工伤保险的企业，农民工发生工伤的，企业必须按照《工伤保险条例》规定的标准支付工伤费用。要重点推进农民工较多、工伤和职业病风险程度较高的建筑、矿山等行业参加工伤保险。劳动保障部门要制定适合农民工特点的待遇支付方式，方便农民工参保和享受待遇。建筑施工企业要按照《中华人民共和国建筑法》《建设工程安全生产管理条例》规定，为施工现场从事危险作业的农民工办理意外伤害保险，作为工伤保险的重要补充[①]。

中华全国总工会在向全国政协社会和法制委员会提交的《关于农民工合法权益维护的有关情况及建议》中也提出要制定《农民工权益保护法》。其主要内容包括应规定建立健全适用于农民工的社会保障制度。包括工伤保险制度、医疗保险制度、社会援助制度等，切实规范农民工的社会保障问题。

（三）《关于农民工参加工伤保险有关问题的通知》出台

1.《通知》的主要内容

2004 年 6 月 1 日劳动和社会保障部出台了《关于农民工参加工伤保险有关问题的通知》(劳社部发［2004］18 号)，《通知》明确规定，凡是与用人单位建立劳动关系的农民工，用人单位必须及时为他们办理参加工伤保险的手续。首先将重点推进建筑、矿山等风险较大、职业危害较重行业的农民工参加工伤保险。农民工参加工伤保险、依法享受工伤保险待遇是《工伤保险条例》赋予包括农民工在内的各类用人单位职工的基本权益。随着我国经济的不断发展，越来越多的农民到城市务工，并逐步成为我国产业工人的重要组成部分。由于农民工从事的工作危险程度较高，自身流动性大，一旦发生工伤，农民工的工伤保险权益往往得不到有效保障。因此，各级劳动保障部门要高度重视农民工工伤保险权益维护工作。

《通知》指出，用人单位注册地和生产经营地不在同一统筹地区的，原则上在注册地参加工伤保险。未在注册地参加工伤保险的，在生产经营地参加工伤保险。农民工受到事故伤害或患职业病后，在参保地进行工伤认定、劳动能力鉴定，并按参保地的规定依法享受工伤保险待遇。用人单位在注册地和生产经营地均未参加工伤保险的，农民工受到事故伤害或患职业病后，在生产经营地进行工伤认定、劳动能力鉴定，并按生产经营地的规定依法由用人单位支付工伤保险待遇。《通知》规定，对跨省流动（户籍不在生产经营地所在省）的农民工，在一级至四级伤残待遇的支付方式上，实行一次性支付和长期支付两种方式，供农民工选择。农民工选择一次性享受工伤保险长期

---

① 国务院办公厅关于进一步做好改善农民进城就业环境工作的通知

待遇的，需由农民工本人提出。

2.《通知》试图解决的难点问题

《通知》以“便民性、灵活性、适用性”的原则，解决了当前各地在农民工参加工伤保险中常见的三个难点。

一是农民工异地参保和工伤认定的难点。对于注册地和生产经营地不在同一统筹地区的用人单位，《通知》要求原则上在注册地参加工伤保险。未在注册地参加工伤保险的，可以在生产经营地参加工伤保险。农民工受到事故伤害或患职业病后，在参保地进行工伤认定、劳动能力鉴定，并按参保地的规定依法享受工伤保险待遇。用人单位在注册地和生产经营地均未参加工伤保险的，农民工受到事故伤害或患职业病后，由生产经营地的劳动保障行政部门负责工伤认定等相关工作，由用人单位依法支付工伤待遇费用。这一规定，解决了以前农民工发生工伤后两地扯皮、待遇支付难以落实的问题①。

二是农民工工伤待遇支付的难点。对跨省流动的农民工，在一级至四级伤残待遇的支付方式上，实行一次性支付和长期支付两种方式，供农民工选择。农民工选择一次性享受工伤保险长期待遇的，需由农民工本人提出，与用人单位解除或者终止劳动关系，与统筹地区社会保险经办机构签订协议，中止工伤保险关系。这一规定，能够方便跨省流动的农民工领取长期工伤保险待遇，也解决了未参保的农民工原企业发生注销、破产等情况后，应由企业支付的农民工长期待遇中断的问题，从而保证农民工的权益能够比较稳妥地实现。

三是农民工参加社保可实行工伤保险先行。即企业可以为农民工先行办理加入工伤保险，各地经办机构应予以办理。以前许多地方对农民工参保采取的是“捆绑式”原则，即企业必须同时参加其他社会保险项目，虽然出发点是为了保护农民工权益，但效果却并不理想，客观上造成相当多的农民工没能参加工伤保险。社会保障一方面能为农民工解决后顾之忧，另一方面有可能因为增加用工成本而影响其就业。为此，农民工的社会保障要分轻重缓急，可先从最紧迫、费用较低的险种如工伤保险着手。因此，这一规定有利于农民工参加工伤保险的扩面工作，可为农民工解燃眉之急。

① 刘辉．条例实施会使事故统计更真实．现代职业安全．2004，7

▶第五节　出国务工人员工伤保险待遇

一、我国劳务输出与输入情况

据国际劳工组织估计，目前全球每年的流动劳务约为6 000万～6 500万人。我国作为劳动力资源大国，随着改革开放的发展，劳动力出境就业人数在不断增长，自主择业的白领正逐步取代劳务输出的“蓝领”，成为出国就业的主流。

据国家商务部统计，2005年，我国对外劳务合作业务完成营业额48亿美元，同比增长27.5%；新签合同额42.5亿美元，同比增长21.2%；派出各类劳务人员27.4万人，比上年同期增加2.6万人；年末在外各类劳务人员56.5万人，较上年同期增加3万人。从2005年年末在国（境）外各类劳务人员构成情况看，制造业人员占35.3%；建筑业人员占29.4%；农、林、牧、渔业人员占13.2%，其中渔工占5万余人；交通运输业占8.4%，其中海员有4.3万人；餐饮业占2.9%；科教文卫体业占0.4%；其他行业占10.4%。

另一方面，加入世界贸易组织后，我国已成为全球最具吸引力的劳动力市场。据统计，在北京常住的外国人达34 000多人，其中近2万人领取了就业证。他们从事的主要工作是行政、销售、生产、财务、厨师以及教师等，来自日本、美国、韩国、德国、新加坡等90多个国家和地区。在一些经济发达的城市里，“洋打工”人数迅速增加。截至2003年年底，大约有9万多名外国人在我国合法就业。他们主要集中在北京、上海、广州等地，其中85%都是中高级管理人员或专业技术人员。

二、国际间社会保障协定——包括工伤保险待遇的一揽子解决方案

（一）相关法律规定

国际劳工组织有关移民工人的国际劳工公约和建议书，主要包括：《1949年移民就业公约（修订稿）》（第97号公约）[C97 Migration for Employment Convention (Revised), 1949]①、《1949年移民就业建议书（修订稿）》（第86

① 在第97号公约之前，1939年曾经也有一个移民就业公约（C66 (Withdrawn) Migration for Employment Convention, 1939），它主要关于移民就业、安置和劳动条件，但此公约从未得以执行并已于2000年5月30日被国际劳工大会撤销，1949年生效实施的第97号公约对它进行了修订

号建议书）［R86 Migration for Employment Recommendation（Revised），1949］、《1975年移民工人公约》（第143号公约）［C143 Migrant Workers（Supplementary Provisions）Convention，1975］、《1975年移民工人建议书》（第151号建议书）（R151 Migrant Workers Recommendation，1975）。这些公约和建议书确立了跨国流动人员在社会保险方面实行国民待遇的原则，即各成员国应当承诺对本国境内的移民及其家属，在就业保障、社会保险、工会组织、个人和集体自由方面，实行与本国公民同等的待遇。

但是，在实践中由于跨境工作的现象出现，在国外的社会保障法规和法律中经常会论及适用范围：对本国或外国雇佣人员、工作地点在本国或国外有不同的规定。如德国的工伤保险中劳动保护和工伤事故预防工作的适用范围对在本国工作雇员与对其他雇员是区别对待的，见表12—1；而在工伤保险覆盖适用范围方面也有所不同，德国国内外就业人员工伤保险覆盖适用范围见表12—2。

表12—1　德国工伤保险中劳动保护和工伤事故预防工作的适用范围

雇员分类	工作所在国	劳动保护条例	工伤事故预防法规
德国雇员	德国	是	是
外籍工人（从国外来）	德国	是	是
外籍工人（从德国到国外）	国外	不是	不是
外国公司的雇员	德国	是	不是
德国公司的雇员	国外	不是	是

资料来源：Schliephacke，Juergen，Aloys Hundt. Aufgaben und Leistungen der Berufsgenossenschaft. Koeln：Greven und Bechtold，1988. 11

表12—2　德国国内外就业人员工伤保险覆盖适用范围

雇员分类	工作所在国	同业公会保险覆盖适用
德国雇员	德国	是
外籍工人（从国外来）	德国	是
外籍工人（从德国到国外）	国外	不是
外国公司的雇员	德国	不是
德国公司的雇员	国外	是

资料来源：Schliephacke，Juergen，Aloys Hundt. Aufgaben und Leistungen der Berufsgenossenschaft. Koeln：Greven und Bechtold，1988. 16

因此，当跨国就业成为一种国际趋势时，跨国劳务人员的工伤保险待遇成为一个不可回避的问题，可能会出现两个国家都要求管辖，也可能出现两个国家都不管辖的情形，这对这些就业人员是不利的。对国际间流动就业人员的工伤保险通常是在国际间社会保障协定中一揽子解决的，因此本节从国际间社会保障协定的角度来介绍跨国就业人员的工伤保险管理方式。

（二）国际社会保障协定的产生

1. 国际社会保障协定的由来①

随着经济全球化的进程，一个国家的公民到另一个国家工作的现象日益普遍。从一个国家的角度来看，这种国际劳动力的组成一般主要包括两种类型：出国执行公司业务的本国国民和本国公司在国外的分公司所雇佣的当地国民。一方面，这种跨国人员流动对各国经济的发展起到非常重要的作用；另一方面，这种就业空间的超越国界使社会保障制度调节范围跨越国界成为必然，从而把因在不同的国家工作、由于各个国家社会保障制度自成体系而引起的对跨国流动人员不利的影响降到最低。

这些不利情况包括②：

（1）社会保障双重覆盖与社会保障税（费）的双重征收。在国外工作的人员，他们可能同时被两个国家的社会保障制度所覆盖，故被要求基于同一份工资在两国分别缴纳社会保障税（费）。在一些国家，这种重复缴纳的后果已经使雇主的国外社会保障开支大幅增加，占雇员工资总额的比例高达65%～70%，明显地增加了他们的经营成本，削弱了他们的竞争力。

（2）社会保障待遇支付上所遇到的障碍。各国社会保障制度都自成体系，其保险对象、保险待遇、给付项目、支付方式、资金筹集机制等各不相同。一般来说，外国人很难具备领取社会保障待遇的资格。因此对外籍工人附加了许多条件，诸如国籍、过去居住国、现在居住国、补助金一般不在国外支付的规定、要求缴纳社会保障税达足够长的时间等。

可见，由于各国社会保障制度自成体系对跨国公司和雇员带来的负面影响有：

1）给相关雇主和雇员带来明显的不合理的经济负担，即一种超过正常社会保障税缴纳水平的负担。

2）社会保障待遇支付上存在许多障碍，使劳动者获取社会保障的权利得不到保障。

3）实际上在无形中给跨国公司和雇员设置了一种障碍，阻碍了人员跨国流动，影响了国际经济的发展。

①② 周慧文，刘辉．国际间社会保障协定及在我国的应用．社会保障制度．2003，2：53～55

2. 积极的解决方法——签订社会保障国际协定

在各国社会保障体系各行其是的情形下，跨国公司或流动人员不得不采取被动的方法应对，或是忍受双重缴纳的负担，或是对雇员雇佣的时间进行调整，或是对其收入多少进行计划，总之尽可能采用一切手段使其负担减少。显而易见，这些对策不是好的选择。为寻求对这个问题的更为妥善的解决方案，国际上逐渐开始采用国与国之间签订社会保障国际协定，即通过它来协调签约国之间的法律冲突，而不必修改它们各自通行的法规的办法来解决这一问题。为了实现国民待遇，并避免双重保险，公约规定可以由多边或者双边的互免协定进行规范。

国际间社会保障协定的目标旨在让国际间流动就业人员承担合理的社会保障支付义务，同时也享有合理的保障待遇；妥善解决承担社会保障双重覆盖和双重征收义务的矛盾，降低在国外设有分支机构的跨国公司的正常业务成本；依据特定情况降低领取社会保障待遇标准，保障来往于两国之间工作的人员享有合理的社会保障待遇。

三、社会保障协定在我国的应用

（一）我国公民海外就业工伤保险衔接问题

关于我国公民到海外就业的社会保险衔接问题，根据1999年的《社会保险费征缴暂行条例》的规定，基本养老保险、基本医疗保险、失业保险适用于我国所有的城镇企业及其职工。我国公民只要是从属于我国的某个单位，就应当参加我国的基本养老、医疗、失业保险，即使是被用人单位外派到国外工作也是如此。同时，为了避免多重保险，我国还与部分国家签订了社会保险互免的双边或者多边协定。例如，2001年7月，中德两国签署了关于社会保险互免的协定。但是需强调的是，在社会保险诸险种中，基本养老保险、医疗保险、失业保险等可以通过订立双边或多边协定给予互免，但工伤保险各国之间不能互免。其主要原因是：工伤保险与劳动者的身体健康直接相关，工伤救治有很强的时效性，工伤的认定、评残等有一定的地域性。此外，世界上已有100多个国家建立了工伤保险制度，并且随着工伤保险制度与贸易条件挂钩趋势的增强，在全球范围内没有建立工伤保险制度的国家已越来越少。因此，强调参加工作地所属国的工伤保险制度既有必要，也有可能。

《工伤保险条例》将其适用范围规定为我国境内的各类企业和有雇工的个体工商户。据此，我国境内的所有企业都需为其职工缴纳工伤保险费。同时，该条例第42条对我国职工被派到境外工作的工伤保险待遇衔接问题做了明确的规定："职工被派遣出境工作，依据前往国家或者地区的法律应当参加当地工伤保险的，参加当地工伤保险，其国内工伤保险关系中止；不能参加当地工伤保险的，其国内工伤保险关系不中止。"

对条例第42条的理解，应当把握以下几点：

第一，我国的外派职工原则上应尽量参加工作地所在国的工伤保险制度，除非该国确实没有建立工伤保险制度，或者该国法律明文禁止外国人适用该国的工伤保险制度。在实际操作中，可要求我国派出单位与派往国的雇佣单位签订包括工资、社会保险福利等在内的"一揽子"合同。

第二，外派职工已经参加工作地所在国的工伤保险制度的，在外派工作期间，该职工在国内的工伤保险关系中止。职工所在国内单位不再替该职工缴纳工伤保险费，职工在国外发生工伤的，国内的工伤保险基金和职工以前所在的国内单位均不支付任何费用，而改由外国的基金按照该国的法律规定支付费用。

第三，外派职工在国内的工伤保险关系中止是暂时的，仅适用于职工在国外参保的这段期间。按照《工伤保险条例》的规定，在职工出国工作之前，职工所在单位应替其缴纳工伤保险费；职工结束国外工作回国后，可及时要求单位继续按照我国的法律规定缴纳工伤保险费，国内单位也有履行的义务。

第四，外派职工在国外工作，不能参加当地国家的工伤保险制度的，其国内工伤保险关系不中止。其国内单位应按照《工伤保险条例》的要求继续为该职工缴纳工伤保险费；职工在国外工作期间发生工伤的，由我国的工伤保险基金支付相关费用。如果能够证明国外雇主对工伤发生负有责任的，国内工伤保险基金支付完相关费用后，国内有关机构和单位可以通过诉讼等渠道要求国外雇主承担相应的赔偿责任①。

2004年，昆明市人民政府转发了《云南省贯彻〈工伤保险条例〉实施办法》，并专门指出：参加本市工伤保险的用人单位外派职工出境工作，不能参加出境地工伤保险的，应当到所属工伤保险经办机构办理登记备案手续。凡未办理登记备案手续的，出境工作期间发生的工伤费用，工伤保险基金不予支付。

（二）以《中德社会保险协定》为例

2001年7月，中国政府与德意志联邦共和国政府签订了《中德社会保险协定》，该协定是建国以来中国政府与外国政府签署的第一部社会保险方面的

① 彭高建．职工出境工作工伤保险待遇如何衔接．中国社会保障．2004，6

双边协定，其宗旨是尽量避免中德两国间可能发生的社会保障费双重征收。实际上，这种社会保障的国际协定早已在一些国家之间存在了，它已是国际间协调社会保障管理的重要方式，越来越普遍地被各国政府所运用，正在成为社会保障制度方面的一种国际惯例。

《中德社会保险协定》明确了中德双方互免险种仅包括养老保险和失业保险。这样规定主要是考虑到双方尤其是我国公民在德就业的实际需要。列入养老和失业保险主要是考虑到这些员工驻外的临时性，在外期间不发生养老和失业问题。协定未将医疗、工伤保险列入互免范围，主要是从保护驻外员工的实际利益出发，员工仍需在就业地点参加医疗和工伤保险并享受相应的待遇。根据这一协定，我国外派德国的职工在国内的工伤保险关系应暂时中止，当职工结束在德工作回国后，可及时要求单位继续按照我国的法律规定缴纳工伤保险费。

本章小结

目前我国农民工面临的工伤与职业病危害较为严重。而广大农民工多数仍被排除在现行工伤保险体系之外，他们迫切需要工伤保险保障。我国正在大力推进农民工的工伤保险，任务艰巨，需要较长的时间才能解决。跨国劳务人员常常面临社会保障费双重征收的局面，也可能会面临被排斥在相关国家社会保障之外，他们的工伤保险待遇可能会难以充分享受。国际间的社会保障协定是解决跨国就业人员社会保障权益（包括工伤保险权益）的重要方式。

复习思考题

1. 谈谈农民工面临的工伤与职业病危害的基本情况。
2. 何为异地参保？农民工如何异地参保？
3. 在农民工伤残待遇的支付方式上为什么要实行一次性支付和长期支付两种方式？
4. 对跨国劳务人员的社会保障双重覆盖和双重征收是怎样回事？国际间社会保障协定又是怎样处理这些情形的？

案例讨论 1

企业"认账"不"付账"

郭××，一个出生在湖北广水边远小镇的农民，在广州一家五金厂当车工。谁能料到，一次意外的事故改变了他的命运。

2002 年 9 月 1 日，在工作时，郭××右手四指被机器无情截断，当地劳动保障部门鉴定为七级伤残。提起赔付，郭××用了四个字："漫长的路"。

起先，企业老板想用两万块钱打发他回老家，郭××没有答应。2003 年 1 月 23 日，他在一家法律服务中心的帮助下，向所在区劳动争议仲裁委员会提出劳动争议仲裁。2003 年 4 月 14 日，区劳动争议仲裁委员会裁决：企业须支付郭××医疗期间工资的不足部分 1 797.04 元、一次性残疾补偿金22 140 元和一次性工伤辞退费 46 125 元，并负责仲裁受理费、处理费 500 元，总计 70 562.04 元。

按照《劳动法》第 83 条规定，劳动争议当事人对仲裁裁决不服的，可以自收到仲裁裁决书之日起 15 日内向人民法院提起诉讼。郭××原企业在收到裁决书 15 日内并无异议。

企业认账，但企业不付账。郭××只好又向所在区人民法院申请强制执行。2003 年 5 月 4 日，所在区人民法院受理执行申请。7 月 11 日，郭××和原企业在法院签订还款协议。还款协议上明确写道：2004 年 5 月前企业要还清全部款项。可一年半过去了，郭××还没有拿到赔偿金的一半。

郭××一脸无奈地说："追讨已经花去了我上千元的生活费，我真有点讨不动了。"

■ 案例讨论 2

工伤补偿打起持久战、运动战

50 岁的农民工马××在四川一家企业做采煤工。2004 年 3 月被企业派往外省市从事采煤工作。

2004 年 5 月 2 日，他在工作面上被一辆煤矿机动车碰伤了右腿。2004 年 7 月 31 日，在医院安上了假肢。

可工伤认定竟用了近十个月。原来，按照劳动保障部《关于农民工参加工伤保险有关问题的通知》（劳社部发［2004］18 号）的精神，用人单位在注册地和生产经营地均未参加工伤保险的，农民工受到事故伤害或者患职业病后，在生产经营地进行工伤认定、劳动能力鉴定，并按生产经营地的规定依法由用人单位支付工伤保险待遇。

马××受伤以后，一直在生产经营地申请工伤认定，生产经营地工伤认定行政部门以不符合管辖范围为由，驳回了马××的认定申请。而马××所在的四川企业，也没有为农民工参加工伤保险，更没有在事故伤害发生之日起 30 天内向当地劳动保障行政部门提出工伤认定。

好在马××对《工伤保险条例》略知一二，虽然他的企业未提出工伤认定申请，但《工伤保险条例》规定，工伤职工可以直接向用人单位所在地统筹地区劳动保障行政部门提出工伤认定申请。于是，马××在 2005 年 3 月底回到四川，在用人单位所在地的劳动争议仲裁委员会提出申诉，要求做工伤认定。

从2004年5月2日受伤，直到2005年的3月，马××才被认定为工伤，伤残程度认定为五级。马××不仅对漫长的工伤鉴定过程感到无奈，他还说："《工伤保险条例》第五章第34条中规定，职工因工致残被鉴定为五级、六级伤残的，经工伤职工本人提出，该职工可以与用人单位解除或者终止劳动关系，由用人单位支付一次性工伤医疗补助金和伤残就业补助金。我想与企业解除劳动关系，叫企业做一次性补偿，可企业不答应，你说该咋办?"

附录

职业病目录

（2002 年 4 月 18 日　卫法监发［2002］108 号）

一、尘肺

1. 矽肺
2. 煤工尘肺
3. 石墨尘肺
4. 碳黑尘肺
5. 石棉肺
6. 滑石尘肺
7. 水泥尘肺
8. 云母尘肺
9. 陶工尘肺
10. 铝尘肺
11. 电焊工尘肺
12. 铸工尘肺
13. 根据《尘肺病诊断标准》和《尘肺病理诊断标准》可以诊断的其他尘肺

二、职业性放射性疾病

1. 外照射急性放射病
2. 外照射亚急性放射病
3. 外照射慢性放射病
4. 内照射放射病
5. 放射性皮肤疾病
6. 放射性肿瘤
7. 放射性骨损伤
8. 放射性甲状腺疾病
9. 放射性性腺疾病

10. 放射复合伤

11. 根据《职业性放射性疾病诊断标准（总则）》可以诊断的其他放射性损伤

三、职业中毒

1. 铅及其化合物中毒（不包括四乙基铅）
2. 汞及其化合物中毒
3. 锰及其化合物中毒
4. 镉及其化合物中毒
5. 铍病
6. 铊及其化合物中毒
7. 钡及其化合物中毒
8. 钒及其化合物中毒
9. 磷及其化合物中毒
10. 砷及其化合物中毒
11. 铀中毒
12. 砷化氢中毒
13. 氯气中毒
14. 二氧化硫中毒
15. 光气中毒
16. 氨中毒
17. 偏二甲基肼中毒
18. 氮氧化物中毒
19. 一氧化碳中毒
20. 二硫化碳中毒
21. 硫化氢中毒
22. 磷化氢、磷化锌、磷化铝中毒
23. 工业性氟病
24. 氰及腈类化合物中毒
25. 四乙基铅中毒
26. 有机锡中毒
27. 羰基镍中毒
28. 苯中毒
29. 甲苯中毒
30. 二甲苯中毒

31. 正己烷中毒
32. 汽油中毒
33. 一甲胺中毒
34. 有机氟聚合物单体及其热裂解物中毒
35. 二氯乙烷中毒
36. 四氯化碳中毒
37. 氯乙烯中毒
38. 三氯乙烯中毒
39. 氯丙烯中毒
40. 氯丁二烯中毒
41. 苯的氨基及硝基化合物（不包括三硝基甲苯）中毒
42. 三硝基甲苯中毒
43. 甲醇中毒
44. 酚中毒
45. 五氯酚（钠）中毒
46. 甲醛中毒
47. 硫酸二甲酯中毒
48. 丙烯酰胺中毒
49. 二甲基甲酰胺中毒
50. 有机磷农药中毒
51. 氨基甲酸酯类农药中毒
52. 杀虫脒中毒
53. 溴甲烷中毒
54. 拟除虫菊酯类农药中毒
55. 根据《职业性中毒性肝病诊断标准》可以诊断的职业性中毒性肝病
56. 根据《职业性急性化学物中毒诊断标准（总则）》可以诊断的其他职业性急性中毒

四、物理因素所致职业病

1. 中暑
2. 减压病
3. 高原病
4. 航空病
5. 手臂振动病

五、生物因素所致职业病

1. 炭疽
2. 森林脑炎
3. 布氏杆菌病

六、职业性皮肤病

1. 接触性皮炎
2. 光敏性皮炎
3. 电光性皮炎
4. 黑变病
5. 痤疮
6. 溃疡
7. 化学性皮肤灼伤
8. 根据《职业性皮肤病诊断标准（总则）》可以诊断的其他职业性皮肤病

七、职业性眼病

1. 化学性眼部灼伤
2. 电光性眼炎
3. 职业性白内障（含放射性白内障、三硝基甲苯白内障）

八、职业性耳鼻喉口腔疾病

1. 噪声聋
2. 铬鼻病
3. 牙酸蚀病

九、职业性肿瘤

1. 石棉所致肺癌、间皮瘤
2. 联苯胺所致膀胱癌
3. 苯所致白血病
4. 氯甲醚所致肺癌
5. 砷所致肺癌、皮肤癌
6. 氯乙烯所致肝血管肉瘤
7. 焦炉工人肺癌
8. 铬酸盐制造业工人肺癌

十、其他职业病

1. 金属烟热
2. 职业性哮喘
3. 职业性变态反应性肺泡炎
4. 棉尘病
5. 煤矿井下工人滑囊炎

主要参考文献

1. 本书编写组. 工伤保险条例释疑. 北京：中国民主法制出版社，2004

2. 陈秉正等译. 风险管理与保险. 北京：清华大学出版社，2001

3. 陈刚等主编. 劳动和社会保险统计与管理信息系统. 北京：中国劳动社会保障出版社，2001

4. 陈刚主编. 工伤保险. 北京：中国劳动社会保障出版社，2005

5. 陈刚主编. 劳动能力鉴定标准应用指南. 北京：中国劳动社会保障出版社，2007

6. 陈泰才主编. 工伤保险条例实用指南. 北京：中国人事出版社，2003

7. 葛曼. 德国工伤保险制度的特点及成功之处. 社会保险研究. 1998，4

8. 何青主编. 职业康复概论. 北京：华夏出版社，1998

9. 蒋月. 社会保障法概论. 北京：法律出版社，1999

10. 梁发信主编. 劳动卫生与职业病学（第四版）. 北京：人民卫生出版社，2000

11. 李亚. 美国的职工赔偿保险——来自改革的经验. 工伤保险改革与实践. 北京：中国人事出版社，2000

12. 林义主编. 社会保险基金管理. 北京：中国劳动社会保障出版社，2001

13. 刘铁民. 迈向新世纪的中国劳动安全卫生. 北京：中国社会出版社，2000

14. 刘世杰主编. 工伤保险条例与工伤事故职业病防范全书. 北京：中国工人出版社，2003

15. 美国社会保障署. 全球社会保障——1997，2000

16. 穆怀中主编. 社会保障国际比较. 北京：中国劳动社会保障出版社，2001

17. 任扶善. 世界劳动立法. 北京：中国劳动出版社，1991

18. 孙树菡主编. 工伤保险. 北京：中国人民大学出版社，2000

19. 孙树菡. 劳动安全与卫生. 北京：中国劳动出版社，1995

20. 田小宝等主编. 工伤保险条例与工伤保险实用指南. 北京：中国物资出版社，2003

21. 王莲屏、何青．我国职业康复现状分析，中国康复．1997，9

22. 王显政主编．工伤保险与事故预防研究与实践．北京：中国劳动社会保障出版社，2004

23. 徐康平主编．劳动工伤事故与损害赔偿．北京：人民法院出版社，2002

24. 袁宗蔚．保险学：危险与保险．北京：首都经济贸易大学出版社，2000

25. 张东晋、谢控炜．职业卫生与职业病危害控制．北京：化学工业出版社，2004

26. 郑尚元．工伤保险法律制度研究．北京：北京大学出版社，2004

27. 劳动人事部《职业卫生与安全百科全书》评审委员会．职业卫生与安全百科全书．北京：中国大百科全书出版社，1987

28. 钟仁耀主编．养老保险改革国际比较研究．上海：上海财经大学出版社，2004

29. 周慧文．欧洲国家工伤保险费率管理实践及其对我国的启示．中国安全学报．2004，4

30. 朱祖祥．人类工效学．杭州：浙江教育出版社，1994

31. 卓大宏主编．中国残疾预防．北京：华夏出版社，2001

32. 卓大宏主编．中国康复医学（第二版），北京：华夏出版社，2003

33. Jan Rzepecki，“Vorschlaege fuer Wirtschaftliche Anreize zur Verbesserung von Arbeitsbedingungen in Polen in einigen Europaeischen Laendern”，Die BG，2000. 3.

34. Udo Schulz，*Gefahrtarif und Risikoausgleich bei den Gewerblichen Berufsgenossenschaft*. Boon：Herausgegeben vom Hauptverband der gewerblichen Berufsgenossenschften e. V.，1981.

35. *Workers Rehabilitation and Compensation Act* 1988，Tasmania，Austria，1988.